MANESSE BIBLIOTHEK DER WELTLITERATUR

JOHANN PETER HEBEL

Biblische Geschichten

Nachwort von Iso Camartin
Mit 25 Kupferstichen

MANESSE VERLAG
ZÜRICH

Der Text folgt der Erstausgabe «Biblische Geschichten. Für die Jugend bearbeitet von Dr. J. P. Hebel», Stuttgart und Tübingen 1824. Rechtschreibung und Zeichensetzung wurden dem heutigen Stand maßvoll angepaßt.

Kupferstiche von Johann Ammann aus «Erzählungen der vornehmsten biblischen Geschichten», Zürich 1761.

Die Deutsche Bibliothek – CIP-Einheitsaufnahme

Hebel, Johann Peter:
Biblische Geschichten / Johann Peter Hebel
Nachw. von Iso Camartin
Zürich : Manesse Verlag, 1992
(Manesse Bibliothek der Weltliteratur)
ISBN 3-7175-1822-4 Gewebe
ISBN 3-7175-1823-2 Ldr.

Erster Teil

I

DIE ERSCHAFFUNG DER ERDE

Im Anfang schuf Gott Himmel und Erde. Aber die Erde war nicht alsbald so schön, wie sie jetzt ist, eingerichtet zur Wohnstätte der Menschen. Das Licht, die Luft, Gestein und Grund, die Keime aller Gewächse und aller lebendigen Wesen, lagen noch ohne Ordnung, eingehüllt in Wasser und wässerichte Dünste, und es gärte und bewegte sich alles durcheinander. Da scheidete sich zuerst allmählich das Licht oder die Helle von der bewegten Masse.

Es scheidete sich die Luft und erhob sich und zog wässerichte Dünste mit sich in die Höhe. Also wölbte sich über der Erde der schöne hohe Himmelsbogen, und der Wolkenhimmel gestaltete sich, und die Luft dehnete sich aus zwischen Himmel und Erde.

Nach dem scheidete sich das Wasser und floß zusammen in das Meer, daß das Erdreich trocken wurde, und es taten sich lebendige frische Wasserquellen in der Erde auf, die ergießen sich in die Bäche und Ströme und laufen in das Meer. Als aber die Wasser abgelaufen waren von dem Erdreich, gingen die Keime der Gewächse auf, und das Erdreich wurde geschmückt mit Gras und blumenreichen Kräutern und fruchttragenden Bäumen, die blühen und bringen ihren fruchtbaren Samen in sich selbst, jedes in seiner Art.

Nach dem klärte sich der Wolkenhimmel auf, und die Sonne erschien in ihrer Herrlichkeit am reinen blauen Firmament und leuchtete auf die stille Erde herab, und gleicherweise, als sie untergegangen war, der Mond und die Sterne.

Es war noch kein lebendiges Wesen vorhanden, das sich über die schönen Lichter hätte freuen können. Aber bald fing es an, sich im Wasser zu bewegen an großen und kleinen Fischen. Es flogen Vögel in der Luft umher und kamen immer mehr und setzten sich auf die Zweige der Bäume in ihrem farbenreichen Gefieder und freuten sich in tonreichen Weisen. Es kamen Tiere auf der Erde zum Vorschein, jegliches in seiner Art. Der Falter flatterte um die schönen Blumenhäupter. Das Lamm hüpfte und weidete auf dem Anger. Im Wald erging sich der prächtige Hirsch. Überall in den Höhen und Tiefen bewegte sich ein fröhliches Leben. –

Dies alles ist so geworden durch Gottes allmächtigen Willen, durch sein lebendiges Wort. Gott sprach: «Es werde» – und es ward.

Herr, wie sind deine Werke so groß und viel! Du hast sie alle weislich geordnet, und die Erde ist voll deiner Güter.

2

DIE ERSCHAFFUNG DER MENSCHEN

Als die Erde mit allem Reichtum der allmächtigen Himmelsgüte ausgestattet und für alle Zeiten gesegnet war, sprach Gott: «Laßt uns Menschen erschaffen, ein Bild, das uns gleich sei.» Gott bildete aus Erde wunderbar den Leib des ersten Menschen und hauchte ihm Leben und Seele ein und nannte ihn Adam, das heißt: *«aus Erde entstanden»*, damit man daran denke, woher man genommen ist. Adam schaute mit kindlicher Freude in die schöne neue Schöpfung hinein. Gott führte die Tiere zu ihm, und er gab ihnen Namen und freute sich mit ihnen, aber er konnte nicht mit ihnen reden. Sie verstanden ihn nicht, und als er sie alle gesehen hatte, seufzte er, daß er doch allein sei. Da ließ Gott der Herr einen tiefen Schlaf auf den Menschen fallen, und als er wieder aufwachte, führte Gott ihm eine Jungfrau zu, die seines Fleisches und seines Gebeins war, und er erkannte mit freudigem Erschrecken, daß sie seinesgleichen sei, und als er mit ihr redete, daß sie ihm antwortete. Da legte Gott der Herr ihre Hände zusammen und sprach zu ihnen, wie ein Vater zu seinen Kindern: «Seid fruchtbar und mehret euch und erfüllet die Erde und macht sie euch untertan. Sehet, ich habe euch alles gegeben.»

Damit hat Gott das erste Menschenpaar, ja er hat mit ihm das ganze menschliche Geschlecht mit

Vatersliebe eingesegnet und den heiligen Bund der Ehe gestiftet. Adam gab hernach dem Weibe den Namen Eva, das heißt: *«Mutter der Lebendigen»*.

Also vollendete Gott die Schöpfung des Himmels und der Erde. In sechs Tagen, was man Tage nennen mag, vollendete er sie, und Gott sah an alles, was er geschaffen hatte, und siehe, es war sehr gut. Daher schreibt sich die göttliche Einsetzung, daß der Mensch sechs Tage lang arbeiten soll; am siebenten Tag soll er ruhen, daß der siebente Tag sei ein Dankfest für alle leiblichen Wohltaten Gottes in der Schöpfung und ein heiliger Freudentag. Gott erweist dem Menschen viel Gutes in einer Woche, denn die Schöpfung ist täglich neu, und ihr Segen dauert in sich selber unaufhörlich fort im Werden und Wachsen, im Nähren und Mehren.

Wer nun sechs Tage lang gearbeitet hat und kann sein Werk anschauen, daß es gut sei, und denkt an Gott, der ihn genährt und gesegnet hat, dem wird der siebente Tag ein stiller und heiliger Freudentag.

3
DER SÜNDENFALL

Die Geschichte der ersten Menschen und ihrer ersten Nachkommen kann nur mit einem kindlichen und frommen Gemüt recht angeschaut werden. Denn wir sehen in eine wundersame Vorwelt zurück, wo alles anders ist, wie in einem Traum, der sich in einer frommen Seele gestaltet, wo der

GENES. III.

Adami et Evæ lapsus.

La Chute d'Adam et d'Eve.

I. Buch Mose III. 6. 7.

Adam und Eva versündigen sich durch essen vom Baum deß Erkantnis gutes und böses.

Himmel über der Erde offen steht, und wo Engel herabkommen und die guten Kinder grüßen und segnen. Aber die bösen warnen sie und weinen über ihre Verführung.

Adam und Eva gingen noch nackt umher wie die Kindlein und wußten es nicht. Sie waren noch unschuldig wie die Kindlein und kannten noch nicht den Unterschied zwischen Gut und Böse. Sie fühlten keinen Schmerz, sie fühlten keinen Kummer. Sie wußten nichts von dem Tod. Gott der Herr wies ihnen einen schönen Garten in einer wasserreichen Gegend zur Wohnstätte an, welcher der Garten Gottes oder Eden oder das Paradies genannt wird. In dem Garten standen Bäume aller Art, schön zum Ansehen und einladend zum Genuß ihrer köstlichen Früchte. Aber mitten im Garten standen zwei wunderbare Bäume, ein Baum des Lebens und ein Baum der Erkenntnis des Guten und des Bösen. Gott der Herr besuchte seine Kinder im Garten; er kam zu ihnen und sagte: «Ihr dürft essen von allerlei Bäumen im Garten, aber von dem Baum der Erkenntnis des Guten und des Bösen dürft ihr nicht essen. Denn wenn ihr davon esset, müßt ihr sterben.» Gott wollte ihnen Gelegenheit geben, mit einem Verbot ihr Vertrauen zu ihm, ihre Liebe und ihre Dankbarkeit durch Gehorsam an den Tag zu legen. – Denn nur durch kindlichen Gehorsam legt sich das rechte Vertrauen und die wahre Liebe zu dem Vater im Himmel an den Tag wie zu den Eltern auf Erden. – Da kam mit farbenreichen schimmernden Schuppen und in schönen Windungen eine glatte Schlange, denn also kommt die Verführung. Die Schlange kam zum Weibe und sprach: «Ist's denn also, daß euch Gott verboten hat, von den Bäumen im Garten zu essen?» Eva sagte: «Wir essen von den Früchten der Bäume im Garten. Nur von den Früchten des Baums mitten im Garten hat Gott gesagt: ‹Esset nicht davon, rühret es auch nicht an, daß ihr nicht sterbet.›» Da sprach die Schlange, das sei nicht so gemeint. «Ihr werdet mitnichten sterben, sondern welches Tages ihr davon esset, so werden eure Augen aufgetan, und werdet sein wie Gott und wissen, was gut und böse ist; das weiß Gott wohl.» Da schaute Eva den Baum darum an, und als sie ihn anschaute, da war die Sünde schon halb begangen. Denn wer stehen bleibt, wo die Versuchung lockt, und Wohlgefallen findet an ihren glatten Lügen und schaut das Verbotene an, daß es lieblich und lustig sei, der hat die Sünde schon halb begangen. Also tat Eva und verachtete die Warnung Gottes und nahm und aß und gab ihrem Mann auch davon. Als sie aber gegessen hatten, schauten sie einander an, und plötzlich kam über sie die Angst, und jedes fühlte, daß sie jetzt ihre Unschuld und die Seligkeit des Paradieses verscherzt hatten, und bedurften nicht, es einander zu sagen. Sie gingen still in das Gebüsch und versteckten sich. Gott kam in den Garten in des Tages Kühle: «Adam, wo bist du? Hast du nicht gegessen von dem Baum, davon ich dir gebot, du sollst nicht davon essen?» Adam sagte: «Das Weib hat mich dazu verführt.» Das Weib sagte: «Die Schlange hat mich betrogen.» Auf die Übertretung folgt der Lohn. – Gott sprach: «Ich will Feindschaft setzen zwischen der Schlange und dem Weibe und ihrer Nachkommenschaft. Des Weibes Nachkomme wird der Schlange den Kopf zertreten, und sie wird ihn in die Ferse stechen.» Zu dem Weibe sprach Gott: «Viel Schmerzen soll die Frucht deiner Übertretung sein. Mit Schmerzen sollst du Kinder gebären, und dein Wille soll deinem Manne unterworfen sein.» Zu Adam aber sprach er: «Du sollst dich mit Kummer auf dem Acker nähren dein Leben lang. Im Schweiß deines Angesichtes sollst du dein Brot essen, bis du wieder zur Erde werdest, davon du genommen bist. Denn du bist Erde und sollst zur Erde werden.» Hierauf gab ihnen Gott der Herr Kleider, daß sie ihre Blöße bedeckten, und führte sie aus dem schönen Garten hinaus in eine öde Gegend, daß Adam das Erdreich bauete, von dem er genommen ist. Denn als sie die Unschuld verloren und gesündigt hatten, konnten sie die Lebensruhe und die seligen Kinderfreuden des Paradieses nimmer genießen. Wer die Unschuld verloren hat, kann in keinem Paradies mehr glücklich sein.

Von der verjüngenden Frucht am Baum des Lebens zu kosten, ward ihnen nicht mehr möglich.

4

ADAMS SÖHNE

Adam und Eva hatten zwei Söhne, Kain und Abel. Kain war ein Ackermann und hatte ein rauhes, unfreundliches Gemüt. Abel hingegen war ein frommer Knabe und ein Hirt. Eines Tages brachten sie dem Herrn ein Opfer. Kain brachte von den Früchten seines Feldes, Abel hingegen von den Erstlingen seiner Herde. Das wäre wohl eine fromme kindliche Handlung gewesen, daß sie dem lieben Gott wieder etwas von demjenigen geben wollten, was er ihnen geschenkt hatte, gleichwie Kinder, wenn sie ihren Eltern aus Liebe etwas schenken wollen, so sie doch alles von den Eltern haben. Aber Kain erkannte, daß Gott an seinem Opfer kein Wohlgefallen hatte, weil er ein unfreundlicher Mensch war. Aber das Opfer des frommen Abel gefiel Gott wohl. Darob ergrimmte Kain und erhob sich wider seinen Bruder auf dem Felde und schlug ihn tot. Als er aber diese schreckliche Tat vollbracht hatte und weggelaufen war und meinte, niemand werde es erfahren, wie sein Bruder umgekommen sei, sprach der Herr zu ihm: «Wo ist dein Bruder Abel?» Kain wollte mit Gott reden, wie man wohl mit einem Menschen reden kann. «Ich weiß nicht», sagte er, «wo mein Bruder Abel ist. Soll ich meines Bruders Hüter sein?» Da sprach zu ihm der Herr: «Was hast du getan? – Das Blut deines Bruders schreit laut zu mir von der Erde. Verflucht sollst du sein auf der Erde, die das Blut deines Bruders von deinen Händen empfangen hat. Unstet und flüchtig sollst du sein auf der Erde.» Da hatte der unglückliche Kain nicht mehr das Herz, vor das Angesicht seiner Eltern zu kommen, sondern er floh mit seinem bösen Gewissen und mit dem Fluch, der seine Tat verfolgte, in eine andere Gegend. – Das war die Freude und der Trost, den die armen Menscheneltern an ihren ersten Kindern erlebten.

Gott erbarmte sich über Adam und Eva und gab ihnen einen dritten Sohn, der hieß Seth. Seth wurde ein frommer Mann und erzog nachher auch seine Kinder in der Furcht Gottes. Von ihm stammen her die Erzväter Henoch, Noah und Abraham. Adam erreichte ein sehr hohes Alter und ward alsdann wieder zur Erde, von der er genommen war.

5
DIE SINTFLUT

Henoch führte ein göttliches Leben. Eines Tages ging er von den Seinen hinweg und kam nicht mehr zurück. Weil er ein göttliches Leben führte, nahm ihn Gott zu sich.

Noah lebte schon in einer bösen Zeit. Die Menschen hatten des Herrn, ihres Gottes, vergessen, obgleich sie täglich Wohltaten aus seiner Hand empfingen. Sie lebten nicht nach seinem heiligen Willen und Gebot, sondern nach den unheiligen

Gelüsten ihres Herzens. Nur Noah und sein Weib waren noch fromm, wie Seth einst gewesen war, und bewahrten ihre Kinder, als rechtschaffenen Eltern zusteht, vor den bösen Beispielen und dem Verderbnis der Zeiten, so sehr ihnen möglich war. Gott beschloß, das menschliche Geschlecht in einer großen Wasserflut umkommen zu lassen. Aber den frommen Noah und seine Angehörigen wollte er nicht umkommen lassen. Er befahl ihm, was er zu seiner Rettung tun sollte, und Noah tat also. Er bauete aus Tannenholz eine Arche, das heißt ein großes Haus, welches auf dem Wasser schwimmen kann. Drei Stockwerke hatte die Arche und in jedem zahlreiche Kammern. Oben gegen den Himmel hatte sie ein Fenster. Die Türe aber war auf der einen Seite. In die Arche brachte er allerlei Tiere von allerlei Art, Männlein und Weiblein, daß sie lebendig blieben, und allerlei Nahrungsmittel, daß sie ihm und ihnen zur Nahrung dienten. Also hatte ihm Gott geboten. Der Herr sprach zu Noah: «Gehe jetzt in die Arche, du und deine Angehörigen, denn ich habe dich gerecht erfunden vor mir in dieser Zeit.» Noah ging in die Arche, er, sein Weib, seine drei Söhne und seiner Söhne Weiber, acht Seelen, und Gott schloß hinter ihnen zu. Da überzog sich auf einmal der Himmel mit schweren schwarzen Wolken; die schütteten sich aus in furchtbaren Regenströmen vierzig Tage lang, und die unterirdischen Gewässer brachen aus.

Die Arche fing an, sich von der Erde zu erheben.

Die Felder, die Bäume, die Wohnungen der Menschen standen schon unter Wasser. Die Arche fing an, auf den Gewässern zu schwimmen. Menschen und Tiere, die noch nicht in der Ebene umgekommen waren, flüchteten auf die Hügel, von den Hügeln auf die Berge. Die Köpfe der Berge wurden immer kleiner und gingen ebenfalls unter mit allem, was darauf seine Zuflucht genommen hatte. Fünfzehn Ellen hoch schwamm zuletzt die Arche über den Köpfen der Berge. Da war nichts mehr als Wasser unten und Wasser oben und ein schwimmendes Haus mit acht Seelen unter Gottes Schutz und Schirm.

Wer unter dem Schirm des Höchsten sitzet und unter dem Schatten des Allmächtigen weilet, der spricht zu dem Herrn: «Meine Zuversicht und meine Burg, mein Gott, auf den ich hoffe.»

Hundertundfünfzig Tage lang stand so hoch die Flut, da fing an der Wind zu wehen, der Regen hörte auf, und das Wasser nahm nach und nach wieder ab. Zuerst blieb die Arche unter dem Wasser sitzen auf dem Gebirge Ararat. Das Gewässer nahm immer mehr ab, und die Köpfe der Berge wurden wieder sichtbar. Noah ließ einen Raben ausfliegen, der kam nicht wieder, sondern flog über dem Gewässer hin und her, bis das Gewässer vertrocknet war. Das ist der Raben freie Art. Noah ließ eine Taube ausfliegen; die fand, wohin sie flog, keinen trockenen Aufenthalt und kam wieder in die Arche zurück. Das ist die Art der frommen

Taube. Nach sieben Tagen ließ Noah eine andere Taube fliegen, die blieb aus bis um die Vesperzeit. Um die Vesperzeit kam sie zurück und brachte bereits wieder ein grünes Blatt von einem Ölbaum mit. Das war wohl eine große Freude in der Arche.

Abermal nach sieben Tagen ließ Noah eine Taube ausfliegen. Diese kam nimmer zurück. Daran erkannte er, daß das Erdreich wieder trocken war. Gott redete mit Noah, und er ging heraus und betrat zum erstenmal wieder den Erdboden, er und die Seinigen und die Tiere, welche er hatte mit sich genommen. Die Tiere flogen und hüpften und wandelten freudig auf dem neuen Erdboden herum, jegliches mit seinesgleichen. Noah aber und seine Söhne baueten einen Altar und brachten Gott ein Dankopfer für ihre wunderbare Errettung. Das können gute Menschen nie vergessen, Gott zu danken, wenn er sie und die Ihrigen in einer Gefahr beschirmt und gnädig errettet hat. Gott hatte auch Wohlgefallen an diesen dankbaren Gesinnungen und gab der Erde und dem Menschengeschlecht noch einmal seinen Segen. «Seid fruchtbar», sagte er, «und mehret euch, daß euer viel werden auf der Erde. Solange die Erde steht», sprach er, «soll nicht aufhören Samen und Ernte, Sommer und Winter, Tag und Nacht. Es soll keine Sintflut mehr kommen, daß sie die Erde verderbe.» In diesem Augenblicke, als Noah seine Augen emporhob, da stand der schöne Regenbogen in seiner stillen Herrlichkeit und Majestät in den Wolken. Gott sprach: «Das soll das Zeichen sein und das Pfand meiner Verheißung und meiner Gnade, womit ich die Erde anschaue, mein Bogen, den ich in die Wolken gestellt habe.» – Also erscheint von Zeit zu Zeit der Regenbogen am Himmel, und es spiegelt sich in seiner schönen Gestalt und in seinen milden, heitern Farben noch jetzt die Freundlichkeit und Leutseligkeit Gottes gegen den Menschen ab und leuchtet hernieder auf die Erde.

Fromme Kinder sehen ihn mit Verwunderung und Freude an und wollen nie etwas Böses tun.

Die drei Söhne aber des Noah hießen Sem, Ham und Japhet. Ham und Japhet zogen hinweg und breiteten sich über den Erdboden aus mit ihren Geschlechtern. Ein Abkömmling aber von Sem war Abraham.

6

ABRAHAM UND LOT

Abraham war ein Sohn des Tharah und hatte zwei Brüder, Nahor und Haran. Haran starb und hinterließ einen Sohn namens Lot. Abraham und Lot wohnten in einem Lande, das Mesopotamia heißt, und waren sehr reiche Leute an Herden, an Silber und Gold. Aber Abraham hatte in seinem Gemüt einen noch viel größern inwendigen Reichtum; denn er war ein gottesfürchtiger Mann, redlich und großmütig gegen jeden, der mit ihm zu tun hatte, voll Vertrauen auf Gott und gutes Zutrauens zu den Menschen, weil er es selbst redlich meinte mit Gott und mit den Menschen. Wegen dieser schönen Eigenschaften seines Gemütes war er Gott angenehm, den Menschen wert und mit sich selbst im Frieden. Dies ist der große Reichtum, der mehr beglückt und weiter reicht als Gold und Silber.

Zu diesem Abraham sprach Gott: «Ziehe weg aus deinem Vaterland und von deiner Freundschaft und aus deines Vaters Haus in ein Land, welches ich dir zeigen werde. *Ich will deine Nachkommen zu einem großen Volk vermehren und will dich segnen, und es sollen durch dich gesegnet werden alle Geschlechter der Erde.»* Das war eine große und geheimnisvolle Verheißung, und es kommt noch einer aus dem Geschlechte Abrahams, in welchem die Verheißung wahr wird. Abraham glaubte und gehorchte Gott und zog weg aus seinem Heimwesen mit seinem Weibe Sara – noch hatte er keine Kinder – und mit allen seinen Knechten und mit seiner ganzen Habe. Auch nahm er mit sich seinen Neffen Lot. Er wollte sich nicht von ihm trennen. Er wollte seines Bruders Sohn nicht allein in dem Lande zurücklassen, aus welchem er hinwegzog. Diese Liebe hat Gott in die Herzen der Menschen gegeben. Sie stirbt nicht in unsern Freunden ab, sondern sie gehört nach ihrem Tod ihren Kindern an. Wer ihnen diese Liebe und Fürsorge entzieht, der verweigert ihnen ihr schönstes und heiligstes Erbteil. Also kamen Abraham und Lot, von Gott geleitet, in das Land Kanaan als Fremdlinge.

Als aber Abraham die schöne Landschaft betrachtete, in welche er gekommen war, und sich nicht satt schauen konnte an den fruchtbaren Gefilden, an den fetten Triften, an dem wasserreichen Strom, dem Jordan, und an den sonnigen Hügeln, da verkündete Gott ihm einen neuen Segen: *«Deinen Nachkommen»,* sagte er, *«will ich dieses Land zum Eigentum geben.»*

Abraham und Lot wurden von den Einwohnern des Landes, zu denen sie in die Nähe gekommen waren, freundschaftlich aufgenommen. Fromme ehrenwerte Leute finden überall eine gute Aufnahme. Aber die Herden des Abraham und die Herden des Lot waren zu groß, sie konnten nicht in einem so engen Raume beisammen bleiben, als sie anfänglich waren. Es entstand täglich Zank zwischen ihren Hirten. Andere Leute, als diese zwei, hätten an dem Zank ihrer Hirten aus Stolz oder Eigennutz Anteil genommen und sich selbst untereinander verfeindet. Es scheint fast, Lot habe den Anfang dazu machen wollen. Aber Vernunft und Friedfertigkeit wählt immer das Beste. Abraham sprach mit Lot: «Lieber, laß nicht Zank sein zwischen mir und dir, denn wir sind Gebrüder. Steht nicht alles Land vor dir offen? Lieber, scheide dich von mir. Willst du zur Linken, so will ich zur Rechten, oder willst du zur Rechten, so will ich zur Linken.» So edelmütig handelte der ältere und mächtigere Abraham gegen den Sohn seines Bruders. Lot wählte die wasserreiche Landschaft am Flusse Jordan, das schöne Tal Sittim, wo damals die reichen Städte Sodom und Gomorra standen, und wohnte von der Zeit an in der Stadt Sodom.

7
LOTS GEFAHR UND ERRETTUNG

Lot hatte nicht glücklich gewählt. Oft wählt der kurzsichtige Mensch sein Unglück, wenn er auch noch so klug und vorsichtig zu handeln glaubt. Aber wenn er nur redlich dabei zu Werke gegangen ist, so weiß Gott schon wieder Mittel und Wege zur Rettung der Seinigen.

Lot wohnte unter gottlosen Menschen; das war schon ein großes Unglück.

Es waren auch viel kleine Regenten in jenen Gegenden. Unter ihnen entstand ein Krieg. Vier kämpften gegen fünf. Der Krieg zog sich in das Tal Sittim und bis nach Sodom. Die vier siegten gegen die fünfe. Lot mit allen seinen Knechten und Mägden und mit seinen schönen Herden wurde gefangengenommen und weggeführt. Dazu auch die Leute und alle Habe zu Sodom und Gomorra.

Ein Entflohener meldete dem Abraham, Lot, sein Gefreundter, sei mit den übrigen Einwohnern gefangen und weggeführt worden von dem Feind. Da brach Abraham schleunig auf mit allen seinen Leuten, dreihundertundachtzehn an der Zahl. Auch begleiteten ihn seine Bundesgenossen, die Männer Aner, Eskol und Mamre mit ihren Leuten.

Sie holten den Zug der Gefangenen ein, griffen den Feind in der Nacht von verschiedenen Seiten unversehens an und retteten den Lot und alles wieder, was die Feinde genommen hatten.

Der frohe Heimzug ging an der Stadt Salem vorbei. Damals lebte in Salem ein ehrwürdiger Mann mit Namen Melchisedek. Der war zugleich König und Priester Gottes des Allerhöchsten in dieser Stadt. Melchisedek kam heraus, dem Abraham entgegen und bewillkommte ihn. «Gesegnet seist du, Abraham, Gott dem Allerhöchsten, der Himmel und Erde beherrscht, und gelobet sei Gott, der deine Feinde in deine Hände gegeben hat!» Auch bewirtete er den Abraham und alle seine Leute mit Speise und Trank. Das nahm Abraham für eine große Ehre auf. Es war für ihn ein rechter Ehren- und Freudentag. Dagegen legte er auch den zehnten Teil von aller seiner Beute an dem Altar Gottes des Höchsten nieder, welchem Melchisedek ein Priester war – anzuzeigen, daß er die Errettung seines Gefreundten nicht seiner Klugheit und Mannhaftigkeit, sondern seinem Gott verdanke.

Zu gleicher Zeit kam auch der König von Sodom zu ihm. Mit lauter Königen hatte an diesem Tage der fromme Hirte Abraham zu tun. Es sprach zu ihm der König von Sodom: «Gib mir die armen Leute wieder, die du aus der Gewalt der Feinde befreiet hast. Die Güter magst du für dich behalten.» Denn er glaubte nicht, daß ihm Abraham etwas wiedergeben wollte. Abraham aber sprach zu ihm: «Davor bewahre mich der höchste Gott, zu dem ich meine Hände aufhebe, daß ich von allem, was dein ist, einen Faden behalten sollte, ausgenommen was die Leute verzehrt haben und was meine Bundesgenossen anzusprechen haben.» Mit diesen Worten gab Abraham dem ausgeplünderten König von Sodom alles wieder zurück, was ihm die Feinde genommen hatten.

So schön geht die Dankbarkeit gegen Gott und die Barmherzigkeit gegen unglückliche Menschen zu gleicher Zeit aus einem demütigen Herzen hervor, und es mag eins ohne das andere nicht wohl bestehen.

8
SODOM UND GOMORRA. DIE GEBURT ISAAKS

Die morgenländischen Hirten wohnten gerne in Zelten. Einmal in der heißen Mittagsstunde saß Abraham vor dem Eingang seines Hirtenzeltes und mochte wohl daran denken, wie unglücklich er sei, daß er zu seinem großen Reichtum keine Erben habe, oder wie glücklich Lot sei, daß er jetzt wieder ruhig in Sodom leben könne. – Gott begegnet unsern Gedanken. – Als Abraham von ungefähr seine Augen aufhob, sah er drei unbekannte Männer gegen sein Zelt herkommen. Die sind anzusehen als höhere Wesen, welche in Menschengestalt den frommen Abraham besuchen und ihm Zukünftiges sagen wollten. Abraham ging ihnen sogleich entgegen, er bewillkommte sie nach morgenländischer Sitte und bat sie, daß sie bei ihm einkehrten und eine Erquickung annähmen. Denn das war eine von den schönsten Tugenden des Abraham, sein ehrenhaftes Betragen gegen fremde Leute. Während als sie bei ihm vor dem Zelte saßen und aßen, sagte einer von den dreien, der Vornehmste: «Ehe als ein Jahr vergeht, wirst du Vater eines Sohnes sein.» Abraham und Sara wollten es anfänglich nicht glauben, denn sie hatten schon zu lange vergeblich auf Nachkommenschaft gewartet. Aber der Unbekannte sagte nur mit wenigen Worten: *«Sollte Gott etwas unmöglich sein?»* Als die drei wieder fortgingen, begleitete sie Abraham; aber ehe sie voneinander schieden, sagte ihm noch der eine, daß jetzt Sodom wegen der Gottlosigkeit seiner Einwohner würde zerstört werden. Abraham redete zu dem Herrn: «Willst du denn den Gerechten mit dem Gottlosen lassen umkommen? Es möchten vielleicht fünfzig Gerechte in der Stadt sein; wolltest du dem Ort nicht vergeben um der fünfzig Gerechten willen? Das sei ferne von dir, daß du dem Gerechten wie dem Ungerechten tust, der du aller Welt Richter bist. Du wirst nicht also richten.» Abraham hatte den rechten Glauben. Gott verschont oft um weniger frommer Menschen willen viele Gottlose. Aber der Herr sprach endlich, als Abraham lange mit ihm geredet hatte: «Wenn ich zehn Gerechte darinnen finde, so will ich es nicht tun.»

GENES: XIX.
Lothi Uxor, Sodomam respectans, in Salis Statuam abit.
La Feme de Loth regardant en arriére est changée en une statüe de sel.

I. Bůch Mos: XIX. 16. 26.
Zween Engel führen Loth samt den sei-
nigen aůß Sodom: alß aber sein Weib
zůrück sah ward sie zůr Salz seůle.

Zwei von den dreien gingen hierauf nach Sodom, daß sie den Lot erretteten. Lot saß an dem Tore der Stadt, als sie ankamen, und obgleich er sie ebenfalls nicht kannte, wer sie waren, bat er sie doch, die Nachtherberge bei ihm anzunehmen, denn es war Abend. Sie verkündeten dem Lot, daß Gott diese Stadt wegen ihrer Sünden werde untergehen lassen, und befahlen ihm, aus derselben mit seinen Angehörigen fortzuziehen. Lot hatte eine Frau und zwei Töchter. Er wollte auch noch zwei junge Männer retten, die mit seinen Töchtern versprochen waren. Als sie aber seine Rede vernommen hatten, war es ihnen lächerlich, was er sagte. So weit kann ein Mensch die Vermessenheit treiben. Wenn die göttlichen Strafgerichte schon vor der Türe sind, so lacht sie noch und verachtet die letzten Warnungen, welche noch vorausgehen. Kaum war die Morgenröte aufgegangen, so nötigten die zwei den Lot, mit den Seinigen die Stadt zu verlassen: «Eile, rette deine Seele, rette dein Leben.»

Eine fürchterliche Gewitterwolke stellte sich über das Tal Sittim. Die Blitze fingen an zu leuchten, Feuer und Schwefel regnete vom Himmel. In dem Tal Sittim waren viele Adern von Erdharz. Das Erdharz fing Feuer. Das ganze schöne Tal Sittim stand in Flammen. Vier Städte, Sodom, Gomorra, Adama und Zeboim, gingen zugrunde. Abraham sah in der Ferne schwarze Rauchwolken aufsteigen. Das war der Brand von Sodom. Das ganze Tal verwandelte sich in einen großen Wasserpfuhl, der das Salzmeer genannt wurde. Er ist noch zu sehen und heißt jetzt das Tote Meer. Lot hatte glücklich das Städtchen Zoar erreicht, welches verschont blieb. Seine Frau verunglückte unterwegs. In der Folge zog er in das Gebirg und wurde nachher ein Stammvater der zwei Völker Moab und Ammon. Abraham aber wurde noch in demselben Jahr Vater eines Sohnes und gab ihm den Namen Isaak. Da sah er mit Freuden die göttliche Verheißung erfüllt und sein Vertrauen gekrönt. Es fehlte ihm nun nichts mehr zu seinem irdischen Glück.

9
REDEN GOTTES ZU ABRAHAM

Gott redete auch zu anderen Zeiten mit dem frommen Abraham. Einmal sprach er zu ihm: *«Fürchte dich nicht, Abraham, ich bin dein Schild und dein sehr großer Lohn.»* Das ist ein reicher Schatz für fromme Herzen, auch für bekümmerte Herzen, wenn sie fromm sind, daß Gott ihr Lohn sein will. Das ist mehr als Dank und Lohn der Menschen, mehr als die Erde hat und geben kann.

Herr, wenn ich nur dich habe, so frage ich nichts nach Himmel und Erde, und wenn mir gleich Leib und Seele verschmachtet, so bist du doch, o Gott, allezeit meines Herzens Trost und mein Teil.

Ein andermal sprach er zu ihm: *«Ich bin der allmächtige Gott, wandle vor mir und sei fromm.»* Das nämliche sagt Gott gleicherweise allen Menschen, die es lesen und hören, sonderlich den Kindern. Denn er ist nicht nur dem Abraham, sondern allen Menschen ein allmächtiger Gott.

Nun denn, weil wir überall die Werke der göttlichen Allmacht vor Augen haben, die Blumen, die Ähren, den Baum, die Sonne, den Mond, die Sterne, so wollen wir oft an seine Gegenwart denken und seiner Ermahnung unsere Herzen auftun: «Wandle vor mir und sei fromm.» Solche Sprüchlein, wenn man oft daran denkt und sie befolgt, sind gleich als leuchtende Sternlein, mit welchen wir auf guten Wegen bleiben und zu Gott kommen. *Dein Wort, o Gott, ist meines Fußes Leuchte und ein Licht auf meinen Wegen.*

Wieder einmal wollte Gott das Vertrauen und den Gehorsam des Abraham auf die Probe stellen, menschlicherweise zu reden, ob er imstande sei, sein Liebstes und Bestes und Einziges, seinen Sohn Isaak, Gott wiederzugeben. Ja, das war Abrahams Gehorsam und Vertrauen imstande! Er hätte es getan, er hätte ihn geopfert ohne Murren und ohne Widerrede. Diese fromme Ergebenheit gefiel Gott wohl, und er bekräftigte dem Abraham seine Verheißung: *«Durch deine Nachkommenschaft sollen alle Völker auf Erden gesegnet werden.»*

10
ISAAK

Sara, die Ehefrau Abrahams, erlebte nicht mehr die Heirat ihres Sohnes Isaak. Als sie aber gestorben war, hatte Abraham trotz allem seinem Reichtum erst kein Plätzlein, wohin er sie begraben konnte. Denn in jener Gegend hatte man dazumal noch keine Kirchhöfe. Wer ein liegendes Eigentum besaß, begrub darin seine Toten. Allein Abraham hatte noch kein liegendes Eigentum in dem Lande, sondern er kaufte von einem Landeseinwohner namens Ephron einen Acker, in welchem eine zwiefache Höhle war. In die Höhle begrub er die Genossin seines Lebens und seines Glückes. Das war das erste Eigentum Abrahams und seiner Nachkommen in dem Lande, das ihnen verheißen war, ein Stücklein Ackerfeld und eine Leiche darin.

Abraham wollte seinem Sohne Isaak keine von den Töchtern der Fremden zum Weibe geben, unter welchen er lebte. Er befahl dem Elieser, seinem ältesten und getreuesten Diener, welcher seinem ganzen Vermögen vorstand, daß er in sein Vaterland gehen sollte, aus welchem ihn Gott nach Kanaan geführt hatte. Dort sollte er um eine brave Jungfrau für seinen Sohn Isaak ausgehen. Das ist die Liebe zum Vaterland und der Glaube an des Vaterlandes gute Art. «Der Gott des Himmels», sagte er, «der mich von meines Vaters Hause genommen hat und aus meiner Heimat, der wird seinen Engel vor dir hersenden, daß du meinem Sohn daselbst ein Weib nehmest.» Der Diener des Abraham machte sich auf mit zehn Kamelen und vielen Lebensmitteln und Geschenken und zog viele Tagereisen weit durch fremde Landschaften nach Mesopotamia, in die Heimat seines Herrn. Außen vor einer Stadt lagerte er sich mit seinen Kamelen an einem Brunnen. – Daselbst betete er, daß Gott Barmherzigkeit an seinem Herrn, dem Abraham, und an seinem Sohn Isaak tun und ihm in dieser Stadt eine brave Person für den Sohn seines Herrn zeigen wolle.

Indem kam mit einem Wasserkrug eine feine und sittsame Jungfrau, die ging hinab zum Brunnen und füllte das Gefäß. Abrahams Diener bat sie, daß sie des Wassers ihm möchte zu trinken geben. Die Jungfrau sprach: «Trinke, mein Herr! Ich will auch deinen Kamelen schöpfen, bis sie alle getrunken haben.» Solche Artigkeit und Dienstfertigkeit gegen fremde Leute steht der Jugend wohl und löblich an und ist das Zeichen einer verständigen Erziehung. Daher wünschte Abrahams Diener wohl, daß Gott solch ein Töchterlein dem Sohn seines Herrn zur Ehegattin bescheren möchte. Er nahm von den Kostbarkeiten, die ihm Abraham mitgegeben hatte, zwei goldene Armringe und legte sie um ihre Arme. «Sage mir, meine Tochter, wem gehörst du an, und haben wir auch Raum in deines Vaters Hause zur Herberge?» Aber welche Freude drang in das Herz des guten Alten, als er hörte, wer die fremde Jungfrau sei: «Ich bin Rebekka», sagte sie, «die Tochter Bethuels, der ein Sohn ist des Nahor.» Das ist der nämliche Nahor, der Bruder des Abraham, der in Mesopotamia zurückgeblieben war, als Abraham und Lot in das Land Kanaan zogen. Als der Mann das hörte, betete er den Herrn an: «Gelobet sei der Herr, der Gott Abrahams, der seine Barmherzigkeit und seine Wahrheit nicht entzogen hat meinem Herrn, denn er hat mich den Weg geführt zu dem Hause des Bruders meines Herrn.»

An diesem Gebet ist zu erkennen der Knecht des frommen Abraham. Denn fromme Herrschaft zieht frommes Gesinde und wird eines des andern Segen. Böse Herrschaft zieht böses Gesinde und wird eines dem andern zum Unsegen.

Rebekka eilte unterdessen nach Hause, daß sie Anstalt machte zur Aufnahme des Fremdlings. Laban aber, ihr Bruder, eilte hin an den Brunnen und holte den Mann mit seinen Kamelen ab und führte ihn in seines Vaters Haus. Da sah er sich nun auf einmal und unverhofft mitten in einem fremden Lande unter den Verwandten seines Herrn. War er aber darüber verwundert und hocherfreut, nicht weniger waren sie es, als sie hörten, er komme aus Kanaan, von ihrem Gefreundten Abraham, und als er ihnen erzählte, wie Gott seinen Herrn mit einem braven Sohn und großem Reichtum gesegnet habe.

Weil er nun sah, daß Gott Gnade zu seiner Reise gegeben und ihn in dieses Haus geführt habe, eröffnete er ihnen die Absicht seiner Reise und seines Herzens Begehr, daß Bethuel wolle seine Tochter dem Sohn seines Herrn zum Weibe geben. Als Bethuel und seine Kinder das hörten, sprachen sie: «Das kommt von dem Herrn, darum können wir nichts darwider reden. Da ist Rebekka! Nimm sie und ziehe hin, daß sie dem Sohne deines Herrn zum Weibe sei.» Zu Rebekka aber sprachen sie: «Du bist unsere Schwester, wachse in vieltausendmal Tausend.» Also zog er wieder hinweg und nahm die Rebekka mit sich, nachdem er ihnen viele Kleinodien und schöne Kleider und köstliches Gewürz aus dem Lande Kanaan geschenkt und mit ihnen gegessen und getrunken hatte, und kam wieder in dem Lande Kanaan an.

Isaak war ausgegangen, daß er betete auf dem Felde um den Abend, und sah die Kamele kommen, und Abrahams Diener zeigte der Rebekka den frommen Jüngling in seiner blühenden Gestalt, daß dies ihr künftiger Gemahl sei. Da stieg sie von dem Kamel herab, auf welchem sie gesessen war, und verhüllete sich nach morgenländischer Sitte und grüßte ihn. Isaak aber brachte sie vor seinen Vater Abraham, daß er sie von ihm zum Weibe empfinge, und führte sie hernach in das Zelt, welches seine Mutter Sara bewohnt hatte, daß es nun das ihrige wäre.

Also erlebte Abraham die Freude, seinen Sohn vermählt zu sehen mit einer Jungfrau aus dem guten Blute seiner Verwandtschaft, mit der Enkelin seines Bruders Nahor. Mit dieser Freude krönte Gott sein langes frommes Leben. Abraham lebte noch lange in einem ruhigen Alter, bis endlich sein Stündlein kam und Gott seinen Freund zu sich rief. Als er gestorben war, begruben ihn seine Kinder in der Höhle zu Sara, seiner Ehefrau, daß der Tod wieder vereinigte, was der Tod getrennt hatte, und Isaak war der Erbe aller seiner Habe und der Liebe und Wertschätzung, die sich Abraham bei den Einwohnenden des Landes erworben hatte. – Auch bestätigte ihm Gott den Segen seines Vaters: *«Durch deine Nachkommenschaft sollen alle Völker auf Erden gesegnet werden.»*

II

ESAU UND JAKOB

Die Erzväter jener Zeit waren keiner weltlichen Herrschaft unterworfen. Sie standen nur unter Gottes Gewalt. Sie selbst aber übten eine freie und obrigkeitliche Herrschaft aus über ihre Kinder, über ihre Verwandten, wenn diese nicht mächtig genug waren, sich von ihnen zu trennen, und über alle ihre Knechte. Sie standen auch unter keiner geistlichen Gewalt, jeder war selbst Priester in seinem Hause und trug das schöne Amt, Mittler zu sein zwischen Gott und seinem Hause.

Der erstgeborene Sohn aber hatte große Rechte und Vorzüge vor seinen Brüdern und erbte nach des Vaters Tode die Herrschaft und die Priesterwürde, wenn nichts anderes dazwischenkam. Solch ein

Fürst und Priester seines Hauses war Abraham und nach ihm sein Sohn Isaak. Aber in Isaaks Nachkommenschaft kam etwas anderes dazwischen.

Isaak hatte von seiner Ehefrau, der Rebekka, zwei Söhne, den Esau und Jakob. Esau, der Erstgeborene, war von mannhafter kräftiger Natur, ein Mensch, der das Freie liebte, leichtsinnig, aber gutmütig. So hatte ihn der Vater gern. Jakob aber war ein stilles Büblein, das gerne daheimsaß und mit häuslichen Geschäften sich vertat. Das gefiel der Mutter wohl. Jakob meinte es nicht gut mit seinem Bruder, weil Esau als der Erstgeborne große Vorrechte hatte. – O Eigennutz und Mißgunst, wie könnt ihr das Herz eines Menschen verderben! –

Eines Tags kam Esau müde vom Felde heim, Jakob aber saß daheim und kochte sich ein Gemüse, ein Linsengericht. Esau sagt: «Laß mich auch essen von dieser Speise, denn ich bin müde.» Jakob sagt: «Wenn du mir heute deine Erstgeburt verkaufst.» Esau erwiderte: «Sterben muß ich doch; was hilft mir denn die Erstgeburt?» – Also verachtete der Leichtsinnige seine Rechte und sagte sie mit einem Eid seinem Bruder zu. Darauf gab ihm Jakob ein Stücklein Brot und das Linsengericht, und er aß und trank und stand auf und ging davon.

Es war dies kein guter Handel zwischen Brüdern ohne Vorwissen des Vaters. Esau hat nicht wohlgetan, daß er seine Rechte verachtete. Rechte, die Gott erteilt, soll der Mensch nicht verachten. Auch ist es ihm noch lange nachher gar übel ausgelegt worden. Aber was soll man zu der Denkungsart des Jakob sagen, der den Leichtsinn und die Gutherzigkeit seines Bruders also mißbrauchen konnte? So etwas kann nicht ohne schlimme Folgen bleiben.

12
FEINDSCHAFT ZWISCHEN ESAU UND JAKOB

Nach langer Zeit, als Isaak schon ein hohes Alter erreicht hatte, wurde er blind. Als er nun fühlte, daß er nicht mehr lange leben werde, rief er seinen Sohn Esau zu sich und sprach zu ihm: «Siehe, ich bin alt geworden und weiß nicht, wann ich sterben soll; so gehe nun aufs Feld und bringe mir ein Wildbret und bereite mir ein Essen, wie ich es gerne habe. Alsdann will ich dir meinen Segen geben, ehe denn ich sterbe.» Also redete Isaak zu seinem Sohne Esau, und Rebekka war zugegen und hörte es. Rebekka war aber ein Weib von listiger Gemütsart, nicht immer, wie eine redliche Hausfrau und treue Mutter sein soll, und der stille häusliche Jakob war von ihrer Art. Also redete auch Rebekka mit ihrem Sohn Jakob. Während nun als Esau auf dem Felde war, schlachtete sie in der Geschwindigkeit zwei Böcklein und bereitete sie in der Art, wie Isaak das Wildbret gerne aß. Hernach zog sie dem Jakob seines Bruders köstliche Kleider an und vermummte seinen Hals und seine glatten Hände, daß sie rauh wurden wie Esaus Hände, und gab ihm das gekochte Essen, daß er es seinem Vater brächte, als wenn es Esau wäre, und daß er an seines Bruders Statt den Segen empfinge.

Es gehört nicht viel dazu, einen alten blinden Vater zu hintergehen, wenn nicht kindliche Liebe und Ehrfurcht und Scheu vor Gott es dem Herzen schwer machen. Jakob brachte dem alten blinden Vater das Essen und gab sich für den Bruder aus. Isaak sprach zu ihm, als wenn er der Bruder wäre: «Gott lasse dich wohnen in einem fruchtbaren Lande und mache dich darin zu einem glücklichen Mann. Du sollst der Herr sein über deine Brüder, und deiner Mutter Kinder sollen dir dienen.» Es war solch ein Segen anzusehen als die letzte Willensmeinung des Vaters; niemand durfte daran etwas ändern noch hindern. Also gewann Jakob den Segen des Erstgebornen ohne Wissen des Vaters, nachdem ihm Esau die Rechte der Erstgeburt heimlich hatte zugesagt. Diese schlimme Tat übte er aus an seinem Vater und an seinem Bruder auf Anstiften der Mutter.

Unterdessen kam Esau vom Felde heim und bereitete dem Vater das Wildbret und brachte es ihm, daß er seinen Segen empfinge. Der blinde Vater sagt: «Wer bist du?» Er sagt: «Ich bin Esau, dein erstgeborner Sohn», und verleugnet also dem Vater auch, daß er die Erstgeburt verkauft hatte. Da entsetzte sich Isaak über die Maßen. «Es ist schon einer dagewesen», sprach er, und er merkte jetzt, daß es

GEN: XXVII.
Iſaacus Iacobo filio benedicit.
Iſaac doñe la Benediction à Iacob ſon fils.

I Buch Moſ: XXVII. 27.
Iſaac ſegnet, nach eingenom=
menem Mahl, ſeinen
Sohn Iacob.

Jakob gewesen sei. «Dein Bruder Jakob ist dagewesen, der hat mich hinterlistet und hat deinen Segen empfangen, und ich kann's nimmer ändern.» Esau schrie vor Entsetzen laut und weinte. «Segne mich auch, mein Vater, hast du mir keinen Segen vorbehalten?» Der bewegte Vater sprach: «Gott wird auch dir einen Wohnsitz geben in einem fruchtbaren Lande; aber von der Herrschaft deines Bruders kann ich dich nicht mehr befreien» – nämlich weil er ihm das Wort gegeben hatte. – «Wirf selbst sein Joch von deinem Halse ab!»

Von der Zeit an ward Esau seinem Bruder gram und sagte: «Es ist mir leid um meinen Vater, denn ich schlage meinen Bruder tot.» Solche Verwirrungen kann eine einzige Leichtfertigkeit in einer Familie anrichten. Esau verkauft heimlich seine Rechte. Jakob erschleicht sich dazu die Bestätigung und den Segen des Vaters. Der alte schwache Vater weiß sich nicht zu helfen und wird in die Untreue hineingezogen. Hat er dem Jakob die Herrschaft über den Esau zugesagt, so erlaubt er dem Esau heimlich, sich nicht darum zu bekümmern. Esau kommt in Versuchung, ein Brudermörder zu werden. Jakob ist in des Vaters eigenem Hause des Lebens nimmer sicher, und – es ist noch lange nicht alles vorüber. So folgt eine Sünde aus der andern mit ihrer schweren Strafe.

Dein Leben lang habe Gott vor Augen und im Herzen, und hüte dich, daß du in keine Sünde willigest. Die Sünde ist der Leute Verderben.

13
JAKOBS FLUCHT

Als Rebekka hörte, daß Jakob in Todesgefahr sei, schickte sie ihn eilends fort nach Mesopotamia zu Laban, ihrem Bruder, der in Haran wohnte. Als er lange durch fremde einsame Gegenden gereist war, wo er niemand kannte, kam er ebenfalls an einen Brunnen auf dem Felde. Bei dem Brunnen lagen drei Hirten und warteten auf die andern, daß sie miteinander ihre Schafe tränkten. Es zogen schon Herden von daher und von dorther, und eine Jungfrau kam auch von ferneher mit ihren Schafen. Jakob hielt ein wenig an dem Brunnen still und sprach die Hirten an: «Wo seid ihr her?» Die Hirten sprachen: «Wir sind von Haran.» Das war ein freudiges Wort in das Herz Jakobs, daß diese Hirten aus dem Heimatort seiner Verwandten seien und daß er jetzt schon so nahe an dem Ziel seiner Reise sei. «Kennt ihr auch den Laban, den Abkömmling Bethuels?» fragte er die Hirten. Sie sagten: «Wir kennen ihn wohl, und es geht ihm gut», und die Jungfrau, die mit ihren Schafen daherzog, war Labans Tochter. «Siehe da», sprachen die Hirten, «das ist Rahel, seine Tochter.» Da durchzuckte eine wunderbare Freude das Herz Jakobs, als er die Jungfrau sah, die Tochter des Bruders seiner Mutter, und die schönen Schafherden des Bruders seiner Mutter. Er hob eilig den Stein von der Öffnung des Brunnens – es lag ein Stein auf der

Öffnung – und tränkte die Schafe Labans, als wenn sie seine eigenen wären, weil es die Schafe des Bruders seiner Mutter waren. Die Jungfrau mochte sich wohl darum befremden, daß so ein Unbekannter ihr von freien Stücken diesen Dienst erwiese, aber indem sie ihn darum ansah, sagte er ihr, daß er ihr Verwandter sei, und küßte sie mit brüderlicher Liebe und weinte in der Bewegung seines Herzens. Rahel eilte nach Hause, daß sie es ihrem Vater sagte. Laban kam heraus und brachte ihn in die Stadt. Da war wieder eine große Freude, daß die Verwandten einander sahen, und Laban sah den Sohn seiner Schwester Rebekka, die vor vielen Jahren von ihm geschieden war, und er hatte auch schon erwachsene Töchter und noch eine Tochter, welche älter war als Rahel, mit Namen Lea.

Als Jakob schon eine Zeitlang bei seinen Gefreundten sich aufgehalten hatte und dem Laban diente, sprach Laban zu ihm: «Wenn du schon mein Fleisch und mein Blut bist, so ist es doch nicht recht, daß du mir umsonst dienest.» Jakob hatte eine Liebe zu Rahel gewonnen. Er diente dem Laban sieben Jahre, daß er ihm alsdann die Rahel zum Weibe gebe. Aber Laban war bei dem allem ein ungewisser und willkürlicher Mann. Denn als die sieben Jahre herum waren und Jakob seine Verlobte freien wollte, sprach er zu ihm: «Es ist hierzulande nicht gebräuchlich, daß man die jüngere Tochter vor der ältern verheirate», und gab ihm die Lea. Wollte er die Rahel haben, so mußte er dem Laban noch einmal sieben Jahre dienen. Es war dieses eine wohlverdiente Gerechtigkeit, daß er von dem an, als er schon glaubte, ein Herr über seine Brüder zu sein, selber vierzehn Jahre lang dienen mußte in dem Hause eines Fremden, wiewohl es sein Schwiegervater war. Jakob blieb aber noch lange bei Laban und erwarb sich in dieser Zeit großen Reichtum, bis endlich der Friede zwischen ihm und seinem Schwiegervater nicht länger bestehen konnte.

14
JAKOBS HEIMKEHR UND AUSSÖHNUNG MIT SEINEM BRUDER

Als der Friede nicht mehr bestehen konnte, zog Jakob mit seinen Weibern und Kindern und zahlreichen Herden nach Kanaan zurück und dachte wohl wieder daran, was er einst an seinem Bruder verschuldet hatte. Denn das Gewissen kennt keine Zeit. Esau wohnte damals in der Landschaft Seir und war daselbst ein reicher und mächtiger Mann. Deswegen schickte Jakob eine Botschaft an ihn mit der Anmeldung, daß er jetzt auch wieder heimkomme, damit er erführe, wie sein Bruder gegen ihn gesinnet sei. Aber der gutherzige Bruder hatte allen Gram und Groll schon lange vergessen, ja vor lauter Freude wollte er seinem Bruder eine große Ehre antun und zog ihm mit einer Begleitung von vierhundert Mann entgegen. Jakob aber bekam darüber Gedanken und fürchtete, sein Bruder werde ihn angreifen wollen. Denn diese Qual hat das verletzte Gewissen, daß es kein Zutrauen zu den Menschen haben und sich auf nichts freuen kann. Doch schickte er seinem Bruder viele Geschenke, Schafe, Rinder und Kamele entgegen und teilte sein Gesinde und seine Herde in zwei Teile, daß er noch mit einem entfliehen könnte, wenn Esau den andern angreifen sollte. Auch betete er selbigen Tages: «Herr, Gott meiner Väter, ich bin zu gering aller Barmherzigkeit und Treue, die du an deinem Knechte getan hast. Denn ich hatte nichts als diesen Stab, da ich über den Jordan ging, und kehre nun zurück mit zwei großen Herden. Errette mich von der Hand meines Bruders.» Es ist zu glauben, daß dieser Augenblick der Anfang zur Besserung seines Herzens war. Denn wer an Gottes Güte und an seine eigene Unwürdigkeit und Hilflosigkeit denkt, und sein Herz wird bewegt, daß er beten muß, und nimmer anders kann, der hat den Weg zur Besserung gefunden. Auch gab ihm Gott einen neuen Namen und nannte ihn Israel, was gleichsam sagen will, daß er jetzt ein anderer Mensch sei, als er vorher einer gewesen war.

Am folgenden Morgen hob er seine Augen auf und sah seinen Bruder kommen mit vierhundert Mann. Er ging mit seinen Frauen und Kindern ihm entgegen und bückte sich siebenmal vor ihm zur Erde, bis er zu ihm kam. Aber Esau faßte die Sache kürzer, der hochherzige Mensch. Er ging auf seinen Bruder zu, herzte und küßte ihn, und beide weinten vor Wehmut und Freude. Hernach grüßte er auch die Frauen und Kinder seines Bruders. Auch wollte er anfänglich die Geschenke gar nicht annehmen, denn er hatte genug und war zufrieden, daß er nur seinen Bruder Jakob wieder hatte. Jakob nannte den Esau seinen Herrn und sich seinen Knecht, womit er andeutete, daß er die Erstgeburt und die Herrschaft über seine Brüder nimmer verlangte. Aber Esau sagte einmal um das andere: «Mein Bruder», und verlangte nichts zurück, sondern hielt das Wort seines Vaters in Ehren. Also söhnten sich die Brüder aus, und Gott segnete den Jakob und bestätigte ihm die Verheißung seiner Väter.

Herr, Herr Gott, barmherzig und gnädig und geduldig und von großer Güte und Treue, der du beweisest Gnade und Barmherzigkeit in tausend Glied und vergibst Missetat und Sünde und Übertretung, und vor welchem niemand unschuldig ist!

Esau wurde nachher noch ein mächtiger Fürst in dem Lande Seir und ist der Stammvater des Volkes der Edomiter. Jakob aber blieb in dem Lande Kanaan. Aber die Nachkommen des Esau und die Nachkommen des Jakob lebten fortan gegeneinander in Feindschaft. Denn manches, was Gott verzeiht, verzeihen die Menschen nicht, und hätten doch so viele Ursache zur Versöhnlichkeit und zum Frieden.

15
JAKOBS SÖHNE

Jakob hatte zwölf Söhne. Ihre Namen sind: Ruben, Simeon, Levi, Juda, Sebulon, Isaschar, Dan, Gad, Asser, Naphtali, Joseph, Benjamin. Aber den Joseph hatte Jakob lieber als die andern Söhne und gab ihm schönere Kleider. Darum neideten ihn die Brüder. Auch hatte Joseph gar seltsame Träume. Einmal zum Beispiel träumte ihm, daß die Sonne, der Mond und die Sterne sich vor ihm neigten, also daß auch sein Vater zu ihm sagte: «Was sind das für Träume? Soll dein Vater, deine Mutter und deine elf Brüder kommen und vor dir niederfallen?» Als wenn die Sonne den Vater, der Mond die Mutter und die elf Sterne seine Brüder bedeuteten, daß sie noch vor ihm niederknien und ihn verehren würden. – Es ist wohl möglich, daß so etwas geschieht. – Einmal schickte ihn Jakob hinaus eines weiten Weges, wo seine Brüder weideten, daß er sähe, wie es um sie stände. Joseph ging, aber er kam nicht mehr heim. Er wußte nicht, welchem Unglück und welcher Erhöhung er entgegenging. *Des Menschen Gang steht nicht in seiner Gewalt.* Denn als ihn seine Brüder von ferne sahen, sprachen sie: «Seht, da kommt der Träumer!» Zuerst wollten sie ihn töten. Aber Ruben, der älteste unter ihnen, war auch der besonnenste, wie es den Jahren geziemt. Er sprach: «Wir wollen die Hände nicht mit dem Blut unsers Bruders beflecken. Wir wollen ihn lieber in

GENES. XXXVII.

Ioseph Ægyptiis venditur à Fratribus

Ioseph est vendu par ses Freres aux Egyptiens.

I. Buch Mos: XXXVII. 28.

Joseph wird auß feindschafft von seinen Brüderen verkaufft, und in Egÿpten geführt.

eine Grube werfen.» Denn er gedachte ihn heimlich wieder herauszuziehen und zu dem Vater zu bringen, daß er gerettet würde. Demnach warfen sie ihn in eine Grube, daß er darin verschmachten sollte. Hiernach zogen fremde Kaufleute mit ihren Kamelen vorüber, die nach Ägypten reisten. Da nahmen sie ihn wieder aus der Grube und verkauften ihn an die Fremden um zwanzig Silberstücke. Hernach schlachteten sie einen Ziegenbock und tauchten den schönen Rock des Joseph, den verhaßten, in das Blut und schickten ihn dem Vater nach Hause: «Diesen Rock haben wir gefunden, beschaue ihn doch, ob es nicht deines Sohnes Rock sei.» Als Jakob ihn erblickte, schrie er: «Es ist meines Sohnes Rock; ein böses Tier hat ihn gefressen, ein reißendes Tier hat Joseph zerrissen.»

Seine Töchter kamen ihn zu trösten; auch seine Söhne kamen, die Bösewichte, und trösteten ihn mit heuchlerischen Mienen. Aber er wollte keinen Zuspruch annehmen, sondern er beklagte von der Zeit an seinen Sohn als tot, so er doch lebte.

Diese Untat wird den Söhnen Jakobs auch nicht unbezahlt bleiben.

16

JOSEPH WIRD NACH ÄGYPTEN VERKAUFT

Die fremden Kaufleute brachten den armen Joseph nach Ägypten und verkauften ihn dem Potiphar, dem Kämmerer des Königs, zum leibeigenen

Knecht. Als aber der Kämmerer den Verstand und die Frömmigkeit des Joseph erkannte und sah, daß er ihm nützlich sei – ein frommes und verständiges Herz findet überall Freunde –, gewann er ihn immer mehr lieb und setzte ihn zugleich über sein ganzes Vermögen. Da war zwar Joseph auf einmal ein glücklicher Mensch; aber Potiphars Frau war ein gar böses Weib und mutete dem Joseph einmal um das andere eine große Untreue gegen seinen Herrn zu. Joseph aber sprach zu ihr: «Wie sollt' ich ein so großes Übel tun und wider meinen Gott sündigen?» Dies ist abermal ein Sternsprüchlein, mit welchem man auf guten Wegen bleibt und zu Gott kommt, wenn's auch durch ein Gefängnis hindurchgehen sollte. Als die Frau des Potiphar nicht zu ihrem Willen kommen konnte und zuletzt fürchten mußte, daß sie verraten werde, sagte sie zu ihrem Mann: «Der hebräische Knecht, den du in das Haus gebracht hast, hat mir eine große Untreue gegen dich zugemutet.» Die Nachkommen Abrahams wurden in Ägypten Hebräer genannt. Darum sagte sie: «Der hebräische Knecht.» Als sein Herr die Rede seines Weibes hörte, ward er sehr zornig und ließ den Joseph ungehört und ungerechtfertigt in das Gefängnis werfen.

So endeten die guten Tage des Joseph in dem Hause des Potiphar. Aber Gottes Gnade bleibt nicht zurück, wohin auch ein frommes und unschuldiges Herz geworfen wird. Sie gibt sich ihm zu erkennen auf die eine oder die andre Art. Gott lenkte das Herz des Amtmanns über die königlichen Gefängnisse, daß er bald ein gutes Zutrauen zu Joseph gewann und ihm die Aufsicht und Pflege aller Gefangenen anvertraute. Daher hatte er wieder leidliche Tage. In derselbigen Zeit wurden zwei vornehme Hofbeamte des Königs, der Mundschenk und der Bäcker, wegen eines Vergehens ebenfalls in das nämliche Gefängnis gebracht, und Joseph erhielt die Aufsicht über sie wie über die andern und diente ihnen. Eines Morgens aber, als er zu ihnen kam, waren sie gar traurig und erzählten ihm, daß jedem von ihnen ein Traum erschienen sei und daß niemand sei, der ihnen ihre Träume auslegen könne. Joseph sagte: «Die Auslegung der Träume ist von Gott. Aber erzählt mir die eurigen.» Der Mundschenk begann: «Ich sah einen Weinstock, der hatte drei Zweige. Er grünte, er wuchs, er blühte, und seine Trauben wurden reif. Ich drückte die Beeren aus in den Becher des Königs und gab dem König den Becher in die Hand.» Joseph sagte: «Ganz recht! Die drei Zweige sind drei Tage; in drei Tagen wird der König dein Haupt erheben und dich wieder in dein Amt setzen. Gedenke meiner, wenn es dir wohl geht, und tue Barmherzigkeit an mir, daß ich aus dem Gefängnis erlöset werde.» Der Bäcker erzählte: «Ich trug drei Körbe auf dem Haupt und in dem obersten Korbe allerlei gebackene Speise für den König, und die Vögel aßen aus dem Korb auf meinem Haupte.» Joseph sagte: «Die drei Körbe sind drei Tage. In drei

Tagen wird der König dein Haupt erheben und dich an den Galgen henken.» Wie gesagt, so geschehen. Nach drei Tagen setzte der König den Mundschenk wieder in sein Amt und ließ den Bäcker henken. Aber der Mundschenk gedachte nicht mehr an Joseph, daß er ihn erlöst hätte. Gar oft vergessen die Menschen den treuen Dienst, der ihnen geleistet worden ist, und den Dank dafür; aber Gott vergißt die Unschuld nicht.

Er kennt die rechten Freudenstunden / und weiß wohl, was uns nützlich sei; / wenn er uns nur hat treu erfunden, / aufrichtig, ohne Heuchelei, / so kommt er, eh' wir's uns versehn, / und lässet uns viel Gut's geschehn.

Nach zwei Jahren hatte Pharao auch einen Traum. Pharao, das ist der König. Er sah aus dem Wasser aufsteigen sieben schöne, fette Kühe und hernach sieben magere Kühe. Die magern Kühe verschlangen die fetten und wurden doch nicht fetter. Wiederum sah er sieben Ähren wachsen auf einem Halm, die waren voll und dick, und wiederum sieben dünne verdorrte Ähren, diese verschlangen die vollen und wurden doch nicht dicker. Dies hatte zu bedeuten, daß böse unfruchtbare Zeiten kommen würden für die Viehzucht und für den Getreidebau. Als Pharao wegen dieses Traumes bekümmert war, fiel dem Mundschenk seine Sünde ein, daß er des Joseph vergessen habe, und sagte dem König, daß ein hebräischer Mensch in dem Gefängnis sei, der habe einst ihm und dem gehenkten Bäcker seine Träume wahr gedeutet. Alsogleich war Joseph vor den König gebracht; der König erzählte ihm seinen Traum. Joseph sagte: «Die Bedeutung der Träume ist von Gott. – Es werden noch sieben reiche, fruchtbare Jahre über Ägypten kommen, hernach werden sieben unfruchtbare und magere Jahre über Ägypten kommen. Es wird eine große Not sein und das Land verzehren.» Hierauf riet Joseph dem König, Kornkammern anlegen zu lassen und sieben Jahre lang den fünften Teil alles Getreides einzusammeln und aufzubewahren für die Jahre der Not. Diese Rede gefiel dem König so wohl, und Joseph zeigte so viel Verstand, daß der König sagte: «Wo können wir einen verständigern Mann finden, als Joseph ist, in welchem der Geist Gottes sei.» Also setzte er den Joseph über sein ganzes Haus und über sein ganzes Land und erhob ihn zu großen Ehren. Er nahm seinen Ring von der Hand und gab ihn dem Joseph an seine Hand, er kleidete ihn mit weißer Seide und schmückte ihn mit einer goldenen Kette; er ließ ihn auf einem königlichen Wagen fahren und vor ihm ausrufen, daß er ihm eine väterliche Sorge für das Land übertragen habe. So wurde er der Erste in Ägypten nach dem König und erfüllte alles getreulich und klug, was er dem König selber geraten hatte. Das ist nun des Joseph wunderbarer Weg, den er wandeln mußte, aus des Vaters Haus in eine tiefe Grube, aus der Grube als ein verkaufter Knecht nach Ägypten in das Haus des Potiphar, aus dem Haus des Potiphar in das Gefängnis, aus dem Gefängnis in des Königs Palast. Joseph war dreißig Jahre alt, als er vor dem König stand.

Merke noch bei dieser Geschichte, was die Träume betrifft: Joseph legte drei Träume aus. Das will ihm nun mancher betrügliche oder einfältige Mensch nachtun. So nun jemand zu dir kommt und will dir einen Traum deuten, zu dem sprich: «Die Auslegung ist von Gott, beweise mir aber zuerst solche Proben von Gottesfurcht und Rechtschaffenheit, als Joseph in dem Hause des Potiphar und in dem Gefängnis bewiesen hat, alsdann will ich deiner Auslegung glauben, daß sie von Gott sei.»

17
ERSTE REISE DER SÖHNE JAKOBS NACH ÄGYPTEN

Aber wie erging es in der Zeit dem Jakob und seinen elf Söhnen in Kanaan? Die Teurung kam, wie sie Joseph vorausgesagt hatte, und erstreckte sich auch über das Land Kanaan. Als nun Jakob hörte, daß in Ägypten Getreide feil sei, schickte er seine Söhne nach Ägypten auf den Einkauf. Nur Benjamin, den jüngsten, behielt er daheim. Die Brüder dachten schon lange nicht mehr an Joseph. Sie wußten nicht, wo ihn die fremden Kaufleute hingebracht und was aus ihm geworden sei. Als sie nun nach Ägypten kamen, wurden sie vor Joseph geführt und kannten ihn nicht, sondern fielen vor ihm nieder als vor einem vornehmen ägyptischen Herrn. Joseph aber kannte sie sogleich, daß sie seine Brüder seien, die ihn verkauft hatten. Aber er stellte sich fremd gegen sie und redete mit ihnen auf ägyptisch durch einen Dolmetscher. Er hatte sie jetzt in seiner Gewalt und konnte ihnen alle Grausamkeit vergelten, die sie an ihm ausgeübt hatten. Aber das tat Joseph nicht. So etwas tut ein frommer Mensch an seinen Brüdern, an den Kindern seines Vaters, nicht und an niemand. Zwar redete er sie hart an: «Wer seid ihr und woher kommt ihr?» Sie sprachen: «Aus dem Lande Kanaan kommen wir, Speise zu kaufen.» Joseph sprach: «Kundschafter seid ihr, gefährliche Leute! Ihr wollt sehen, wo das Land offen ist», nämlich um einzufallen mit einer feindseligen Macht. Sie antworteten: «Nein, mein Herr, Kundschafter sind wir noch nie gewesen. Wir sind redliche Leute, elf Brüder, *eines* Mannes Söhne. Der jüngste ist noch daheim bei dem Vater; einer ist nicht mehr vorhanden.»

Diese Rede gab dem Joseph eine Gelegenheit. Er sagte: «Nun will ich euch prüfen, ob ihr mit der Wahrheit umgehet; sendet einen von euch, daß er euren jüngsten Bruder hole, ihr andern sollt unterdessen gefangen sein.» Denn Joseph hatte eine besondere Liebe zu Benjamin, weil er der Sohn seiner Mutter Rahel und der frömmste und jüngste unter seinen Brüdern war. Er war nicht wie die andern. Mit diesen Worten ließ er sie als verdächtige Leute in das Gefängnis setzen. Am dritten Tag aber sprach

GENES. XLII.

Ioseph avertit se parumper et flevit.

Joseph se detourna un peu de ses freres et pleura.

I. Buch Mose XLII. 24.

Die Brüder Joseph wußtē nicht daß Joseph verstünde, dañ er redet mit ihnē durch einen Dolmetscher; u. er wand sich von ihnen u. weinet.

er wieder zu ihnen: *«Ich fürchte Gott!»* Das war ein achtungswertes Wort. «Seid ihr redliche Leute, so lasset einen von euch gebunden hier liegen in dem Gefängnis. Ihr andern ziehet hin und bringet heim, was ihr gekauft habt. Aber euern jüngsten Bruder bringet zu mir, daß ich euern Worten glaube und ihr nicht sterben müsset.» Es ist keine Kleinigkeit, vor einem mächtigen und vornehmen Mann zu stehen, der also redet, so weit von der Heimat weg, wo man niemand mehr kennt und von niemand gekannt ist. Das empfanden die Brüder und sagten zueinander auf hebräisch: «Das haben wir an unserm Bruder Joseph verschuldet, daß wir sahen die Angst seiner Seele, da er uns flehete, und wir wollten ihn nicht anhören. Darum kommt nun solche Trübsal über uns.» Joseph aber mußte sich umwenden und weinen, als er diese Rede hörte. Hernach ließ er den Simeon vor ihren Augen binden und in das Gefängnis zurückführen. Die übrigen kauften Getreide, bezahlten es und zogen wieder heim. Unterwegs aber, als einer von ihnen einen Sack öffnete, um seinem Tier Futter zu geben, ward er gewahr, daß das Geld, welches er bezahlt hatte, wieder oben in seinem Sack lag, also auch die übrigen Brüder. Denn jedem hatte Joseph heimlich sein Geld wieder oben in seinen Sack legen lassen. Joseph wollte seinem Vater nichts abnehmen, doch wollte er sich noch nicht zu erkennen geben. Seine Brüder aber erschraken sehr, als sie ihr Geld wieder in ihren Säcken fanden.

Als die Söhne Jakobs nach Kanaan wieder kamen und waren nur noch neun, erzählten sie ihrem Vater alles, was ihnen geschehen war. Da war in dem Hause des Jakob große Klage wegen Simeon und Benjamin. «Es geht alles über mich», sagte der bekümmerte Vater; er wollte den Benjamin nicht von sich lassen.

18

ZWEITE REISE NACH ÄGYPTEN

Die Söhne Jakobs mußten zum zweiten Male nach Ägypten reisen und Korn kaufen. Gar ungern gab er ihnen den Benjamin mit, aber er konnte nicht anders, und Juda sagte ihm gut für den Knaben. Auch gab er ihnen zwiefaches Geld und köstliche Erzeugnisse aus dem Lande Kanaan für Joseph mit und wußte nicht, daß er sie seinem eigenen Sohn schickte. «Der allmächtige Gott», sagte er, «gebe euch Barmherzigkeit vor dem Manne, daß er euch den gefangenen Bruder wiedergebe und den Benjamin lasse! Ich aber muß sein», sagte er, «wie einer, der gar keine Kinder hat.» In Ägypten befahl Joseph seinem Hausvogt, daß er sie zu ihm bringen sollte, denn er wollte ihnen eine Mahlzeit halten und mit seinen Brüdern zu Mittag essen. – Ehe sie vor ihm erschienen, sagten sie dem Hausvogt, was ihnen begegnet sei mit dem Gelde. Der Hausvogt sagte: «Euer Geld ist mir geworden.» Auch gab er ihnen ihren gefangenen Bruder Simeon wieder. Als sie vor Joseph erschienen, reichten sie ihm die Geschenke dar. Etwas Köstlicheres wäre kein König imstande gewesen, ihm zu schenken, als diese Gaben waren, aus dem Lande seiner schönen Heimat, aus den Händen seines Vaters. Joseph grüßte sie mit freundlichen Worten: «Geht es eurem Vater wohl? Lebt er noch?» Sie sprachen: «Es geht deinem Knechte, unserm Vater, wohl.» – «Ist das euer Bruder?» sagte er, als er den Benjamin erblickte. «Gott segne dich, mein Sohn!» sprach er zu Benjamin. Aber er konnte nicht weiterreden, sein Herz war so bewegt gegen seinen Bruder, den Sohn seiner Mutter Rahel, daß er hinweggehen und weinen mußte. Als er aber ausgeweint hatte und wiederkam, setzte er seine Brüder zu Tische, wie sie dem Alter nach aufeinander folgten, und tat dem Benjamin eine besondere Ehre an. Er selbst aß mit ihnen, wiewohl an einem eigenen Tisch. Aber zu erkennen gab er sich ihnen noch nicht.

Hierauf ließ Joseph ihre Säcke mit Getreide füllen. Auch wurde auf seinen Befehl jedem sein Geld wieder oben in den Sack gelegt, und in den Sack des Benjamin außer diesem noch sein silberner Becher, daraus er zu trinken pflegte.

Als aber die Brüder schon wieder auf dem Heimweg waren und meinten, diesmal sei alles besser gegangen als das erstemal, schickte ihnen Joseph seinen Hausvogt nach. Als der Hausvogt sie eingeholt hatte, sprach er zu ihnen: «Warum vergeltet ihr Gutes mit Bösem? Welcher von euch hat meines Herrn silbernen Becher gestohlen?» Sie sprachen: «Warum redet dein Herr solche Worte? Wir sind ehrliche Leute. Bei welchem der Becher gefunden wird, der soll sterben. Wir aber wollen deines Herrn Knechte sein!» Hierauf wurden alle Säcke geöffnet und durchsucht, und der Becher ward gefunden in dem Sack Benjamins. Da zerrissen die Brüder ihre Kleider vor Schrecken und Betrübnis und kehrten wieder alle miteinander um. Als sie wieder vor Joseph gebracht wurden, redete er sie hart an, daß sie solches sich unterstanden hätten. Juda nahm das Wort und sagte: «Wie können wir uns rechtfertigen? Gott hat unsere Missetat gefunden. Siehe, wir sind deine Knechte!» Joseph sprach: «Das sei ferne! Der, bei welchem der Becher gefunden ist, soll mein Knecht sein. Ihr aber zieht im Frieden zu eurem Vater.» Da flehte Juda inständig, daß das nicht geschehen möge. Solchen Jammer seines Vaters könne er nicht ansehen, wenn er zurückkäme und den Knaben nicht wieder brächte, an welchem sein Herz hing. Lieber wollte er selbst an seiner Statt in Gefangenschaft und Knechtschaft zurückbleiben.

Das alles tat Joseph, daß er sähe, wie seine Brüder gestimmt seien und ob sie die Zeit gebessert habe. Als er nun sah, wie sie jetzt ihren alten Vater und seinen Bruder Benjamin so lieb hatten und wie Juda sich ängstete, konnte er sich der Tränen nimmer erwehren. Die Ägypter, welche zugegen waren, mußten alle hinausgehen. Als sie allein unter sich waren, ließ er den Tränen freien Lauf.

«Ich bin Joseph», sprach er. «Lebt mein Vater noch?»

Ob sein Vater noch lebe, fragte der fromme Sohn.

Darüber erschraken seine Brüder so sehr, daß sie ihm nicht antworten konnten. Er aber sprach noch einmal zu ihnen: «Ich bin Joseph, euer Bruder, den ihr verkauft habt. Aber fürchtet euch nicht! Eilet und saget meinem Vater, daß er zu mir komme mit aller seiner Habe und wohne bei mir.» Hierauf fiel er seinem Bruder Benjamin um den Hals und weinte, und Benjamin weinte auch an seinem Halse. Alle seine Brüder küßte er und weinte über sie vor Rührung und Liebe. Hernach redeten seine Brüder mit ihm. Auch der König ließ den Vater des Joseph einladen, daß er nach Ägypten zöge, und Joseph schenkte jedem ein Feierkleid, dem Benjamin aber schenkte er fünf Feierkleider und dreihundert Silberstücke und schickte seinem Vater viel köstliches Gut aus Ägypten zum Gruß und Wagen zur Reise, und «Zanket nicht auf dem Wege», sprach er zu seinen Brüdern.

Freilich war diesmal die Heimreise erfreulicher als das erstemal. Wenn die Not am größten ist, ist oft ihr Trost am nächsten.

So urteilt die Presse:

«Die schönste aller deutschsprachigen Buchserien.»
(Rolf Hochhuth, Die Zeit)

«Sorgfalt, gute Ausstattung und Lesbarkeit: Dies ist den… Bänden der ‹Manesse Bibliothek› gemeinsam.» *(Die Welt)*

«‹Die Manesse Bibliothek der Weltliteratur›, ein Beispiel für solide und unaufdringliche Buchkultur.»
(Jörg Drews, Süddeutsche Zeitung)

«Unter den deutschsprachigen literarischen Reihen, die es sich zur Aufgabe gestellt haben, geistige Mittlerdienste zu leisten, gehört die ‹Manesse Bibliothek der Weltliteratur› in die vorderste Reihe.» *(Neue Zürcher Zeitung)*

«Man nenne uns im deutschen Sprachraum eine schönere, handlichere, sorgfältiger konzipierte Bibliothek. Es gibt sie nicht.» *(Hamburger Abendblatt)*

19
DRITTE UND LETZTE REISE NACH ÄGYPTEN. JAKOBS TOD

Wie war es dem guten alten Vater in Kanaan zumute, als alle seine Söhne zurückkamen und brachten ihm die Botschaft: «Joseph lebt auch noch»; und als sie ihm sagten, der Herr über ganz Ägypten, den sie gesehen und mit dem sie geredet hätten, das sei Joseph, sein Sohn. Anfangs glaubte er ihnen nicht. Als er aber die Wagen sah und die Geschenke, welche sein Sohn ihm schickte, da lebte er wieder auf und sprach: «Ich habe genug, daß mein Sohn Joseph noch lebt. Ich will hin und ihn sehen, ehe ich sterbe.»

Also zog Jakob mit seinen Kindern und Enkeln, sechsundsechzig Seelen an der Zahl, mit seiner ganzen Habe aus Kanaan fort, daß er zu seinem Sohn Joseph nach Ägypten käme. Joseph zog seinem Vater entgegen, und als er ihn sah, fiel er ihm um den Hals und konnte fast nicht aufhören zu weinen. Jakob aber sprach zu ihm: «Ich will nun gerne sterben, nachdem ich dein Angesicht gesehen habe, daß du noch lebest.»

O Gott, wie kannst du Leid in Freude verwandeln und ein langes, kummervolles Leben noch mit einem glücklichen Alter krönen! Das ist die letzte Freude der Eltern, wenn die Erde nichts mehr für sie hat, ihre Kinder, wenn sie auf Gottes Wegen wandeln und glücklich sind. Das ist die größte

Freude frommer Kinder, daß sie ihren Eltern im Alter Gutes tun und ihre Liebe vergelten können.

Joseph redete sogleich mit dem König und stellte ihm seinen Vater und mehrere von seinen Brüdern vor. Er machte ordentlich Staat mit seinem alten Vater bei dem König und bei den vornehmen Ägyptern, wiewohl er nur ein Hirte war. Der König wies ihm und seinen Kindern und Herden die schönen Weideplätze in der Landschaft Gosen an. Die ganze Landschaft Gosen gab er ihnen.

Siebenzehn Jahre lebte Jakob noch in Ägypten in einem glücklichen Alter. Als er krank wurde, besuchte ihn Joseph in dem Lande Gosen und nahm seine zwei Kinder, Ephraim und Manasse, mit. Jakobs Augen waren bereits dunkel geworden. Er fragte den Joseph, wen er bei sich habe. Joseph antwortete: «Es sind meine zwei Söhne, die mir Gott gegeben hat.» Da nahm sie Jakob auf den Schoß und küßte und herzte sie und sprach zu Joseph: «Ich hatte einst nicht gehofft, daß ich dein Angesicht mehr sehen würde, und siehe, Gott läßt mich auch noch deine Kinder sehen.» *Gott kann überschwenglich tun über alles, was wir bitten und verstehen.* Joseph nahm die Kinder von dem Schoß seines Vaters und stellte sie vor ihn, daß er die Hände auf sie legte und ihnen seinen Segen gäbe. Jakob legte die Hände auf sie und sprach: «Gott, vor dem meine Väter Abraham und Isaak gewandelt haben, Gott, der mich ernähret hat mein Leben lang, der

Engel, der mich erlöset hat von allem Übel, der segne die Knaben.» Auch setzte er sie in gleiche Rechte mit seinen eigenen Söhnen. Denn er sagte: «Sie sind mein.» Mit solcher Frömmigkeit und Demut ehrte Joseph, der vornehme und reiche Mann in Ägypten, seinen alten Vater. Er wußte seinen eigenen Kindern kein schöneres Erbteil zu geben als den frommen Segen seines Vaters.

«Siehe», sprach Jakob, «ich sterbe. Aber Gott wird mit euch sein.» Auch befahl er, daß seine Gebeine sollten nach Kanaan gebracht werden, wenn er gestorben wäre, zu den Gebeinen seiner Väter. Denn er wollte nicht in Ägypten begraben sein. Nach seinem Tod begleiteten Joseph und seine Brüder seine Leiche zu dem Erbbegräbnis ihrer Väter in dem Lande Kanaan. Als sie aber nach Ägypten zurückkamen, fürchteten sich seine Brüder vor ihm, denn sie dachten, er habe sie bisher nur um seines Vaters willen verschont. So schwer läßt sich das böse Gewissen beruhigen. Aber Joseph sprach: «Fürchtet euch nicht. Ihr gedachtet es böse zu machen. Aber Gott hat es gut gemacht. – Ich will euch versorgen und eure Kinder», sagte er.

Ganz richtig! Wer seine Eltern liebt, der liebt auch seine Geschwister. Wer sein Glück für einen Segen Gottes erkennt, der ist auch gütig und freundlich gegen die Menschen.

20
MOSES

Also war jetzt von Abrahams Namen und Nachkommenschaft niemand mehr in dem schönen Lande Kanaan übrig als die Toten. In Ägypten aber vermehrten sie sich zwar in der Länge der Zeit zu einem zahlreichen Volk. Als aber ein neuer König aufkam, der nichts mehr von Joseph wußte, fürchtete er sich vor ihrer Menge und ließ sie anfänglich drücken mit harten Diensten und unbarmherzig mißhandeln. Ja, er befahl zuletzt, daß alle neugebornen hebräischen Kinder männlichen Geschlechts mußten in das Wasser geworfen werden, wie man arme Tierlein in das Wasser wirft und ersäuft sie, wenn man sie nicht aufziehen will. So schlimm sah es damals aus um die Verheißung: «Deinen Nachkommen will ich das Land geben und sollen in deinen Nachkommen alle Geschlechter der Erde gesegnet werden.» Aber wie hat der Unbekannte zu Abraham gesagt: *«Sollte Gott etwas unmöglich sein?»,* und geht nicht schon die Tochter des Königs am Wasser spazieren? – Eines Tages, als die Tochter des Königs an dem Wasser spazierte, erblickte sie am Ufer zwischen dem Schilf ein Kästlein. Man wußte nicht, ist's ein Schifflein oder ein Särglein, ist etwas Lebendiges darin oder etwas Totes. Als sie aber das Kästlein holen ließ und öffnete es, lag ein hebräisches Knäblein darin, das weinte. Denn also hatte es seine Mutter in das Wasser gelegt, daß sich Gott seiner erbarmen wollte. Gott rührte das Herz der königlichen Tochter, daß sie sich des Kindes erbarmte. Denn sie sagte sogleich: «Das wird eines von den hebräischen Kindlein sein», und hätte es gern einer braven hebräischen Frau geschickt, daß sie es säugete und aufzöge. Es stand aber noch eine fremde Jungfrau an dem Gestade, das war die Schwester des Kindes, daß sie sähe, was aus ihrem Brüderlein wurde. Sie trat zu der ägyptischen Königstochter und fragte sie, ob sie einer der hebräischen Frauen rufen soll, daß sie ihr das Kindlein säuge. Sie rief ihre Mutter. Gott gab der Mutter aus den Händen der königlichen Prinzessin ihr Söhnlein wieder, und die Prinzessin belohnte sie noch für seine Pflege und Erziehung. Da aber das Kind groß war, nahm die Prinzessin es wieder zu sich, daß es ihr Sohn wäre, und nannte ihn Moses. Moses war ein kraftvoller junger Mann, wiewohl er hatte eine schwere Aussprache. Dabei war er ein herzhafter und heftiger Mann, der besonders kein Unrecht leiden konnte. Einmal ging er aus und sah die Leiden seiner Brüder und wie ein Ägypter einen Hebräer unbarmherzig schlug. Da schaute er rechts und schaute links, ob sonst niemand da sei, und schlug den Ägypter tot und verscharrte ihn in den Sand. Gleichwohl erfuhr es der König, aber Moses entfloh in das Land Midian. In Midian an einem Brunnen verteidigte er sieben Jungfrauen gegen die Gewalttätigkeit der Hirten. Denn die Jungfrauen wollten die Schafe ihres Vaters tränken, und die Hirten wollten es nicht leiden. Das ist die rechte Art der Herzhaftigkeit, daß sie Unrecht wehre, nicht aber ausübe, und daß sie sich der Unterdrückten annehme, wiewohl mit Verstand und Überlegung. Durch diese brave Tat wurde Moses mit dem Vater der Jungfrauen bekannt. Dieser war ein Priester Gottes und hatte große Herden. Sein Name war Jethro. Jethro gab ihm eine seiner Töchter, die Zipora, zum Weibe und vertraute ihm die Hut seiner Herden an. Also wurde der Pflegsohn der königlichen Prinzessin ein Hirte in einem fremden Lande, wie seine Väter gewesen waren.

21
DIE AUSFÜHRUNG AUS ÄGYPTEN

Einst, als Moses die Schafe seines Schwiegervaters tief in die Wüste getrieben hatte, an dem Berg Horeb, sprach zu ihm eine Stimme: «Ich bin der Gott deiner Väter, der Gott Abrahams, der Gott Isaaks und der Gott Jakobs. Ich habe gesehen das Elend meines Volkes in Ägypten und will mich seiner erbarmen. So gehe nun hin, ich will dich zu Pharao senden, daß du mein Volk, die Kinder Israels, aus Ägypten führest.» Das war eine große Aufgabe. Moses sprach: «Wer bin ich, daß ich zu Pharao gehe und führe die Kinder Israels aus Ägypten?» Gott sprach: «Ich will mit dir sein!» Weiter sprach Moses: «Ach, mein Herr, ich bin je und je nicht wohl beredt gewesen, denn ich habe eine schwere Sprache und eine schwere Zunge.» Darauf sprach Gott zu ihm: «Wer hat dem Menschen den Mund geschaffen, oder wer hat den Stummen oder Tauben oder den Sehenden oder Blinden gemacht? Habe ich es nicht getan, der Herr?» Nämlich, daß Gott wohl wisse, was er tut und was er jedem Menschen zumuten kann, und daß er auch durch gebrechliche Personen dem Menschen Gutes tun und seinen Namen herrlich machen könne. Auch versprach ihm Gott, daß sein Bruder Aaron ihm beistehen und das Wort für ihn führen werde.

Moses zog nunmehr nach Ägypten zurück. Aber seine Ehefrau und seine Kinder blieben daheim, bei Jethro, ihrem Vater. Unterwegs kam ihm sein Bruder Aaron entgegen und bewillkommte ihn mit großer Freude. Moses und Aaron versammelten die Ältesten, das heißt die Vorsteher der Kinder Israels, und sagten ihnen, daß Gott das Volk durch sie erlösen werde. Dessen hatte das Volk eine große Freude und wußte nicht, was noch für eine schwere Zeit ihm bevorstehe. Hierauf gingen Moses und Aaron zu dem Könige und sprachen: «So sagt der Herr, der Gott Israels: ‹Laß mein Volk ziehen, daß es mir ein Fest halte in der Wüste!›» Pharao gab ihnen die gottlose Antwort: «Wer ist der Herr, dessen Stimme ich gehorchen müsse? Ich weiß nichts von dem Herrn, ich will auch Israel nicht ziehen lassen.» Am nämlichen Tag noch redete Pharao mit den Fronvögten und Amtleuten. «Es ist den Hebräern noch zu wohl», sagte er und befahl, daß ihnen noch härter mit Arbeit und Drangsalen zugesetzt würde. Denn das geschieht oft, wenn Gott bald retten will und man sich schon auf die Erlösung freut, daß die Not erst noch am größten wird, daß der Mensch erkenne, die Rettung komme von Gott. «Wenn Menschenhilf' scheint aus zu sein, so stellt sich Gottes Hilfe ein.» Als nun Pharao kein Gehör geben wollte, ließ Gott schreckliche Wunder durch Moses über Ägypten ergehen. Alles Wasser in Ägypten verwandelte sich in Blut, das war die erste Plage. – Als das Wasser wieder Wasser geworden, kamen Frösche ohne Ende. Das war die zweite Plage. – Item, es kam Geziefer aus dem Staube. – Es kam Sterben unter das Vieh. – Die Ägypter wurden behaftet mit großen schwarzen Blattern. – Schwere Gewitter mit Blitz und Hagel verwüsteten ganz Ägypten, sonderlich den Flachs und die Gerste. – Es kam der Heuschreckenfraß. – Es kam eine dreitägige Finsternis; das war die neunte Plage. Allemal, wenn die Not und der Schrecken da war, versprach Pharao, er wolle das Volk ziehen lassen. Allemal, wenn er wieder Frist hatte, nahm er sein Versprechen zurück und wurde boshafter, als er vorher war. – Ist's nicht also, daß leichtsinnige und verstockte Menschen von Kindheit an vor Gott und Menschen Besserung versprechen, wenn ihnen die Strafe ihrer Sünden droht? Wenn sie aber Barmherzigkeit und Frist zur Besserung gefunden haben, so wissen sie nichts mehr von ihrem Versprechen, bis zuletzt die göttlichen Strafgerichte ohne Schonung einbrechen und nimmer zurückbleiben können.

Zuletzt starben in einer Nacht in Ägypten alle erstgebornen Söhne in jeglichem Hause und die Erstgeburt von allem Vieh. Es war die zehnte und letzte Plage. Sie war den Ägyptern so schrecklich, daß jetzt Pharao die Israeliten selber nötigte, fortzugehen. Moses und Aaron hatten dem Volk befohlen, zum letztenmal in Ägypten zu Nacht zu essen, und sagten ihnen, wie. In jedem Haus wurde ein Lamm geschlachtet. Das nannten sie das Osterlamm und aßen es stehend mit Stäben in den Händen als reisefertige Menschen. Unvermutet kam der Befehl vom König, daß sie ohne Aufschub Ägyptenland verlassen sollten. So brachen die Israeliten auf aus dem Lande ihrer Dienstbarkeit und ihres Elendes mit großer Freude, mit ihrem Vieh und aller ihrer Habe, auch Gold und Silber, das sie von den Ägyptern geliehen hatten, und mit ungesäuertem Brotteig. Sie hatten nimmer Zeit, ihn auszubacken. Auch nahmen sie die Gebeine Josephs mit, denn also hatte Joseph auf seinem Sterbebette befohlen. Aber kaum waren sie hinweg, so eilte Pharao ihnen wieder nach mit großer Heeresmacht und ereilte sie am Roten Meere, welches Ägypten von Arabien scheidet. Aber die Wasser des Meeres waren gewichen, und zwar an einer schmalen Furt, daß die Kinder Israels trockenen Fußes hindurchgehen konnten. Als aber Pharao mit seinem Heer ihnen nachsetzte und auf dem

Boden des Meeres stand, kehrten die Wasser zurück, daß alle Ägypter umkamen. Auf solche Weise erlöste Gott die Nachkommen Israels. Mit sechsundsechzig Seelen war Jakob nach Ägypten gezogen, mit sechsmal hunderttausend Mann, ohne Kinder, zog Moses wieder hinaus. Vierhundertunddreißig Jahr hatten sie in Ägypten gewohnt. Zum Gedächtnis dieser Errettung feiern die Nachkommen Israels bis auf diesen Tag alle Jahre ihr Osterfest und gedenken daran.

22

DIE REISE DURCH DIE WÜSTE

Aber die Kinder Israel waren damit noch lange nicht an dem Ziel ihrer Reise. Man muß zuerst durch die Wüste ziehen, ehe man nach Kanaan kommt. Die Wüste aber, durch welche die Israeliten ziehen mußten, ist viele Tagereisen lang und breit, eine unfruchtbare Einöde. Da ist keine Straße und kein Fußpfad mehr. Da erblickt oft tagelang das Auge, so weit es sehen mag, nichts als Himmel und Sand, wo nicht kahle Felsen. Da ist weit und breit keine menschliche Wohnstätte mehr, und kein Samenkorn fällt in die Erde. Durch diese Wüste führte Gott die Kinder Israel, und nicht einmal den nächsten Weg. Aber *wie* brachte er sie hindurch? – Am Morgen, wann sie aufbrechen sollten, stieg eine hohe Wolkensäule vor ihnen auf und ging ihnen voran des Weges, den sie wandeln sollten, in der Nacht aber eine Feuersäule. Alle Morgen fiel es wie Tau vom Himmel. Es waren kleine runde Körnlein, süß wie Honig, und bedeckten weit und breit den Boden. Das ist das Manna oder Himmelsbrot, mit welchem sie in der Wüste genährt wurden. Von Zeit zu Zeit setzten sich auch große Scharen von Zugvögeln in dem Lager der Israeliten nieder und boten sich gleichsam selber zur Speise an. Zu rechter Zeit kamen sie auch zu frischen lebendigen Wasserquellen, welche Gott zu ihrer Erquickung wunderbar in dem dürren versengten Lande aus dem Sande oder aus den Felsen hervorsprudeln ließ.

Aber was für eine Freude wartete unterwegs auf Moses? Kam nicht zu ihm aus dem Lande Midian sein Schwiegervater Jethro und brachte ihm seine Ehefrau und seine Kinder, den Gerson und den Elieser, daß sie mit ihm zögen und jetzt bei ihm blieben? So kann Gott erfreuen auch in der Wüste. Der erfahrene Jethro gab ihm manchen guten Rat. Den befolgte Moses. Denn Gott ermahnet den Menschen, was er tun soll, nicht nur inwendig in seinem Gemüt, sondern auch auswendig durch andere Menschen, absonderlich durch fromme Eltern und Verwandte. Wer auf Gott hört, der hört auch auf verständige und fromme Menschen.

Als sie aber an dem Berg Sinai angekommen waren und sich gelagert hatten, ereignete sich eine große Begebenheit. Moses sagte ihnen, daß sie jetzt das Gesetz von Gott empfangen würden.

Am dritten Morgen, nachdem sie daselbst waren, erhob sich eine dicke Wolke auf dem Berg und ein Donner und Blitzen und der Ton einer sehr starken Posaune. Der ganze Berg Sinai rauchte und bebte, und der Posaunenton ward stärker, und das ganze Volk stand unten am Berg in reingewaschenen Kleidern. Da erging eine Stimme aus der Gewitterwolke, die sprach:

«Ich bin der Herr, dein Gott!

Du sollst keine anderen Götter neben mir haben!

Du sollst dir kein Bildnis noch irgendein Gleichnis machen, weder dessen, das oben am Himmel, noch dessen, das unten auf Erden oder im Wasser unter der Erde ist. Bete sie nicht an und diene ihnen nicht. Ich bin ein eifriger Gott, der die Sünde der Väter heimsuchet an den Kindern, die mich hassen, und tue Barmherzigkeit an vielen Tausenden, die mich liebhaben und meine Gebote halten.

Du sollst den Namen des Herrn, deines Gottes, nicht mißbrauchen!

Gedenke des Ruhetags, daß du ihn heiligest!

Sechs Tage sollst du arbeiten, aber am siebenten ist der Ruhetag des Herrn, deines Gottes, da sollst du keine Arbeit tun!

Du sollst deinen Vater und deine Mutter ehren, auf daß du lange lebest in dem Lande, das dir der Herr, dein Gott, geben wird!

Du sollst nicht töten!

Du sollst nicht ehebrechen!

Du sollst nicht stehlen!

EXOD. XIX.

Super monte Sinai fumantem descendit Dñs.

Dieu descend sur la montagne de Sinaï fumante

II. B. Mos. XIX. 18.

Mose führet das Volck auß dem Lager Gott entgegen, und sie tratten unten an den Berg der gantze Berg Sinai aber rauchet

Du sollst kein falsches Zeugnis reden wider deinen Nächsten!

Laß dich nicht gelüsten deines Nächsten Weibes, noch alles, was dein Nächster hat!»

Dies sind die Zehn Gebote, die Gott den Kindern Israel auf dem Berge Sinai gegeben hat.

Merke: Gott hat die Kinder nicht vergessen. Er vergißt die Kinder nicht. «Du sollst deinen Vater und deine Mutter ehren.»

Gib mir, mein Kind, dein Herz und laß deinen Augen meine Wege wohlgefallen!

Bei dieser und andern Gelegenheiten empfingen die Israeliten auch noch viele andere schöne Gesetze der Gerechtigkeit, der Billigkeit und der Milde. «Du sollst dem Tauben nicht fluchen und dem Blinden keinen Anstoß in den Weg legen! Denn du sollst dich vor deinem Gott fürchten! Du sollst Witwen und Waisen und Fremdlinge nicht beleidigen! Du sollst das Alter in Ehren halten! Du sollst dich deines Viehes erbarmen! Du sollst keine Bäume beschädigen!»

Auch ließ Moses die Bundeslade verfertigen. Darin wurden auf zwei steinernen Tafeln die Zehn Gebote verwahrt. Sie war ein Zeichen der gnadenreichen Gegenwart Gottes in der Mitte des Volks. Weiter verfertigte er die Stiftshütte; das ist ein kostbares Zelt, unter welchem die Herrlichkeit Gottes, nämlich die Bundeslade, wohnte und wo der Gottesdienst gehalten wurde. Weiter verordnete er, wie es mit dem Gottesdienste und mit den Priestern sollte gehalten werden. Drei hohe Feste sollten jährlich gefeiert werden: das Osterfest, das Pfingst- oder Erntefest, das Fest der Laubhütten oder der Weinlese. Alle Mannsleute in Israel, aber auch Weiber und Kinder, versammelten sich an diesen Tagen bei der Stiftshütte, daß sie miteinander fröhlich wären vor dem Herrn, ihrem Gott, und ihm für seine Wohltaten dankten und als Brüder und Freunde beisammen wären.

Schön und lieblich ist es, wenn Brüder und Freunde aus entfernten Gegenden sich wieder sehen und einträchtig beisammen sind.

Alle Priester aber der Israeliten mußten aus dem Geschlecht Levi sein. Moses und Aaron waren aus dem Geschlecht Levi.

23
FORTSETZUNG DER REISE DURCH DIE WÜSTE

Also haben die Nachkommen Israels das Gesetz empfangen und sind ein Volk Gottes geworden. Oh, wie gerne werden sie den Willen des Herrn, ihres Gottes, erfüllt haben, der ihnen so große Wohltaten erzeigte! Nicht alle. Es war bei allem dem, von seiner Erwählung an bis zu seinem Untergang, ein ungeschlachtes und widerspenstiges Geschlecht, das Gott zu seinem Volk gewählt hatte, wie manchmal, wenn ein guter Mensch sich eines fremden Kindes annimmt und zieht es auf mit Vaterstreue und erlebt doch nicht viel Dank und

Freude an ihm. Aber Gott weiß wohl, was er tut, und es wird sich wohl zeigen. Mehr als einmal wollten die Israeliten wieder nach Ägypten in ihr Elend zurückkehren. Unaufhörlich murrten sie gegen Moses und Aaron und wollten ihn steinigen. Das Manna wollte ihnen nimmer schmecken. Es war ihnen nicht mehr gut genug. Ja, man darf es fast nicht sagen, während als Gott mit Moses auf dem Berge redete, beteten sie unten ein Götzenbild, ein vergoldetes Kalb, an. Denn das Dichten des menschlichen Herzens ist böse. Wegen dieses Ungehorsams mußten sie vierzig Jahre lang in der Wüste herumirren. Unterdessen gab ihnen Moses fortwährend ernsthafte Ermahnungen und schöne Weissagungen, daß sie glücklich und gesegnet sein sollen in Kanaan und stark gegen ihre Feinde, solange sie treu bleiben werden dem Herrn, ihrem Gott. Wenn sie ihm aber untreu werden, so werde er sie wieder verstoßen aus diesem schönen Land und in die Gewalt ihrer Feinde geben. Auch das sagte er zu ihnen: «Einen Propheten, wie mich, wird der Herr, dein Gott, dir erwecken aus dir und deinen Brüdern, dem sollt ihr gehorchen.»

Aaron war unterdessen gestorben, der Bruder des Moses. Seine Ehegattin war schon gestorben; ja, er selbst konnte die Freude nicht mehr erleben, daß er die Israeliten in das ersehnte Land hineinführte und sein mühsames Werk vollendete. Aber doch zeigte ihm Gott noch vor seinem Tode von einem Berg herab das Land, wo seine Väter Abraham, Isaak und

Jakob gelebt hatten, mit seinen fruchtbaren Gefilden, mit seinen Flüssen und mit seinen fernen Bergen, das schöne Land, welches ihren Nachkommen zum Eigentum verheißen war.

Auf gleiche Weise erheitert Gott noch manchem frommen Menschen die letzten Tage seines Lebens. Ehe denn er stirbt, zeigt er ihm noch eine Frucht seiner Taten und das Glück seiner Angehörigen in der Nähe und nimmt ihn alsdann zu sich. Also starb Moses, nachdem er das Land der Verheißung gesehen hatte.

Das ist das Knäblein, welches einst in einem Kästlein in Ägypten im Wasser lag und von des Königs Tochter herausgezogen wurde. Das Knäblein hat Israel aus Ägypten geführt.

Aber alle Israeliten, die mit Moses und Aaron waren aus Ägypten gezogen, die waren nach und nach in der Wüste gestorben bis auf Josua und Kaleb, und alle, welche jetzt an der Grenze von Kanaan standen, waren erst in der Wüste geboren, ein neues Geschlecht, das an Statt ihrer Väter war.

Herr Gott, du bist unsere Zuflucht für und für. Ehe denn die Berge geworden und die Erde und die Welt geschaffen worden, bist du, Gott, von Ewigkeit zu Ewigkeit.

Der du die Menschen lässest sterben und sprichst: «Kommet wieder, Menschenkinder!»

Zeige deinen Knechten deine Werke und deine Ehre ihren Kindern!

24

JOSUA. EINZUG IN DAS GELOBTE LAND

Aber wer wird jetzt das verwaiste Volk in das Land seiner Verheißung führen? Der Mensch kann sterben, aber Gott lebt. Gottes Arm ist nicht zu kurz, daß er nicht helfen könnte. Hat nicht Gott den Geist des Josua geweckt, daß er das angefangene Werk vollendete? Als sie den Tod des Moses dreißig Tage lang beweinet hatten, brachen sie auf aus dem Lager und gingen durch den Jordanfluß. Voraus gingen zwölf Priester, die trugen die heilige Lade des Bundes, hinter ihnen zog das Volk. Trokkenen Fußes zogen sie durch den Jordan. Da waren sie nun in Gottes Geleit endlich an dem Ziel ihrer vierzigjährigen Wallfahrt. Da begrüßten sie das heilige, liebe Land, von dem sie schon so lange gehört, das Land, wo ihre Väter einst gelebt und Gott mit ihnen geredet hatte und wo ihre Gebeine begraben lagen. Da aßen sie zum erstenmal von den Früchten des Landes, es war in den Tagen der Gerstenernte, und feierten ihr Osterfest. Aber in dem Lande wohnten jetzt andere Geschlechter als in den Tagen Abrahams, abgöttische Menschen, denen man grausame Sachen schuld gab, zum Beispiel, daß sie ihren erdichteten Götzen zu Ehren ihre eigenen armen Kinder lebendig verbrannten. Diese schlossen sich in ihre festen Städte mit hohen Mauern ein und wollten nicht leiden, daß sich die

Nachkommen Abrahams in dem Lande ausbreiteten und festsetzten. Da entstand ein langer, schwerer Krieg. Fast jeder Schritt Landes mußte mit Blut erkauft werden. Aber Gott gab den Waffen Israels den Sieg. Als sie nun fast alle Einwohner von Kanaan vertilgt hatten – doch nicht alle –, verteilte ihnen Josua das Land nach ihren Geschlechtern oder Stämmen, als da sind: Ruben, Simeon, Juda, Sebulon, Isaschar, Dan, Gad, Asser, Naphtali, Benjamin, Ephraim, Manasse. Diese zwei sind die Söhne des Joseph, von denen Jakob gesagt hatte: «Sie sind mein.» Die Nachkommen des Levi erhielten kein Land, weil sie Priester waren, sondern sie wurden in Städte verteilt. Aus dem Gebirg Libanon herab, wo die Zedern wachsen, fließt der Jordan. Rechts und links an dem Jordan wohnten die Kinder Israel, zwischen der Wüste und dem Meere. Das ist das Gelobte Land oder das Land Kanaan mit seinen Palmen. Also ist den Nachkommen Abrahams die Verheißung wahr geworden, daß ihnen Gott wollte dieses Land zum Eigentum geben.

Als Josua alles eingerichtet und bis soweit vollendet hatte und alt war, versammelte er ganz Israel auf einen Landtag in Sichem, daß er von ihnen Abschied nähme, ehe er stürbe. Er erinnerte sie an alle Wohltaten Gottes, daß sie ihm dankbar bleiben und nicht untreu werden sollten.

Unter anderm sagte er: «Behütet eure Seelen, daß ihr den Herrn, euern Gott, liebhabt! Siehe, ich gehe heute dahin wie alle Welt, und ihr sollt wissen, daß nichts gefehlt habe an allem dem Guten, das euch Gott geredet hat. Es ist alles gekommen und keines ausgeblieben. Gleichwie nun alles Gute gekommen ist, also wird auch Gott über euch kommen lassen alles Böse, wenn ihr übertretet den Bund des Herrn, eures Gottes.» – «Fürchtet den Herrn und dienet ihm treulich und rechtschaffen! Wißt ihr einen bessern Gott, so wählet einen andern! Ich aber und mein Haus wollen dem Herrn dienen.» Das Volk sprach: «Wir wollen dem Herrn, unserm Gott, dienen und seiner Stimme gehorchen.»

25
GIDEON

Nach dem Tode des Josua hatten die Israeliten kein gemeinschaftliches Oberhaupt mehr, welches sie in der Kraft des Gesetzes regierte und zum Schutz der Heimat gegen ihre zahlreichen und mächtigen Feinde führte. Auch wurden sie neuerdings abgöttisch. Sie hielten nicht, was sie Josua versprochen hatten. Ihr Herz war noch nicht an Gott gewöhnt. Aber wenn ihre Feinde an sie kamen, die Moabiter, die Philister, die Midianiten, die Ammoniten, dann kehrten sie wieder um von den Götzen und von ihrem bösen Wesen und beteten zu dem frommen Gott ihrer Väter.

Herr, wenn Trübsal da ist, so suchet man dich.

Alsdann weckte Gott Helden auf unter ihnen.

Diese befreiten sie wieder aus ihren Drangsalen und regierten auch wohl nachher, solange sie lebten, über einen Stamm oder über etliche, wie es kam, und hießen die Richter. Aber es war eine unsichere und jammervolle Zeit.

Wo keine rechtmäßige Obrigkeit in einem Lande ist, wo kein Gesetz in Ansehen steht und der Listigste oder Stärkste die Oberhand behält, solchen Zeiten blüht kein Heil.

Die Midianiter und Amalekiter, zahlreiche Raubvölker, waren über Israel mächtig geworden. Wann die Israeliten ihre Felder eingesäet hatten, wann die hoffnungsvolle Saat am schönsten stand, kamen die Midianiter aus der Wüste hervor mit Herden ohne Zahl. Die Herden weideten die schönen Saatfelder ab, von der Wüste bis an das Meer, und wann die Feinde wieder heimzogen, nahmen sie auch die Lebensmittel der Israeliten mit, was sie fanden, ihre Schafe und Rinder. Als die Israeliten sich wieder zu dem Gott ihrer Väter wendeten, weckte Gott durch wunderbare Erscheinungen einen kraftvollen jungen Mann aus Manasse, daß er sein armes Vaterland erretten sollte. Gott kann durch schwache Menschenkraft, die ihm vertraut, große Wunder tun.

Dieser junge Held befreite mit einem Heerhäuflein von dreihundert mutvollen Männern das Vaterland von dem zahllosen Schwarm seiner Feinde, und ihr Feldgeschrei und Siegesruf war: *«Schwert des Herrn und Gideon!»* Die Feinde flohen und ließen unermeßliche Beute zurück. Als Gideon von der Verfolgung seiner Feinde siegreich wiederkam, wollte ihn das Volk zum König erheben: «Sei Herr über uns, du und deine Nachkommen, weil du uns von der Hand der Midianiter erlöset hast.» Dadurch hätte nach menschlichem Ansehen Gideon seinem Vaterlande noch eine viel größere Wohltat erweisen können als durch den Sieg über die Midianiter. Aber Israel mußte noch schmerzhafter erfahren, was es heiße, ohne Obrigkeit und ohne Gesetze leben. Gideon sprach: «Ich will nicht Herr über euch sein, sondern euer Gott soll Herr über euch sein.» Denn als ihn Gott berief, sein Vaterland zu befreien, ward ihm nichts davon gesagt, daß er sich für diese Wohltat durch die Herrschaft sollte bezahlt machen. Gideon heißt auch Jerubbaal. Er starb in einem glücklichen Greisenalter. Gottesfürchtige Jugend bereitet sich ein gutes Alter. Nach seinem Tode fiel Israel wieder zum Götzendienst ab.

26
ABIMELECH

Gideon hinterließ siebenzig Söhne. Außer diesen aber hatte er noch einen Sohn mit Namen Abimelech, der von einer Nebenfrau des Gideon war, die in der Stadt Sichem wohnte, eine nichtswürdige Seele. Abimelech ging nach Sichem und redete mit den Brüdern seiner Mutter und mit ihrer ganzen Verwandtschaft: «Was ist euch besser, daß siebenzig Männer über euch herrschen, insgesamt Söhne von Jerubbaal, oder daß einer über euch Herr sei? Bedenket, daß ich eures Geschlechts bin.»

Jene siebenzig Söhne des Gideon mochten wohl durch ihre Einigkeit und durch ihre Rechtschaffenheit in einem großen Ansehen bei dem Volk stehen, aber der nichtswürdige Abimelech war von ihnen verachtet und ausgeschlossen. Die Männer von Sichem verstanden die Meinung des Abimelech. Sie gaben ihm Geld aus einem Götzenhaus, so viel er bedurfte. Ohne Zweifel war es aus der Beute, die sein Vater von den Midianitern erbeutet hatte. Mit dem Geld dingte er eine Schar leichtfertige Männer, wie er selber einer war. Er griff mit ihnen seine Brüder, die Söhne seines Vaters, an und ermordete sie, einen nach dem andern, auf *einem* Stein. Nur Jotham, der jüngste unter ihnen, entging dem Mordschwert seines Bruders. Man wußte nicht, wo er war hingekommen.

Nach diesen schrecklichen Mordtaten traten die Männer von Sichem zusammen und wählten unter freiem Himmel den Abimelech zu ihrem König. Da hörten sie von einem Berg herab eine Stimme. Auf dem Berg Grisim stand ein Mann, der kündete ihnen ihr künftiges Schicksal an mit folgenden Worten:

«Höret mich, ihr Männer von Sichem!

Die Bäume gingen hin, daß sie einen König über sich salbeten. Sie sprachen zum Ölbaum: ‹Sei unser

König!› Der Ölbaum antwortete ihnen: ‹Soll ich meine Fettigkeit dahingeben, daß ich hingehe und über den Bäumen schwebe?›

Da sprachen die Bäume zum Feigenbaum: ‹Komm du und sei unser König!› Der Feigenbaum sprach zu ihnen: ‹Soll ich meine Süßigkeit und meine gute Frucht dahingeben und hingehen, daß ich über den Bäumen schwebe?›

Da sprachen die Bäume zu dem Weinstock: ‹Komm du und sei unser König!› Der Weinstock sprach: ‹Soll ich meinen Most dahingeben und hingehen, daß ich über den Bäumen schwebe?›

Zuletzt sprachen alle Bäume zu dem Dornbusch: ‹Komm du und sei unser König!› Der Dornbusch sprach: ‹Wenn es euch ernst ist, mich zum König zu salben, so kommt und vertraut euch unter meinen Schatten. Wo nicht, so wird Feuer aus dem Dornbusch gehen und die Zedern des Libanons verzehren.›» –

Der Mann auf dem Berg Grisim, der dieses sprach, war Jotham, der jüngste Sohn Gideons, der dem Mordschwert Abimelechs entgangen war.

«Und nun», so fuhr Jotham fort, «wenn ihr recht und redlich gehandelt habt und wohlgetan an Jerubbaal und an seinem Hause, so seid fröhlich über Abimelech, und er sei fröhlich über euch! Wo nicht, so wird Feuer ausgehen von Abimelech und die Männer von Sichem verzehren, und Feuer wird ausgehen von den Männern von Sichem und den Abimelech verzehren.»

Abimelech herrschte mit blutigen Händen drei Jahre lang über Israel. In Sichem hatte er einen Burgvogt. Die Einwohner von Sichem und von Thebez empörten sich über den König. Der Burgvogt gab ihm Kunde. Einer namens Gaal zog ihm mit den wehrhaften Männern vor die Stadt hinaus entgegen. Abimelech schlug sie in einer Feldschlacht, eroberte die Stadt, tötete die Einwohner, zerstörte die Stadt und streute Salz darauf, daß bald Nesseln wuchsen. Noch hatte Sichem eine Burg und in der Burg einen hohen Turm, der von hölzernen Balken gebaut war. Als der König erfuhr, daß viele Leute sich in den Turm geflüchtet hätten, umlegte er ihn, der wütende Unmensch, mit Feuer und ließ niemand heraus. Das war das Feuer, das ausging von dem Dornbusch und die Zedern des Libanons verzehrte. Bei tausend Menschen, Männer und Weiber, wurden ein Raub der Flammen. Ein Gleiches wollte er in Thebez tun. Wilde Rachsucht findet keine Sättigung. Sie kommt erst zur Ruhe, wenn sie sich selbst zerstört hat. Schon war Abimelech zu dem Turm von Thebez gelangt. Schon legte er Feuer an, daß er ihn verbrennte. Da warf eine Frau ein Stück von einem zerbrochenen Mühlstein herab. Der Stein fiel auf Abimelech und zerschmetterte den Kopf des Brudermörders und Tyrannen. Also bezahlte Gott dem Abimelech die Untat, die er verübt hat, als er seine Brüder ermordete, und alle bösen Taten der Männer von Sichem, und der Fluch Jothams traf an ihnen ein. Solches

Heil blüht einem Volk, wo kein Recht und keine Gesetze gelten, wo List und Gewalt die Oberhand behält.

27
JEPHTHA

Zu einer andern Zeit fielen die Ammoniter in Israel ein, in der Landschaft Gilead jenseits des Jordans. Die Israeliten bezogen ein Lager gegen sie, aber es war niemand da, der den Mut gehabt hätte, sich an die Spitze zu stellen, um den Feind anzugreifen. Sie kamen überein, daß derjenige, der den Angriff unternehmen würde, das Oberhaupt über sie alle sein sollte. Aber auch so trat niemand hervor, der den Mut dazu gezeigt hätte, und es mochte damals mehr als einer zu dem andern gesagt haben: «Wenn wir den verstoßenen Jephtha wieder bei uns hätten, er wäre der Mann, der uns retten könnte.» Jephtha war ein Jahr vorher von seinen Brüdern aus dem Hause des Vaters verstoßen worden aus Eigennutz und Feindschaft. Er war nicht der Sohn ihrer Mutter, deswegen wollten sie ihn auch nicht teilen lassen an dem väterlichen Erbe. Niemand in Gilead nahm sich seiner an. Er floh aus seiner Heimat und von seinem Volk in eine fremde Landschaft und nährte sich daselbst nach der Sitte jener Zeit durch seine Tapferkeit, so gut er vermochte. Deswegen sagten sie: «Wenn Jephtha wiederkäme, er könnte uns retten.» Eigennutz und Unverstand bereitet sich gar oft seine eigene Reue und Beschämung.

Als sie sich nicht mehr zu helfen wußten, schickten sie Boten an den verstoßenen und verlassenen Jephtha, daß er wieder zu ihnen kommen und ihr Feldhauptmann und Oberhaupt werden möchte.

Wenn dein Bruder an dir gesündigt hat und kommt wieder und spricht: «Es reuet mich», so sollst du ihm vergeben.

Jephtha war, ungeachtet seines Schicksals, von Natur ein gar feiner Mann und ebenso hochherzig und friedliebend als tapfer. Zwar sprach er anfänglich mit den Boten, wie einem schwer beleidigten Gemüt wohl zu sprechen geziemt: «Seid ihr es nicht, die mich hassen und aus meines Vaters Haus gestoßen haben? Warum kommt ihr nun in eurer Trübsal zu mir?»

Als er aber vernahm, in welcher Not sie seien, und daß sie alles wieder gutmachen wollten, dachte er nicht mehr an die erlittene Beleidigung, sondern an das Vaterland und folgte ihrer Einladung. Aber ein Mann, wie der hochherzige Jephtha war, will nicht sogleich zu den Waffen greifen und Blut vergießen. Bereitwilligkeit zum Frieden ist die schönste Zierde und das schönste Zeichen der wahren Herzhaftigkeit, die nicht früher angreift, als bis sie muß. Jephtha schickte zweimal Boten an den König von Ammon, daß er die Ungerechtigkeit seines Angriffs erkennen und im Frieden seinen Rückzug nehmen sollte. Als aber der König sein Unrecht nicht erkannte und die Rede des Jephtha nicht anhörte, beschloß Jephtha eine Schlacht – es blieb ihm keine Wahl mehr übrig.

In der Schlacht siegte er mit kräftigem Schwert, schlug die Feinde bis über die Grenze und befreite sein unglückliches Vaterland und die, welche ihn zuerst aus demselben in die Fremde hinaus verstoßen hatten. Oh, daß der fromme edle Held ein einziges unvorsichtiges Wort nie gesprochen hätte! Vor der Schlacht hatte er das Gelübde ausgesprochen, wenn er siegreich nach Hause zurückkommen würde, so wolle er das erste, was ihm zu seiner Haustür heraus begegnen würde, dem Herrn heiligen und ihm opfern, und dachte in der Bewegung seines Herzens nicht daran, daß er der Vater eines einzigen Kindes sei. Daheim bereiteten sie ihm eine ehrenvolle Ankunft und eine fröhliche Bewillkommnung, und als er nahe bei seinem Hause war, trat ihm zu seinem Entsetzen an der Spitze der Frauen und Jungfrauen, welche ihn begrüßen wollten, zuerst seine Tochter entgegen, sein einziges Kind. Man hielt es schon damals für eine schwere Gewissenssache, ein Gelübde zu brechen, das man Gott getan hatte, und es ist auch eine Gewissenssache und die Folge einer unnötigen Verwegenheit. Gott will nur mit Dank und kindlichem Vertrauen geehrt sein, mit Liebe und Gehorsam, nicht mit Gaben und Opfern. Als Jephtha seine Tochter erblickte und an sein Gelübde dachte, zerriß er vor Schrecken sein Gewand. Er sprach zu ihr mit zarten Worten: «Ach, meine Tochter, wie betrübst du mich! Ich habe meinen Mund aufgetan gegen den Herrn und kann es nicht mehr zurücknehmen.» Die Tochter, ebenso zarten Sinnes wie ihr Vater, verstand seine Worte und erwiderte mit kindlicher Ergebenheit: «Mein Vater, hast du deinen Mund aufgetan, so tue mir, wie es aus deinem Munde gegangen ist, nachdem der Herr dich gerächet hat an deinen Feinden.» Jephtha erfüllte sein Gelübde und herrschte hernach sechs Jahre lang bis an seinen Tod über die Israeliten in Gilead.

Also weckte der Herr dem bedrängten Volk von Zeit zu Zeit Helden und Heilande. Aber der Verheißene aus der Nachkommenschaft Abrahams, in welchem alle Völker sollen gesegnet werden, kommt noch lange nicht. Wiewohl es fängt bereits von weitem an, etwas zu werden.

28
RUTH

Zu der Zeit, da die Richter regierten, war eine Teurung im Lande. Damals zog aus Bethlehem im Lande Juda ein Mann mit seinem Weibe Naemi und mit seinen zwei Söhnen hinweg in der Moabiter Land.

Der Mann starb. Da war Naemi noch allein mit ihren Söhnen. Diese heirateten zwei moabitische Töchter, Arpa und Ruth. Die Söhne starben auch. Da war Naemi noch allein mit ihren Schwiegertöchtern. Nach zehn Jahren, als sie erfuhr, daß die

Teurung in dem Lande Israel wieder aufgehört habe, kehrte sie um in ihre Heimat, und ihre Schwiegertöchter begleiteten sie.

Unterwegs, als sie bedachte, wie arm sie jetzt wieder heimkomme und wie wenig sie imstande sein werde, für ihre Schwiegertöchter zu sorgen, sagte sie zu ihnen: «Kehret um, meine Töchter, eine jede in ihrer Mutter Haus! Gott tue an euch Barmherzigkeit, wie ihr an den Toten und an mir getan habt. Ich kann euch nicht mit mir nehmen, denn mich jammert euer sehr.» Die Schwiegertöchter weinten, und Arpa ließ sich endlich bewegen und kehrte wieder zurück. Naemi sprach zu Ruth: «Siehe, deine Schwägerin ist umgekehrt zu ihrem Volk und zu ihrem Gott!» Ruth antwortete: «Rede mir nicht ein, daß ich dich verlassen sollte. Wo du hingehest, da will ich auch hingehen, dein Volk ist mein Volk, und dein Gott ist mein Gott. Wo du stirbst, da sterbe ich auch. Der Tod muß mich von dir scheiden.» Also sprach und tat Ruth.

O Gott, wirst du solche Kindesliebe nicht vergelten; willst du dieses arme Herz nicht trösten!?

Als Naemi wieder in Bethlehem angekommen war, ward es bald im ganzen Städtlein ruchbar. Alle Leute kamen zusammen und wunderten sich: «Ist das Naemi?» Sie sprach, die kummervolle Frau: «Nennt mich nicht mehr Naemi, denn ich bin eine andre geworden. Reich zog ich aus, aber arm hat mich Gott wieder heimgebracht.»

Als Naemi sich in Bethlehem niedergesetzt hatte, es war ebenfalls in der Gerstenernte, ging Ruth auf das Feld, daß sie Ähren aufläse. So groß war ihre Armut. Sie wußte nicht, auf wessen Acker sie ging – was weiß eine fremde Frau. Aber Gott führte sie zu den Schnittern eines reichen Mannes mit Namen Boas, der ein Verwandter war ihres verstorbenen Mannes. Boas kam auf das Feld und grüßte seine Schnitter: «Der Herr sei mit euch!» Die Schnitter dankten ihm: «Der Herr segne dich!» Es ist ein gutes Zeichen, daß ein reicher Hausvater sein Gesinde grüßt, wenn er auf das Feld kommt. «Was ist das für eine Weibsperson?» fragte er den Aufseher über das Gesinde. Der Aufseher sprach: «Es ist die Moabitin, die mit Naemi gekommen ist.» Boas redete mit der Ruth und gab ihr freundliche Worte, daß sie ja auf keinen fremden Acker gehen, sondern bei seinen Mägden bleiben solle, und so sie dürstete oder wenn es Essenszeit wäre, sollte sie mit seinen Leuten trinken und essen. «Ich weiß alles», sagte er, «was du getan hast an deiner Schwiegermutter nach deines Mannes Tode, und daß du sie nicht verlassen hast. Der Gott Israels vergelte dir deine Tat, zu der du gekommen bist, daß du unter seinen Flügeln Zuversicht hättest.» Auch befahl er seinen Leuten, sie sollten freundlich gegen die Moabitin sein und ihr viel Ähren hinter den Garben liegen lassen. Oh, wenn doch alle glücklichen Leute wüßten und bedächten, was ein freundliches Wort und eine feine Behandlung einem armen wunden Herzen für eine Wohltat und ein Balsam ist! Ruth brachte ihrer Schwiegermutter eine große Menge Ähren nach Hause und erzählte ihr alles, und als die Mutter hörte, der Mann heiße Boas, sprach sie: «Er ist unser Verwandter. Gott segne ihn für seine Barmherzigkeit an den Lebendigen und an den Toten!»

Was will noch aus der Sache werden? Als Boas die rechtschaffene Aufführung der Moabitin mit eigenen Augen gesehen hatte, gewann er eine Liebe zu ihr, so arm sie war; denn nicht das Geld, sondern die Tugend ist Reichtum. Auch erkannte sein biederes Gemüt eine Pflicht dazu. Denn ein solches Gesetz galt damals noch in Israel: Wenn ein verheirateter Mann ohne Kinder gestorben war, so war sein nächster Verwandter schuldig, seine Witwe zu heiraten, und sie durfte ihn darum ansprechen ohne Anstand. Also heiratete der reiche gottesfürchtige Boas die arme Ruth, wiewohl er war unter den Verwandten nicht der allernächste, und sie ward durch ihn zu einer glücklichen Frau.

So hat Gott ihre Kindestreue vergolten und ihr armes Herz getröstet. Wie ist die Verheißung so wahr geworden: «Du sollst deine Eltern ehren, so wird es dir wohl gehen.»

Gott segnete diese fromme Ehe mit einem Sohne, den nannten sie Obed. Alle Einwohner in Bethlehem hatten eine Freude daran und wünschten der Naemi Glück, daß ihr Gott einen Nachkommen gegeben habe. «Der wird dich erquikken», sagten sie, «und dein Alter versorgen, denn deine Schwiegertochter hat ihn geboren, die dich geliebet hat.» Naemi aber nahm das Kindlein auf ihren Schoß und wurde seine Erzieherin. Das war die Geschichte der frommen Ruth, und aus einem ihrer Nachkommen wird noch etwas.

29
ELI UND SAMUEL

Nach den Kriegshelden richtete der Priester Eli in Israel vierzig Jahre lang. Er wohnte in Silo, denn daselbst stand dazumal die Stiftshütte. Jährlich an den hohen Festtagen versammelten sich die Israeliten vor der Stiftshütte, daß sie Gott daselbst anbeteten und vor ihrem Gott fröhlich wären. Aber wie kann ein angefochtenes Herz fröhlich sein? Eine angefochtene Frau stand von der Mahlzeit auf und betete in ihrem Herzen, daß sie Gott mit einem Sohn erfreuen wollte. Wenn Gott ihre Bitte erfüllte, so wollte sie ihn Gott wiedergeben, daß er sein Leben lang in der Stiftshütte dienen sollte. Eli sah ihr lange zu, wie sie doch nur ihre Lippen bewegte und weinte, und weil es nach der Mahlzeit war, so meinte er, sie sei betrunken. Es sprach endlich zu ihr der harte Mann, den Gott zum Segnen und zum Trösten berufen hatte: «Wie lange willst du betrunken sein, gib deinen Wein von dir, den du getrunken hast.» Das war kein priesterliches Wort. Das Weib sprach: «Ach nein, mein Herr, ich bin nicht betrunken, sondern ich habe in meinem großen Kummer geredet bisher und mein Herz vor Gott ausgeschüttet.» Eli sprach: «Gehe hin in Frieden. Gott wird dir deine Bitte erfüllen», und das war priesterlich gesprochen. Auch hat ihr Gott ihre Bitte erfüllt und ihr einen Sohn gegeben, den hieß sie Samuel.

Nach Jahr und Tagen, als das Fest sich jährte, kam wieder die nämliche Frau zu Eli und hatte ein frisches Söhnlein an der Hand, und Eli kannte sie nicht mehr. Die Frau sprach: «Glaube mir, mein Herr, ich bin das Weib, das hier bei dir stand, da ich um diesen Knaben bat. Gott hat meine Bitte erhört», sagte sie und schaute ihr Kind mit mütterlichem Wohlgefallen an. «Darum gebe ich ihn dem Herrn wieder sein Leben lang, weil er von dem Herrn erbeten ist.» Also ließ sie ihren Sohn zurück in dem Schutze Gottes und in der Pflege der Priester, daß er den Gottesdienst lernte und gleichsam geistlich studierte. Aber alle Jahre, wenn sie wiederkam und ihrem Kind zum Gruß ein neues Röcklein brachte, war Samuel wieder größer und kräftiger, und was noch mehr sagen will, sie hörte, daß er auch immer gottesfürchtiger und geschickter werde und bei allen Leuten beliebt sei; das ist die größte Freude auf der Welt, womit Gott die fromme Mutterliebe belohnen kann. Ja, es währte gar nicht lange, so gab Gott ihm schon Offenbarungen in sein Herz und redete mit seinem Herzen, daß er ein Prophet ward, damit er den Willen Gottes aussprechen konnte den Menschen. Samuel hatte dazu

I. SAMUEL. I.

Hanna ab Eli Solatio et voto recreatur.

Hañe est soulagée par les consolation et les voeux de Heli.

I. Büch Samüel. I. 15.

Hanna entschüldiget sich gegen Eli, daß sie nicht trüncken daraüf er sie trö„stet ünd mit seegen von sich lasset.

eine große Probe der Frömmigkeit auszustehen. Denn des Priesters eigene Söhne, Hophni und Pinehas, welche dem jungen Samuel mit allen priesterlichen Tugenden hätten sollen ein Beispiel sein, waren zwei leichtfertige und unwürdige Menschen, welche ihr priesterliches Ansehen zu den gröbsten Missetaten mißbrauchten und das Volk lau machten im Gottesdienst. Aber Samuel ließ sich durch ihr Beispiel zu keinem Leichtsinn verführen. Ein gutes Gemüt will nur fester im Guten werden, wenn es die Abscheulichkeit des Lasters sehen muß. Samuel wurde immer fester im Guten.

Aber warum ließ der Priester es geschehen, daß seine Söhne solche Missetaten verübten? – Warum lassen noch viele leichtsinnige und schwache Eltern es geschehen, daß ihre Kinder verwildern? Eli warnte zwar seine Söhne: «Warum tut ihr solches? Das ist nicht ein gutes Geschrei, das ich von euch höre.» – Aber damit war es auch getan.

Ein solches Geschlecht kann nicht lange in Amt und Würde bleiben; es muß enden auf die eine oder auf die andere Art, durch Menschen oder durch Gott. Als Eli alt und hochbetagt war, rückten die Philister gegen Israel aus zu einem Krieg. Als Israel die erste Schlacht verloren hatte, griffen sie den Feind zum zweitenmal an und nahmen die Bundeslade mit in das Lager, damit ihnen Gott desto gewisser den Sieg verleihen wollte. Die zwei jungen Priester trugen die Bundeslade. Aber die Schlacht fiel dessenungeachtet noch trauriger aus als die erste. Eli saß daheim am Stadttor und wartete auf Kundschaft. Es kam ein Bote aus dem Treffen mit zerrissenen Kleidern und Asche auf dem Haupt. Eli fragte: «Wie geht es zu?» Der Bote erwiderte: «Wie geht es zu? Israel ist geflohen vor dem Feinde. Deine zwei Söhne sind tot. Dazu, die Lade Gottes ist genommen.» So böse lautete die Kundschaft. Eli fiel vor Schrecken rückwärts von dem Stuhl und stand nimmer auf. Also endete sein Priestertum. Nach seinem Tod ward Samuel Richter in Israel. Die Bundeslade aber schickten die Philister nach sieben Monaten freiwillig zurück. Sie hatten kein Glück mit ihr.

30
SAMUEL UND SAUL

War Samuel einst ein frommer und aufgeweckter Knabe, so war er jetzt auch ein eifriger und gerechter Vorsteher des Volks und sah streng darauf, daß das Gesetz Moses gehalten wurde, nicht nur auswendig in den Werken, sondern auch mit inwendigem Gehorsam des Herzens. Jedermann, wer nicht sehr ein gutes Gewissen hatte, fürchtete sich vor seiner Gerechtigkeit und vor seiner Strenge. Damals war Israel wieder abtrünnig geworden und diente den fremden Göttern. Samuel brachte sie zu dem Gott ihrer Väter zurück. Da gab ihnen Gott auch wieder Glück gegen die Philister, ihre Feinde. Sie eroberten alle Städte wieder, welche ihnen die Philister genommen hatten, und Samuel errichtete zum Andenken an der Grenze einen Stein, den er Eben Ezer, auf deutsch «Stein der Hilfe» nannte, und sprach: «Bis hierher hat der Herr geholfen.» Als Samuel älter war, vertraute er einen Teil seines Richteramtes seinen Söhnen an. Aber seine Söhne traten auch nicht in seine Fußstapfen. Es kamen die Ältesten von ganz Israel zu Samuel und sagten ihm an, daß sie nimmer wollten von Richtern regiert sein, sondern sie wollten auch einen König haben wie andere Völker. Diese Rede gefiel dem Samuel gar übel. «Ist nicht Gott euer König», sagte er, «und warum wollt ihr einen andern?» Aber sie beharreten auf ihrem Sinn. Samuel war damals in großer Bekümmernis und wußte nicht, wen er ihnen zum König geben sollte. Aber Gott läßt oft auf wunderbaren Wegen zusammenkommen, was sich finden soll. In dem Gebirge des Stammes Benjamin hatten sich die Eselinnen eines Mannes mit Namen Kis, der gleichwohl ein reicher Mann mag gewesen sein, von der Weide verloren. Kis befahl seinem Sohne Saul, einen Knecht mit sich zu nehmen und die vermißten Tiere zu suchen. Sie gingen durch das Gebirg Ephraim, durch zwei und drei Landschaften und fanden nicht, was sie suchten. Sie waren jetzt in der Nähe einer Stadt auf einer Anhöhe, und Saul wollte bereits wieder umkehren, es war schon der dritte Tag, damit nicht der alte Vater daheim noch mehr bekümmert würde um seinen Sohn als um die verlorenen Tiere. Da tat ihm noch sein Knecht den Vorschlag, in jene Stadt hinaufzugehen. Es sei ein berühmter Mann Gottes daselbst, der ihnen vielleicht sagen werde den Weg, den sie gehen sollten. In der Stadt begegnete ihnen ein Mann, den fragten sie, wo der Seher anzutreffen sei. Seher nannte man zu selbiger Zeit die Propheten. Der Mann war Samuel und war um diese Zeit auch in die nämliche Stadt gekommen, daß er daselbst ein Opfer verrichtete. Samuel gewann in seinem Herzen die Überzeugung, daß dieser Saul der sei, den Gott zum König über sein Volk Israel ausersehen habe. Er nahm ihn mit sich zu dem Opfer und tat ihm auf dem Wege kund, was sein und seines Hauses herrliches Schicksal sei. Aber der schlichte Sohn des Benjaminen Kis konnte es nicht begreifen. Ein solcher Gedanke wäre nie in sein Herz gekommen. Des andern Tages, als er seine Heimreise antreten wollte, begleitete ihn der Prophet und salbte ihn in der Stille zum König in Israel. Als er ihn entließ, sagte er ihm manches zum voraus, was ihm auf der Heimreise begegnen würde. Was ihm der Prophet voraussagte, begegnete ihm. Also gelangte Saul wieder zurück in sein väterliches Haus mit dem Wort in seinem Herzen, daß er nun bald als König in Israel erscheinen werde. Sein Oheim fragte ihn, was der Prophet mit ihm geredet habe. Saul antwortete: «Er sagte uns, daß die verlorenen Tiere wiedergefunden seien», was auch wirklich so war. Aber das Wort in seinem Herzen vertraute er ihm nicht an.

31
SAUL, DER KÖNIG IN ISRAEL

Hierauf versammelte der Prophet die Stämme von Israel nach Mizpa, daß er ihnen nach dem Willen des Herrn ihren neuen König vorstellte. Saul war ein schöngewachsener kraftvoller Mann, um einen Kopf größer als fast der größte Mann in Israel. «Da seht ihr», sprach Samuel, «welchen der Herr erwählt hat, denn ihm ist keiner gleich in Israel.» Als nun die Stämme den schönen ansehnlichen Mann erblickten, jauchzten sie vor Freude und riefen: «Glück sei dem König!» Doch waren auch lose Leute unter dem Volke, welche ihn verachteten und sprachen: «Was kann uns dieser helfen?» Aber Saul tat, als hörte er es nicht. Saul war ein tapferer und gutmütiger Mensch. Die Ammoniter belagerten die Stadt Jabes und wollten allen Einwohnern das rechte Auge ausstechen. Sie hatten nur noch sieben Tage Zeit, sich zu ergeben. Die geängstigten Einwohner von Jabes schickten Boten nach Benjamin und in die Stadt Sauls, daß ihnen Hilfe und Rettung würde. Am siebenten Tage früh in der Morgenwache kam Saul mit helfender Hand in das Lager der Ammoniter. Er schlug sie, daß ihrer nicht zwei beieinander blieben, und rettete also die Einwohner von dem schrecklichen Unglück, das ihnen bevorstand. Damals sprach das Volk: «Nun gebt die her, welche den Saul nicht wollten zum Könige haben, daß wir sie töten.» Aber der biedere König sagte: «Es soll auf diesen Tag niemand sterben; denn der Herr hat heute Heil gegeben in Israel.»

Oh, wenn doch alle Leute so dächten, nichts Böses zu tun, wenn ihnen Gott Heil gegeben hat! Gott gibt uns alle Tage Heil.

Mit diesem Sieg und mit dieser großmütigen Rede gewann Saul alle Herzen. Alle huldigten ihm in Gilgal und freuten sich sehr.

Als nun Samuel vor dem Volke und vor dem König sein Richteramt niederlegte, sprach er unter anderm die Worte: «Ich bin vor euch hergegangen von meiner Jugend auf bis auf diesen Tag. Von nun an geht euer König vor euch her. Siehe, hier bin ich! Antwortet wider mich vor dem Herrn und seinem Gesalbten, ob ich jemands Ochsen oder Esel genommen habe, ob ich jemand habe Gewalt oder Unrecht getan, ob ich mir durch ein Geschenk habe die Augen blenden lassen?» – Das sind ein paar herzhafte Fragen. Mancher stellte sich lieber vor eine feindliche Batterie, als vor seine Verwandte oder Mitbürger oder Untergebene, wenn er solche Fragen an sie tun müßte. Aber was antwortete dem Samuel ganz Israel? «Du hast uns kein Unrecht getan und von niemands Hand etwas angenommen.» Ein solches Zeugnis ist mehr wert als ein gestohlener Ochs, ja mehr als alles ungerechte Geld und Gut, besonders wenn ein Stündlein kommt, wo Geld und Gut zurückbleibt und das Gewissen mitgeht. Das Gewissen geht mit.

Saul aber und Jonathan mit ihm, sein wackerer Sohn, verrichteten noch viele Heldentaten und retteten Israel von der Hand aller, die sie drückten.

Aber so tapfer der König war, so wenig war er klug. Als er immer mächtiger wurde, so ward er auch immer sicherer und unvorsichtiger und tat dem Samuel nimmer die gebührende Ehre an, so er doch ein Prophet war und in dem Namen Gottes mit ihm redete, und folgte seinen Ermahnungen und Vorschriften nimmer. Dies geschah besonders in einem Krieg wider die Amalekiter. Da ging etwas vor, was nicht hätte sein sollen. Der Prophet kam entrüstet in das Lager und redete zu dem König: «Weil du der Stimme des Herrn deines Gottes nicht gehorcht hast, so hat der Herr heute das Königreich Israel von dir genommen.» Nämlich daß die königliche Würde nicht bei seinem Geschlechte bleiben und sein Sohn Jonathan nicht König werden sollte nach seinem Tode.

Von dieser Zeit an sah Samuel den Saul nicht mehr, solange er lebte. Saul aber wurde schwermütig in seinem Herzen, und von Zeit zu Zeit überfielen ihn unruhige und schreckhafte Gedanken.

32
DAVID, DER HIRTENKNABE

Nach diesem ging Samuel auf den Befehl Gottes nach Bethlehem in dem Lande Juda in das Haus eines Mannes mit Namen Isai oder Jesse, daß er einen von seinen Söhnen in der Stille zum Nachfolger Sauls wählte. Denn aus den Söhnen dieses Mannes hatte sich Gott einen zum König ersehen. Isai hatte acht Söhne.

Isai rief seinen erstgeborenen Sohn, den Eliab, und stellte ihn dem Propheten vor. Eliab gefiel dem Samuel wohl, denn er war ein gar schöner Mann. Aber der Herr sprach zu Samuel: «Siehe nicht auf seine Gestalt!» Denn es gehet nicht, wie ein Mensch sieht. Ein Mensch sieht, was vor Augen ist, aber Gott sieht das Herz an.

Gib mir, mein Kind, dein Herz!

Isai ließ seinen zweiten Sohn Abinadab an dem Propheten vorübergehen. Der Herr hatte den Abinadab auch nicht gewählt. Isai ließ sieben Söhne vorübergehen. Der Herr hatte deren keinen erwählt. An den achten dachte niemand. Er war auf dem Felde und hütete die Schafe seines Vaters und wußte auch nicht, was daheim in dem väterlichen Hause Wichtiges vorging, während er vielleicht mit leichtem und frohem Sinn einen schönen Morgenpsalm auf der Harfe spielte. Samuel fragte den Isai, ob denn das seine Söhne alle seien, welche er jetzt gesehen habe. Isai sagte, es sei noch einer übrig, der jüngste, er hüte die Schafe. Dieses war David. Samuel ließ ihn rufen. Da kam ein gar hübscher Knabe von schöner roter Farbe, mit schönen Augen und von guter Gestalt. Der Herr sprach: «Salbe ihn! Der ist es!» Da nahm Samuel das Ölgefäß und salbte ihn mitten unter seinen Brüdern.

Einen solchen Gang tat David, von der Schafherde hinweg zur königlichen Salbung.

Samuel starb nachher zu Rama, in seiner Vaterstadt, und das war der Knabe, dem seine Mutter ein neues Röcklein brachte, wenn sie auf das Fest nach Silo kam. Der hat sein Volk zu dem Herrn, seinem Gott, zurückgebracht und zwei Könige in Israel gesalbet.

33
DAVIDS KAMPF MIT DEM RIESEN

David war in seiner Jugend und länger noch ein kecker Mensch, der frisch in seine Schicksale hineinging. Aber so lang ihn sein verständiges Herz vor der Sünde bewahrte, so lang bewahrte ihn Gott vor Unglück.

Die Philister führten einen neuen Krieg gegen Israel, und die drei ältesten Brüder des David waren bei der Landwehr. Der alte Isai schickte den David in das Lager, daß er nach den Brüdern sähe – fast denkt man wieder an den Joseph –, und gab ihm Lebensmittel mit für sie und zehn frische Käslein für den Hauptmann. Im Krieg kann man alles brauchen. Als David an das Lager kam, in die Wagenburg, hörte er, daß das ganze Heer ausgezogen sei und gegen den Feind stehe, und der Riese lasse sich wieder sehen. Denn es war ein fürchterlicher Riese, mit Namen Goliath, in dem Heer der Philister! Der Riese war sechs Ellen und eine Handbreit hoch. Sein Haupt war mit einem metallenen

I. SAM. XVII.
David percussum Philistæum interfecit.
David frape Goliath le Philistin et le tüe.

I. Sam. XVII. 50.
Also überwand David den Philister
mit der Schleüder ünd mit dem Stein,
ünd schlüg ihn ünd tödet Ihn.

Helm bewaffnet, seine Brust mit einem metallenen Harnisch. Sein Schildträger ging vor ihm her. Er kam alle Tage heraus und fragte sie, ob einer das Herz habe, mit ihm zu kämpfen. David ließ das Gefäß, das er trug, bei dem Gepäcke in dem Lager und lief hinaus zu dem Heer und grüßte seine Brüder. David sah den Riesen mit seiner Rüstung und mit seinem langen Speer und Schwert und hörte gar begierig zu, als die Leute miteinander redeten, was der König für eine Belohnung darauf gesetzt habe, wer den Riesen erlege, gleichsam als wenn er Lust dazu trüge. Sein Bruder Eliab machte ihm Vorwürfe, daß er nichts hier zu tun habe: «Ich kenne deine Vermessenheit wohl», sagte er zu ihm, «und deines Herzens Tücke. Du bist gekommen, daß du den Streit sehest.» Ältere Brüder lieben es, in Abwesenheit der Eltern Vaterstelle an ihren jüngern Geschwistern zu vertreten und ihrer Unerfahrenheit mit Rat und Warnung zu Hilfe zu kommen, und tun ein gutes, gottgefälliges Werk daran, wenn es mit Überlegung und Liebe geschieht. Aber Eliab tat seinem Bruder Unrecht und redete mit ihm nicht, wie Brüdern geziemt. David gab ihm gar nicht viel Gehör. Er wendete sich von ihm weg zu einem von dem Volke: «Was habt ihr gesagt? Was will der König tun, wer den Riesen erlegt?» Sie sagten ihm: «Wer den Riesen erlegt, den will der König reich machen und ihm seine Tochter geben und will seines Vaters Haus frei machen.»

Auf das meldete sich David bei dem König,

er wolle den Riesen erlegen. Der König ließ es nicht gerne geschehen. Er sprach: «Du bist noch ein Knabe, und der Riese ist ein Kriegsmann von Jugend an.» Als aber David von seinem Vorhaben nicht abstehen wollte, ließ ihm endlich der König einen Helm aufsetzen und einen Panzer anlegen und ein Schwert. Aber David nahm es nicht an. Er ging leicht gekleidet, wie er war, dem Ungetüm entgegen mit seinem Hirtenstab und mit einer Schleuder und suchte sich nur in einem Bach fünf glatte Steine.

Der Riese hatte seinen Spaß, als er den braunen Hirtenknaben heranschreiten sah. «Bin ich ein Hund», sagte er, «daß du mit einem Stecken zu mir kommst?» David sprach: «Du kommst zu mir mit Schwert und Spieß und Schild, ich aber komme zu dir im Namen des Herrn, des Gottes Israel, dessen Heer du verhöhnet hast.» Mit diesen Worten legte er einen Stein auf die Schleuder, und ehe ihn noch der Riese mit seinem langen Schwert erreichen konnte, schleuderte ihm David den Stein so kräftig an die Stirn, daß er tot oder ohnmächtig niederfiel. Darauf nahm ihm David sein Schwert und hackte ihm mit seinem eigenen Schwert den Kopf ab. Als nun die Philister sahen, daß ihr Stärkster überwunden sei von einem Knaben, flohen sie vor großem Schrecken, und die Israeliten verfolgten sie bis an die Tore ihrer Städte und erbeuteten ihr ganzes Lager. Saul nahm von dieser Zeit an den David in sein Haus und wollte ihn nicht mehr von sich lassen. Jonathan aber, Sauls wackerer Sohn, gewann den David lieb, und sein Herz verband sich mit dem Herzen Davids und machten einen Bund miteinander, und jeder liebte den andern wie sein eigenes Herz. Ja, es zog Jonathan seinen Rock aus, weil David nur ein ländliches Hirtenkleid anhatte, und gab ihn dem David, dazu auch seinen Gürtel, seinen Bogen und sein Schwert. Auch gab ihm Saul noch seine Tochter Michal zum Weibe. Alle Kriege, die Saul zu führen hatte, führte David klug und glücklich und wurde immer mehr beliebt bei den Kriegshauptleuten und bei dem Volk. Wenn er aber zu Hause war und die unruhigen und schreckhaften Gedanken über den alten König kamen, spielte ihm David etwas auf der Harfe.

34
DAVIDS FLUCHT UND GEFAHR

Als der König sah, daß David immer mehr beliebt wurde, ward er ihm gram in seinem Herzen und trachtete ihn zu töten. Ja sogar, als David ihm einst auf der Harfe spielte, warf er seinen scharfen Spieß nach ihm. Aber David beugte aus, daß der Spieß in die Wand fuhr.

David mußte zuletzt heimlich entfliehen, daß er sein Leben rettete, aber Jonathan, sein wackerer Freund, war ihm behilflich zur Flucht und kam zu ihm heimlich, solange er in der Nähe war, und gab ihm guten Rat, obschon er wußte, daß David, und

I. SAM. XIX.
Saul nititur lancea Davidem configere.
Saul tâche de percer David de sa Lance.

I. Bŭch Sam. XIX. 10.
Saŭl trachtet David mit dem Spieß an
die Wand zŭ spissen; Er aber reiß sich võ
Saŭl ŭnd der Spieß fŭhr in die Wand.

nicht er, nach dem Tode Sauls das Königreich erhalten werde. Als aber David mußte weiterziehen, küßten sie sich und weinten und erneuerten ihren Bund: «Was wir beide heute geschworen haben im Namen des Herrn, das bleibe ewiglich.»

Gott, gib jedem frommen Menschen in Freude und Leid einen Jonathan zum Freund und jedem Menschen ein Gemüt, das eines Freundes wert sei!

Als David entflohen war – daheim bei seinen Eltern wäre er nicht mehr sicher gewesen –, ließ er sich zu seiner Bewaffnung das Schwert des Riesen geben, denn er sagte: «Es gibt kein besseres.» Mit diesem zog er frisch in das Freie und sammelte um sich nach und nach eine Schar, sozusagen ein Freikorps, von sechshundert Mann. Jeder, der zu ihm kam, war ihm recht, und er war ihr Hauptmann, aber nach ihm war Ithai. Mit denen zog er hin und her von einer Grenze des Landes zur andern, wie ein verscheuchtes Hühnlein, daß er sich gegen die Verfolgungen des Königs schützte. Solange der König lebte, verfolgte er ihn. Aber David war in Gottes Hand. Wen Gott beschützt, der ist auch unter den Feinden sicher und findet auch unter den Feinden Freunde. Der Feind und der Freund müssen zu seiner Rettung behilflich sein und die weisen Absichten Gottes befördern. Ein Räuberhaufen aus der Philister Land fiel in der Gegend von Kegila ein und beraubte die Tennen. David mit seinen Sechshunderten eilte herbei, griff die Räuber an, schlug sie in die Flucht und nahm ihnen alles Vieh hinweg, womit sie ihren Raub wollten fortführen. Denn der edle Mensch nahm sich überall der Angefochtenen und Verfolgten an, ob er gleich selbst verfolgt war und von einem Ort an den andern fliehen mußte. Das ist ein großer Gottessegen, daß gute Menschen im Unglück sich noch über andere erbarmen können und ihnen beispringen und helfen in der Not, in welcher sie selber sind. Mit dieser wundersamen Güte ist das menschliche Herz von Gott gesegnet.

Als David die Räuber vertrieben hatte, zog er siegreich in der Stadt Kegila ein, daß er daselbst eine Zeitlang seinen Aufenthalt nähme. Saul erfuhr es und hatte große Freude daran. Er kam heimlich mit Heeresmacht, daß er die Stadt umzingelte und ihn gefangennähme, und die Einwohner waren undankbar und schlimm genug: sie hätten ihn ausgeliefert. Aber Gott warnte ihn, daß er auszog noch zu rechter Zeit in die Wüste, das heißt in eine einsame Gegend, wo wenig Menschen wohnten. Siph hieß die Gegend. Aber wer suchte jetzt den frommen David in der Wüste auf? Wer kam zu ihm in die einsame Wüste? Jonathan, sein Herzensfreund, kam noch einmal zu ihm und befestigte seinen Bund mit ihm. Er tröstete und stärkte seinen Mut, und es war die rechte Zeit. Denn die Einwohner von Siph, ungastliche Menschen, schickten zu Saul und hinterbrachten ihm, daß David bei ihnen sei. Saul überfiel ihn abermal heimlich mit

Heeresmacht, es war nur noch ein Berg zwischen ihnen. Saul zog an der einen Seite des Berges, David an der andern. Er war schon von ferne her umstellt, und es war schon an dem, daß er umringt und gefangen wurde. Aber zur nämlichen Zeit fielen die Philister in das Land, daß sie Israel bekriegten. Da brach der König eilends auf, daß er den Feinden entgegenzöge, und stand für diesmal ab von David. Auf solche Weise rettete Gott den Bedrängten, als er keinen Rat mehr wußte, durch seine eigenen Feinde, die Philister.

Wenn ich mitten in der Angst wandle, so erquickest du mich und streckest deine Hand über den Zorn meiner Feinde und hilfst mir mit deiner Rechten.

35
DAVID WILL DEN NABAL ERMORDEN

David beschützte in der Landschaft Maon eine lange Zeit die Herden eines reichen Mannes, mit Namen Nabal, und lebte im Frieden mit seinen Hirten. Dreitausend Schafe und tausend Ziegen hatte Nabal auf der Weide und war doch ein unverständiger und böser Mann. Reichtum und Verstand ist zweierlei.

Gott, gib mir ein verständiges Herz!

Einst ließ Nabal seine dreitausend Schafe scheren und gab seinen Leuten eine große Mahlzeit, denn das war bei den morgenländischen Hirten ein reiches und herrliches Freudenfest. David schickte zu ihm zehn von seinen Jünglingen, die wünschten ihm in seinem Namen Glück zur Schafschur und begrüßten ihn mit freundlichen und sittigen Worten, daß er ihrem Herrn, dem David, zum Dank etwas mitteilen wollte von seiner reichen Mahlzeit und von seinem Segen. «Deine Hirten», sagten sie, «sind mit uns gewesen, und wir haben ihnen nie etwas zuleide getan. Sie haben nie etwas verloren an der Zahl ihrer Schafe.» Nabal aber antwortete den Jünglingen mit einer schnöden Rede: «Wer ist der David? Es laufen jetzt der Knechte viel im Lande herum, die ihren Herren entlaufen sind. Soll ich nehmen, was ich für meine Leute geschlachtet habe, und es Leuten geben, die ich nicht kenne, wo sie her sind?» – So sprach der unverständige Mann. – Als David diese Antwort vernahm, befahl er im Zorn seiner Mannschaft, jeglicher solle sein Schwert an die Seite gürten und mit ihm ziehen. Er selbst gürtete sein Schwert und zog mit ihnen aus und war im ersten Zorn nichts anders willens, als den Nabal und alle seine Leute zu überfallen und zusammenzuhauen. In solche Gefahren stürzt sich der Unverstand und seine Schwester, die Grobheit. Die Grobheit ist die Schwester des Unverstands.

Als aber David auf dem Wege zu der großen Sünde war, die er begehen wollte, schickte ihm Gott sozusagen einen warnenden Engel entgegen, nämlich die Abigail, des Nabal verständige Hausfrau. Abigail war nicht zugegen, als Davids Boten mit Nabal redeten und er mit ihnen. Als sie aber von den Hirten vernahm, was Nabal geredet hatte, rüstete sie ohne Verzug ein Geschenk für David, zweihundert Brote, fünf gekochte Schafe, auch Mehl und Wein, Rosinen und Feigen, und eilte damit dem zürnenden David entgegen. Abigail redete mit David freundliche und verständige Worte: «Sieh es als eine Schickung Gottes an, daß ich zu dir komme, daß deine Hand kein Blut vergieße. Du wirst des Herrn Kriege führen. Niemand müsse dir etwas Böses nachsagen können! Dein Herz sei frei von jedem Vorwurf! Bringe keine Blutschuld auf den Thron von Israel!» – Ein gutes Gemüt ist durch vernünftige Vorstellungen leicht zu lenken. Es widerstrebt den Ermahnungen nicht, die ihm Gott durch gute Menschen zukommen läßt. David ging in sich und sprach zu Abigail: «Gelobet sei der Herr, der dich mir hat entgegengesandt, und gesegnet seist du und deine Rede; du hast mich bewahrt, daß ich mir nicht selbst habe Recht verschafft mit Blut.»

David empfing von ihrer Hand, was sie ihm gebracht hatte, und sprach zu ihr: «Ziehe mit Frieden hinauf in dein Haus! Siehe, ich habe deiner Stimme gehorchet.»

Also hat die Besonnenheit eines Weibes den Zorn eines beleidigten Kriegshelden entwaffnet und sechshundert Schwerter in ihre Scheide zurückgebracht.

Gutes Wort findet gute Statt.

Unterdessen lebte Nabal daheim in Herrlichkeit

und Freude und wußte nicht, daß sein Leben nur an einem Faden hing. Als er aber am andern Morgen von Abigail, seiner Frau, erfuhr, in welcher Todesgefahr er gewesen sei, erstarrte sein Herz in seinem Leibe vor Schrecken. Nach zehn Tagen war er eine Leiche. Da bot ihr David seine Hand zur Ehe. Es ward die verständige Abigail zur Ehefrau dem David, den Gott zum König über Israel ersehen hatte.

36
DAVID KOMMT HEIMLICH IN DAS LAGER DES SAUL

Man kann den edlen Helden David nicht genug liebhaben. So sehr auch Saul ihn verfolgte und nach seinem Leben trachtete, so behielt doch David immer ein treues und frommes Herz gegen ihn. Er vergaß nie, daß es sein König und sein Schwiegervater und seines Freundes Jonathan Vater sei. Einst war Saul wieder mit dreitausend Mann gegen ihn ausgezogen und lagerte sich, daß er übernachtete auf dem Hügel Hachila. Er lag außen in der Wagenburg, und das Lager wurde nicht bewacht. Denn er meinte, David sei noch weit entfernt. Aber er war in seiner Nähe. David war keck genug; er schlich sich mit einem Vertrauten, dem Abisai, in der Nacht an des Königs Lager. Alles war in tiefem Schlaf. Er kam in die Wagenburg, wo der König lag und seine Leute um ihn her, und sein Spieß steckte zu seinen Häupten in der Erde. Da standen nun die zwei Wachenden und Gott unter den Schlafenden, und Abisai wollte den König mit dem Spieß erstechen. Aber David wehrte ihm: «Das lasse der Herr ferne von mir sein, daß ich sollte meine Hand an den Gesalbten des Herrn legen!» Sie nahmen nun den Spieß und den Wasserbecher des Königs von seinen Häupten und kamen unbeschrien wieder heraus. David begab sich gegenüber dem Lager auf einen Berg und rief das Volk und den Feldhauptmann des Königs an: «Was seid ihr für Leute, daß ihr so euern Herrn, den König, bewachet! Siehe, hier ist der Spieß und der Becher des Königs in meiner Hand!» Saul hörte die Stimme Davids und sprach: «Ist das nicht deine Stimme, mein Sohn David?» David sprach: «Es ist meine Stimme, mein Herr König. Warum verfolgst du mich? Was habe ich getan, und was ist unrecht in meinen Händen?» Saul sprach: «Ich habe gesündigt, mein Sohn David. Komm wieder, ich will dir kein Leid mehr tun.» Aber David wußte wohl, daß er dem alten wunderlichen Mann nimmer trauen durfte. Er schickte dem König seinen Spieß und seinen Becher in das Lager zurück. «Der Herr», sagte er, «wird jeglichem vergelten nach seiner Gerechtigkeit und nach seiner Treue, denn du bist heute in meiner Hand gewesen, aber ich wollte meine Hand nicht an den Gesalbten des Herrn legen.»

Dies war das letztemal, daß David den Saul sah und mit ihm redete, wiewohl von ferne. Er sah ihn nachher nicht mehr.

Saul konnte mit seiner ganzen Heeresmacht den David nicht besiegen. Aber David besiegte ihn und beugte sein Herz mit einer großmütigen Tat und schied von seinem Feinde mit einem Gewissen ohne Schuld.

So will ich einst scheiden von allen meinen Feinden.

37
DAVID IN ZIKLAG

David ging mit seinen Sechshunderten über die Grenze. Denn er fürchtete, er möchte sonst dem König doch noch in die Hände fallen. Er nahm Dienste bei Achis, einem König der Philister. Sie hatten fünf Könige. Achis räumte ihm die Stadt Ziklag ein. Daselbst hauseten sie mit ihren Weibern und Kindern und hatten fröhliche Tage, bis Ziklag von den Amalekitern ausgeplündert und verbrannt wurde. Die Philister versammelten sich nämlich zu einem neuen Krieg gegen Israel. Achis brachte auch den David und seine Sechshunderte mit. Aber die andern vier Könige trauten ihm nicht, weil er selber ein Israelite war. Sie wurden wieder zurückgeschickt nach Ziklag. Als sie aber dahin kamen und ihre Frauen und Kinder begrüßen wollten und David die Abigail, seine verständige Hausfrau, da waren Frauen und Kinder und Vieh und alle Habe geraubt und weggeführt von den Amalekitern, und Ziklag war verbrannt. In drei Tagen war alles vorüber. Die armen Männer weinten laut auf der öden Brandstätte, vornehmlich über den Verlust ihrer Söhne und Töchter. Gute Eltern denken immer zuerst an ihre Kinder. Das Unglück ihrer Kinder ist ihnen schmerzhafter als ihr eigenes. Aber David stärkte sich in dem Herrn, seinem Gott. Er verfolgte die Räuber bis an den Bach Besor. Dort blieben zweihundert von ihnen zurück. Sie waren zu müde, um mit den übrigen weiterzugehen. Jenseits des Baches sahen sie einen fremden Menschen liegen. David fragte ihn, wer er sei. Der Fremde sagte, er gehöre einem Amalekiter an. «Wir haben einen Streifzug getan», sagte er, «wir haben Ziklag ausgeplündert und angezündet.» David tat ihm nichts zuleid, er nahm ihn mit, daß er ihn zu den andern führte. Sie lagen weit und breit zerstreut in der ganzen Gegend, aßen und tranken und freuten sich ihres großen Raubes. David griff sie an und schlug sie mit kräftiger Faust, sie waren seiner nicht gewärtig, und rettete alles wieder, was die Feinde genommen hatten, die Frauen, die Kinder, die Habe. Es fehlte nichts. Auch nahm er ihnen ab, was sie sonst geraubt hatten. Die Beute war groß. Als er mit seinen Leuten an den Bach Besor zu den Zweihunderten zurückkam, wollten ihnen die Sieger bloß ihre Frauen und Kinder zurückgeben, aber an der wieder geretteten Habe und an der Beute sollten sie keinen Anteil haben, weil sie nicht mit ihnen gekämpft hatten. David sprach: «Ihr sollt nicht also tun, meine Brüder, mit dem, was uns der Herr gegeben hat, der uns behütet und die Feinde in unsere Gewalt gegeben hat.» – Das Andenken, daß alles Heil von Gott kommt, macht die Herzen mild und gerecht. David gab jedem das Seinige wieder, und mehr noch dazu, und sendete vieles von der reichen Beute den Ältesten in Juda, seinen Freunden, zum Gruß. Also brav und edel handelte der Sohn Isais, wie einst Abraham, sein frommer Ahnherr, gehandelt hatte, und legte die Probe ab, daß er würdig sei, nun bald den Thron von Israel zu besteigen.

38
DAVID WIRD KÖNIG IN ISRAEL

Während dieser Begebenheiten führten die Philister den Krieg mit Israel und lieferten ihnen eine Schlacht. Die Schlacht fiel gar übel aus. Israel wurde übermannt und geschlagen. Jonathan und noch zwei Söhne Sauls wurden getötet. Als Saul sich nicht mehr zu retten wußte, ehe sich der König von Israel lebendig an die Feinde ergab, stürzte er sich in sein eigenes Schwert. Also starben Saul und Jonathan, sein wackerer Sohn, an einem Tage. David saß mit seinen Tapfern, mit den geretteten Weibern und Kindern wieder auf der Brandstätte von Ziklag. Vielleicht fingen sie schon wieder an, ein wenig zu bauen für die erste Not, und hatten Kummer auf die lange Zeit, bis alles so sein würde, wie es war. Aber auf einmal kommt ein Entlaufener aus der Schlacht und bringt dem Helden David

Sauls Königskrone und seine königliche Armbinde in der Meinung, er werde einen Botenlohn bekommen, daß er genug habe für sein Leben lang. Nach seiner Aussage wäre Saul noch nicht tot gewesen, nachdem er sich hatte in sein Schwert gestürzt. Saul sprach zu ihm: «Tritt her zu mir und töte mich – denn mein Leben ist noch ganz in mir.» – «Da trat ich zu ihm», sprach der Bote, «und tötete ihn und nahm ihm die Krone von seinem Haupte und die Armbinde von seinem Arme und habe es hergebracht zu dir.» David faßte seine Kleider und zerriß sie vor Schrecken und Betrübnis, den Boten aber, der ihm die Todesbotschaft und die Königskrone gebracht hatte, ließ er niederhauen von einem seiner Leute, weil er bekannte, er habe den König getötet. «Dein Blut», sagte er, «sei über dir, denn dein Mund hat wider dich selbst gezeuget», und darin tat David insofern recht: Der Mensch soll nie das Leben des Königs antasten. Das Leben des Königs stehe in Gottes Hand!

David verließ nun die Brandstätte von Ziklag und kehrte zurück in sein Vaterland mit seinen Sechshunderten und kam nach Hebron. Daselbst salbten ihn seine Landsleute, die Männer von Juda, zu ihrem König, und hernach huldigten ihm auch die übrigen Stämme.

Das ist der Nachkomme der frommen Ruth, die auf den Feldern von Bethlehem Ähren auflas. Aus ihm ist etwas geworden. Der Vater des David war Isai oder Jesse; der Vater des Isai war Obed, welchen die Ruth dem Boas geboren hatte. Also kam das Geschlecht der armen Ruth auf den Königsthron. Gott hat ihre Liebe noch nach ihrem Tod an ihren Nachkommen vergolten.

Aber David ist noch nicht der Verheißene, in welchem alle Geschlechter auf Erden sollten gesegnet werden. Es muß noch schlimm werden, ehe der Verheißene kommt.

39
DAVIDS KÖNIGLICHE TATEN

Als die Philister die Leichname Sauls und seiner Söhne auf dem Schlachtfelde gefunden hatten, nahmen sie selbige mit in ihre Heimat und henkten sie zur Schmach außenwendig an eine ihrer Stadtmauern. Da gedachten die Männer von Jabes an das Heil, das einst ihr tapferer König ihrer Stadt gebracht hatte, als sie von den Ammonitern belagert waren, und holten in der Nacht mit eigener Lebensgefahr die teuern Leichname von den Mauern der feindlichen Stadt und begruben ihre Gebeine in Jabes unter einem Baum.

Es ist eine schöne Grabstätte unter einem Baum, wie wenn ein müder Wandersmann unter einem schattenreichen Baume Kühlung und Erquickung sucht. Er schläft ein Stündlein oder etwas und steht alsdann wieder auf. Wiewohl die Männer verbrannten zuerst die Leichname, daß ihnen nie mehr eine Unehre widerfahren möchte.

Als aber David die ehrenwerte Tat der Männer

von Jabes erfahren hatte, ließ er sie vor sich kommen und segnete sie dafür. – «Gott tue an euch Barmherzigkeit und Treue», so sprach er zu ihnen, «und ich will auch Gutes an euch tun, daß ihr solches getan habt.»

Also ehren gute Menschen das Andenken ihrer Verstorbenen und denken noch an ihre Wohltaten, aber nicht mehr an ihre Fehler.

Nach diesem griff David die Feinde an, die noch von den Zeiten des Josua her im Lande waren, und besiegte sie. Er zog vor die Stadt Jerusalem und eroberte ihre Burg, Zion, die feste Burg. Von dieser Zeit an wohnte er und seine Nachfolger in Jerusalem in der Burg Zion. Es ist dieses die nämliche Stadt, in welcher einst Melchisedek ein König und Priester des höchsten Gottes war, welchem Abraham den Zehnten gab von seiner Beute. Also regierte jetzt daselbst ein Abkömmling des Abraham als König über das schöne Land, das Gott seinen Nachkommen verheißen hatte.

Daselbst errichtete er zwar auch die Stiftshütte und brachte die heilige Bundeslade hinein, daß die schönen Gottesdienste unter seinen Augen gehalten würden. Aber inwendig in seinem Herzen hatte er seinem Gott einen viel heiligeren Tempel gebaut, in welchem er gar schöne Gebete und Kinderlehren hielt.

Denn Gott wohnt nicht in Tempeln, von Menschenhänden gebaut. Seiner wird auch nicht von Menschenhänden gepflegt.

Folgendes sind einige Gebete und Kinderlehren Davids:

«Herr, unser Herrscher, wie herrlich ist dein Name in allen Landen! – Aus dem Munde der Kinder hast du dir ein Lob bereitet. – Wann ich den Himmel sehe, deiner Hände Werk, den Mond und die Sterne, die du bereitest, was ist der Mensch, daß du sein gedenkest, und des Menschen Kind, daß du dich sein annimmst?»

Ferner:

«Du warst meine Zuversicht, da ich noch an meiner Mutter Brüsten war. – Du bist mein Gott von meiner Mutter Leibe an.»

Ferner:

«Deinen Willen, mein Gott, tue ich gerne, und dein Gesetz habe ich in meinem Herzen.»

Ferner:

«Kommet her, Kinder, höret mir zu: ich will euch die Furcht des Herrn lehren. Wer ist, der gut Leben begehret und gerne gute Tage hätte? Behüte deine Zunge vor Bösem und deine Lippen, daß sie nicht falsch reden. Laß vom Bösen, tue Gutes, suche Frieden und jage ihm nach!»

David ermahnt auch die Kinder zu einem fleißigen Morgen- und Abendgebet:

«Wenn ich mich zu Bette lege, so denk' ich an dich. Wenn ich erwache, so rede ich von dir. Denn du bist mein Helfer, und unter dem Schatten deiner Flügel rühme ich. Meine Seele hanget dir an; deine rechte Hand erhält mich.»

So kann jeder Mensch sein Inwendiges, sein Herz zu einem Kirchlein Gottes machen, wenn er solche Gebete und Lehren in sich hineinnimmt und daran denkt und also lebt.

«Gib mir, mein Kind, dein Herz.»

David sprach: «Ist auch noch jemand übriggeblieben von dem Geschlechte Sauls, daß ich Barmherzigkeit an ihm tue um Jonathans willen?» Es war noch ein Sohn des Jonathan übrig, mit Namen Mephiboseth. Er wohnte in Lodebar und war lahm an beiden Füßen. David gab ihm alle Äcker seines Großvaters Saul wieder. Mephiboseth aber mußte nach Jerusalem ziehen und alle Tage an dem Tische Davids essen wie seine eigenen Kinder, daß er den Sohn seines Freundes bei sich hätte und ihm eine königliche Ehre antäte.

40
DAVIDS SÜNDE UND REUE

Es folgt nun eine schlimme Geschichte, und es wäre ja wohl besser, daß sie sich nicht zugetragen hätte. David fiel in eine große Sünde. Ein mächtiger König hat größere Gelegenheit und Versuchung zur Befriedigung seiner Begierden als ein anderer, wenn er Gott nicht stets vor Augen behält. Mancher, der sich in seiner Armut und Niedrigkeit wohl für fromm hält, wer weiß, wie er wäre, wenn er in Macht und Reichtum lebte und ungestraft und ungescheut tun könnte, was er wollte.

Das Kriegsheer des Feindes lag vor einer feindlichen Stadt. Der König aber saß in Jerusalem und gewann eine Liebe zu der Ehegattin eines Kriegsmannes, Urias. Deswegen befahl er seinem Feldhauptmann, dem Joab, daß er den Urias in den Streit stellte, da, wo er am härtsten war. Hernach mußte sich das Volk hinter ihm abwenden, daß er von den Feinden erschlagen wurde. Als Urias tot war, nahm David seine Ehegattin zum Weibe, Bathseba hieß sie, und versündigte sich also schwer durch eine Begierde und durch eine künstliche Mordtat.

Auch ein gutes Herz kann tief fallen. Aber je tiefer es gefallen ist, desto schneller muß es sich auch wieder in die Höhe heben und seinen Gott wieder suchen, den es verloren hat. Es kann nicht lang in der Sünde verharren und ohne seinen Gott sein. Sein Gott kommt ihm wieder entgegen. Der Herr sandte den Propheten Nathan zu dem König. Der Prophet sprach zu ihm: «Es waren zween Männer in der Stadt, der eine reich, der andre arm. Der Reiche hatte sehr viele Schafe und Rinder. Aber der Arme hatte nichts denn ein einziges kleines Schäflein, das er gekauft hatte, und nährte es, daß es groß ward bei ihm und bei seinen Kindern. Es aß von seinen Bissen und trank aus seinem Becher und schlief in seinem Schoß, und er hielt es wie eine Tochter. Als aber zu dem reichen Mann ein Gast kam, schonte er zu nehmen von seinen Schafen und Rindern, daß er dem Gast etwas zurichtete, und nahm das Schaf des armen Mannes und richtete es dem Manne zu, der zu ihm gekommen war.»

David sah die Sache an, als ob sie sich wirklich zugetragen hätte, als ob ihn Nathan um den Spruch der Gerechtigkeit angehen wollte. Er entrüstete sich über die Freveltat und sprach dem Mann, der solches getan hatte, das Urteil des Todes. Nathan erwiderte ihm: «Du bist der Mann!» Hierauf erinnerte er ihn, was ihm Gott für große Wohltaten getan habe und wie er bereit sei, ihm noch mehr zu erweisen, und warum er denn des Herrn Wort verachtet und solches Übel vor dem Herrn getan habe an dem Weibe des Urias und an ihm.

David erkannte seine Sünde und bereute sie. Er suchte Barmherzigkeit und Trost bei seinem Gott und fand ihn.

Von dieser Zeit an hatte David viel zeitliches Unglück. Aber sein Gott, zu dem er wieder umgekehrt war, verließ ihn nicht.

41
DAVIDS UNGLÜCK

Das erste Unglück war der schmerzliche Verlust eines Kindes, das ihm Bathseba geboren hatte. Wiewohl, solange das Kind krank war und seinem frühen Tode entgegenschlummerte, betete zwar David unaufhörlich, daß ihm Gott sein Kind erhalten wolle, und weinte und wollte in dem großen Bekümmernis nicht essen noch trinken, so sehr man ihm zuredete. Das Kind starb, und niemand hatte das Herz, ihm die Todesbotschaft auszusprechen. Sie kannten das verständige und fromme Herz ihres Königs nicht. Als aber seine Leute bedenklich um ihn herumstanden und leise miteinander redeten, und als er sie fragte: «Ist das Kind gestorben?» und sie antworteten: «Ja», stand er auf, wusch und salbte sich nach morgenländischer Weise mit wohlriechenden Salben und ging vor allen Dingen in den Tempel, daß er Gott anbetete, in dessen Händen die Schicksale der Menschen sind. Hernach aß und trank er an seiner königlichen Tafel und war wieder wie zuvor. Denn er sagte: «Ich weinte und fastete um das Kind, da es lebte. Denn ich gedachte, ob mir Gott gnädig sein wird, daß das Kind lebendig bleibe. Nun es tot ist, was soll ich fasten? Kann ich es auch wiederum zurückholen? Ich werde wohl zu ihm fahren. Aber es kommt nicht mehr zu mir.»

42
DAVIDS FLUCHT VOR SEINEM SOHNE ABSALOM

Unter allem Unglück das schmerzhafteste verursachte dem König sein eigener nichtswürdiger Sohn Absalom. Absalom, der Nichtswürdige, bewegte in seinem Herzen den verruchten Gedanken, seinen Vater vom Thron zu verstoßen und an seiner Statt sich zum König ausrufen zu lassen. Zu dem Ende trat er von Zeit zu Zeit des Weges an die Tore von Jerusalem frühmorgens, wann die Leute aus dem Lande in die Stadt kamen, und redete mit ihnen. Hörte er nun, daß jemand den König angehen und ihm eine Sache vortragen wolle, so sprach zu ihm der tückische Mensch: «Deine Sache ist recht und schlicht, aber du findest kein Gehör bei dem König. – Oh, wer setzt mich zum Richter im Lande», rief er aus, «daß jedermann zu mir käme, daß ich ihm zum Recht verhülfe?» Dazu, wenn ihm einer als einem königlichen Prinzen eine Ehre antun wollte, gestattete er es nicht, sondern küßte ihn wie einen Bruder und Freund. Das tat den einfältigen und unerfahrenen Menschen wohl, und also stahl er seinem Vater durch Verleumdung und Gleisnerei das Herz der Männer von Israel. Aber auch das wird nicht unvergolten bleiben. Es bleibt nichts unvergolten. Denn als Absalom glaubte, seiner Sache gewiß zu sein, sagte er zu seinem Vater, er wolle in die Stadt Hebron gehen und dem Herrn einen Gottesdienst tun, der ruchlose Heuchler! In dieser Stadt schickte er Boten aus in ganz Israel: «Wenn ihr hören werdet der Posaunen Schall, so sprecht: ‹Absalom ist König.›» – Als David dieses erfuhr, hielt er es für ratsam, zu fliehen mit der Kriegsmannschaft, die in Jerusalem war, daß der Aufrührer sie nicht einschlösse und die Stadt zerstörte, Jerusalem, die volkreiche Stadt. Schon im Anfang der Flucht gab Gott ihm einen Trost. Denn als er sein Kriegsheer musterte, das mit ihm zog, erblickte er auch den Ithai mit den Sechshunderten, und Ithai war kein Landeskind von Geburt. David sprach: «Kehre um mit deinen Brüdern zu dem König, denn du bist fremd. Gestern bist du gekommen, und heute willst du mit mir gehen, und ich weiß selbst noch nicht, wohin ich gehen werde.» Aber Ithai sprach: «An welchem Ort mein Herr, der König, sein wird, es gerate zum Leben oder zum Tode, da wird dein Knecht auch sein.» Solche Treue bewies Ithai seinem König. David ging den Ölberg hinauf mit verhülltem Angesicht und barfuß wie ein Büßender und weinte, und das ganze Volk, das mit ihm war, weinte auch. Als sie aber nach Bachurim kamen, trat ein Mann heraus, namens Simei, von dem Geschlechte Sauls, mit rachsüchtigem und schadenfrohem Herzen. Er fluchte dem König und warf nach ihm mit Steinen. «Hinaus», rief er, «hinaus, du Bluthund, du heilloser Mann!» Abisai wollte den unsinnigen Menschen töten. Aber David sprach: «Laß ihn fluchen! Der Herr hat es ihn geheißen. Vielleicht wird Gott mein Elend ansehen und mir mit Güte vergelten sein Fluchen.»

Wohl dem, der noch auf Gottes Segen hoffen kann, wenn die Menschen ihm Böses wünschen!

Aber zum zweitenmal tröstete ihn Gott, als er durch die Wüste über den Jordan kam nach Mahanaim. Denn da fand er wieder viele biedere Männer, die ihm treu waren. Barsillai und andere Männer, die ihm treu waren, brachten zusammen an Bettwerk, Geschirr und allerlei Lebensmitteln, was nötig war, daß sie den König und sein müdes Heer erquickten und versorgten.

43
DAVIDS SIEG UND RÜCKKEHR NACH JERUSALEM

Unterdessen hatte Absalom von dem Königsthron in Jerusalem Besitz genommen und zog alsdann, der Verwegene, seinem Vater mit feindseliger Heeresmacht über den Jordan nach. In solche Verblendung läßt Gott die Ruchlosigkeit dahingehen, daß sie ihre Strafe finde. David stellte sein tapferes und treues Heer gegen ihn zur Schlacht und befahl noch den Hauptleuten: «Geht mir schonlich um mit Absalom, dem Jünglinge», der treue, fromme Vater! – Er selbst blieb in der Stadt und zog nicht mit ihnen hinaus. Das feindliche Heer verlor die Schlacht, es war in einem Wald, und erlitt eine schreckliche Niederlage. Absalom floh. Aber auf der Flucht blieb er mit seinen schönen langen Haaren unter einer Eiche hangen. Das Maultier, auf welchem er ritt, lief unter ihm weg, daß er sich nicht mehr loswickeln konnte, und so schwebte er in schrecklicher Todesangst zwischen Himmel und Erde, bis Joab, der Feldhauptmann Davids, es erfuhr und herbeieilte. Ein Kriegsmann, den sein Gang an der Eiche vorbeigeführt hatte, kam und sagte dem Feldhauptmann an, was er im

II. SAM. XVIII.
Abſalon a Ioabo occiſus.
Absalom pendu à l'Arbre, est percé de trois coups de flêche.

II. Sam. XVIII. 14.
Joab ſtoſſet dem an der Eiche hangenden Abſolon Spieße dűrchs Hertz.

Wald gesehen habe. Der Feldhauptmann sprach: «Wenn du das gesehen hast, warum hast du ihn nicht darniedergeschlagen, so wollte ich dir geben zehn Silberstücke und einen Gürtel.» Aber der fromme und kluge Kriegsmann erwiderte ihm: «Wenn du mir tausend Silberstücke auf die Hand gewogen hättest, so wollte ich dennoch meine Hand nicht an des Königs Sohn gelegt haben, denn ich habe wohl gehört», sagte er, «daß der König sprach: ‹Hütet euch, daß nicht jemand dem Knaben Absalom Leid tue.›» Aber Joab sprach: «Ich kann mich nicht bei dir aufhalten.» Er nahm drei Spieße und stieß sie dem Absalom durch das Herz, als er noch lebte an der Eiche. Also ward auch das vergolten.

Wer Vater verstört und Mutter verjagt, der ist ein schändliches und verfluchtes Kind.

Ehre Vater und Mutter, daß es dir wohl gehe.

Dem guten König aber verursachte die Siegesbotschaft anfangs keine große Freude, weil sein Sohn getötet war. «Nein», er rief unaufhörlich: «Oh! Mein Sohn Absalom, wollte Gott, ich könnte für dich sterben! O Absalom, mein Sohn, mein Sohn!»

So sehr liebte der König seinen Sohn, auch noch nach seiner Untat und nach seinem Tod. Das hat Gott in die Herzen der Eltern gegeben, daß sie also ihre Kinder lieben und ihren Undank vergessen können. Nie will ich solche Liebe betrüben!

Als aber die Botschaft von dem Sieg des David zurück über den Jordan kam, da ward wieder auf einmal alles anders. Zuerst kamen mit großer Freude die Männer von Juda, die Stammesgenossen des David, daß sie ihren König begrüßten und wieder nach Jerusalem auf seinen Thron zurückführten. Es kam der heillose Simei voll Angst und Verzweiflung und warf sich vor dem König nieder, daß er ihm seinen Unverstand verzeihen wolle. Also wendete sich das Blättchen. Vorgetan und nachbedacht hat manchen in groß Leid gebracht.

Aber David ließ ihm Gnade widerfahren. Er sprach zu Simei: «Es soll dir kein Leid geschehen.» Es kam auch wieder Barsillai, der getreue, daß er seinem Könige Glück wünschte zu dem Sieg. David wollte ihn mit sich nehmen nach Jerusalem, daß er ihm Gutes täte zum Dank für seine Treue. Aber Barsillai bat sich keinen andern Dank aus, als den König zu begleiten bis an den Jordan. Er sei ein achtzigjähriger Mann, der nicht mehr schmecken könne, was er esse, und nicht mehr höre, was die Sänger und Sängerinnen singen. Er wünsche zu sterben in seiner Stadt und bei seines Vaters und bei seiner Mutter Grab. Doch empfahl er der Gnade des Königs seinen Sohn.

Da küßte der König zum Abschied den ehrlichen alten Mann, der seine Liebe und Treue auf eine solche Art bewährt hatte. Ei freilich, die wahre Liebe zu Gott und Menschen ist selbst ihr eigener Lohn und begehrt keinen andern. David nahm den Sohn des Barsillai mit sich, daß er ihm Gutes täte und an dem Sohn die Treue des Vaters belohnte.

Hierauf kehrte David unter freudigen Begleitungen nach Jerusalem auf seinen Thron zurück und erreichte noch ein hohes Alter. Er war einer der mächtigsten und berühmtesten Könige seiner Zeit. Israel war nie mächtiger als unter seiner Regierung. Als er aber alt und schwach war worden, übergab er die Regierung seinem Sohne Salomon und starb und ward begraben in der Burg Zion.

44
DER KÖNIG SALOMON

Was der junge Salomon für ein Gemüt auf den Thron brachte, das spiegelt sich in einem Traum, den er träumte im Anfang seiner Regierung. Gott sprach zu ihm: «Bitte, was ich dir geben soll.» Salomon sprach: «Ich bin noch jung und ohne Erfahrung, so wollest du mir geben ein gehorsames Herz, daß ich dein Volk regieren möge und verstehen, was gut und böse sei.»

Solch ein Gebetlein gefällt guten Kindern, welche es lesen. Sie wollen auch beten: «Ich bin noch jung, gib mir ein gehorsames Herz, daß ich verstehen möge, was gut und böse ist.»

Gott sprach: «Weil du um solches bittest, und nicht um langes Leben, noch um Reichtum, noch um Sieg über deine Feinde, siehe, so tue ich nach deinen Worten und gebe dir ein weises und verständiges Herz. Dazu, was du nicht gebeten hast, gebe ich dir auch: Reichtum und Ehre und langes

Leben, so du in meinen Wegen wandelst und meine Gebote hältst.»

Das alles ist dem Könige reichlich wahr geworden. Salomon war der weiseste und berühmteste König seiner Zeit und hatte Frieden und Freundschaft mit allen Königen umher, daß Israel sicher wohnte unter seinen Weinstöcken und unter seinen Feigenbäumen, solange er lebte.

So war auch Salomon der reichste König seiner Zeit. Unermeßlich waren seine Reichtümer von Gold und Silber und Kostbarkeiten, welche ihm sein Vater hinterlassen hatte und seine Untertanen leisteten und seine Freunde, die Könige, schenkten.

Salomon tat die alte Stiftshütte ab und baute Gott einen prachtvollen Tempel. Dieser hatte, wie die Hütte, drei Abteilungen: den Vorhof, das Heilige und das Allerheiligste, worin die Lade des Bundes war, und Salomon weihte ihn ein mit einem schönen und heiligen Gebet.

Auch baute er einen prächtigen Königspalast. Da duftete alles im Tempel und Palast von kostbarem Zedernholz. Da funkelte alles von Gold und Silber und köstlichem Gestein. Goldene Schilde trug seine Leibwache. Kam nicht die Königin von Arabia eines weiten Weges mit großen Geschenken, daß sie seine Herrlichkeit schaute und aus seinem Munde seine Weisheit hörte? Also reich und herrlich war Salomon und war auch ein naher Abkömmling der Moabitin, die in den Feldern von Bethlehem einst Ähren auflas.

Als Salomon den Tempel gebaut hatte, hatte er wieder einen Traum, der aber zeigt, wie es in einem Gemüt gestaltet, welches sich selber nimmer trauen darf und schon nahe an seinem Fall ist. – Gott erschien ihm zum andernmal, wie er ihm erschienen war zum erstenmal. Er sprach:

«So du vor mir wandelst, wie dein Vater David gewandelt hat, mit rechtschaffenem Herzen und aufrichtig, daß du tust alles, was ich dir geboten habe, und meine Gebote und Rechte hältst: so will ich bestätigen den Stuhl deines Königreichs über Israel ewiglich; wie ich deinem Vater David geredet habe und gesagt: ‹Es soll dir nicht gebrechen an einem Mann auf dem Thron von Israel.› Werdet ihr euch aber von mir abwenden, ihr und eure Kinder, und nicht halten meine Gebote und Rechte, die ich euch vorgelegt habe, und hingehen und andern Göttern dienen und sie anbeten, so werde ich sie ausrotten aus dem Lande, das ich ihnen gegeben habe, und das Haus, das ich geheiligt habe meinem Namen, will ich verlassen von meinem Angesicht, und Israel wird ein Sprichwort sein unter allen Völkern, und das Haus wird eingerissen, daß alle, die vorübergehen, werden sich entsetzen und sagen: ‹Warum hat der Herr diesem Lande und diesem Hause also getan?›»

Auch das wird wahr werden.

Den Salomon, so weise er war, verführte sein Glück zur Sicherheit und die Sicherheit zur Sünde. Die Sicherheit im Glück führt immer zur Sünde.

Salomon hatte viele heidnische Weiber genommen, die ihm wohlgefielen. Dies war schon eine Übertretung des Gesetzes. Als er nun alt war, neigten seine Weiber sein Herz zu den fremden Göttern, daß es nicht mehr ganz war mit dem Herrn, seinem Gott. O wehe, wehe dem geteilten Herzen, wenn es mit dem Herrn, seinem Gott, nicht mehr ganz ist. Gott und die Neigung zur Sünde können nicht lange in einem Herzen beisammen wohnen. Salomon verließ bald den Herrn, seinen Gott und seines Vaters David Gott, und baute Altäre den Götzen und Greueln der Heiden und betete sie an.

Also gab der König das erste Beispiel selber zum Bruch des Gesetzes und Bundes, welchen Gott mit Israel gemacht hatte.

45
TEILUNG DES KÖNIGREICHS. KÖNIGE IN ISRAEL

Als nach dem Tode Salomons sein Sohn Rehabeam zur Regierung gelangen sollte, fielen auf einmal zehn Stämme in Israel von ihm ab. Nur der Stamm Juda und der kleine Stamm Benjamin blieben den Nachkommen Davids getreu. Von dieser Zeit an ist wenig Heil mehr in Israel. Wo sich ein Volk entzweit, da ist kein Heil mehr. Die zehn Stämme wählten einen eigenen König, den Jerobeam, und befreundeten sich nie mehr mit ihren Landsleuten, den Juden und Benjaminen. Sie wandelten zu den Altären und in die Haine der Götzen.

Aber nach Jerusalem in den Tempel des Gottes ihrer Väter kamen sie nicht mehr. Wer dem Gott der Väter treu blieb, hatte keine guten Tage. Wiewohl, wer ihn verließ, auch nicht.

Anfänglich wohnten die Könige der zehn Stämme in Thirza. Aber kaum saß einer auf dem Thron, so warf ein anderer ihn herab und tötete ihn und sein ganzes Geschlecht, damit immer ein schlimmerer folgte.

Simri, ein Obrister über die Kriegswagen des Königs Ella, saß zu Thirza in des Vogts Haus und trank. Als er betrunken war, ging er in den Palast, schlug den König tot und setzte sich auf seinen Thron. Denn wenn der böse Geist, der nicht von Gott ist, einen Menschen zu einer Untat verleiten will, so macht er ihn vorher stolz oder geizig oder eifersüchtig oder desgleichen etwas, oder er gibt ihm zu trinken. Damals stand das Volk zu Gibethon im Lager. Als die Kunde in das Lager kam, daß der Wagenmeister auf dem Thron sitze, wählten sie Amri zum König und zogen mit ihm, daß sie ihn in Thirza mit Heeresmacht belagerten. Als dieser sah, daß er die Stadt nicht werde halten können, ging er in den Palast, zündete ihn an und verbrannte sich und den Palast miteinander. Bös Beginnen, böses Ende! Amri baute die Stadt Samaria, wo nachgehends die Könige der zehn Stämme ihren Sitz hatten, und war ärger als alle Könige, welche vor ihm gewesen waren. Aber er war noch nicht der ärgste. Sein Sohn Ahab übertraf ihn an Abgötterei und hatte eine Heidin mit Namen Isebel zur Frau, und was die Heidin tat, das war dem schwachen König recht.

46
ELIAS, DER PROPHET

Ahab und Isebel verfolgten alle Verehrer des Gottes Abrahams, welche im Lande der zehn Stämme waren, und alle Propheten, welche in seinem Namen redeten, verfolgten sie auf den Tod. Wiewohl einer von seinen eigenen Hofbeamten, Obadiah, fürchtete Gott in der Stille und flüchtete hundert Propheten, welche er in Berghöhlen verbarg. Aber den Propheten Elias rettete Gott.

Elias war unter anderm ein wetterkundiger Mann. Die Wetterkunde hatte er von Gott. Er kam zu dem König und sprach: «So wahr der Herr lebt, der Gott Israels, vor dem ich stehe, es wird in diesen Jahren kein Tau und kein Regen fallen, bis ich es wieder sage.» Was er sagte, das geschah. Der Wassermangel, die Teurung und zuletzt die Hungersnot wurde immer größer. Anfanglich verbarg Gott den Propheten an dem Bach Krith, der in den Jordan fließt, dort hatte er ein stilles und heimliches Leben. Die Raben nährten ihn, die an den Bach kamen. Das Wasser des Bachs löschte seinen Durst. Als aber nach und nach das Wasser auch vertrocknete und die Raben nimmer kamen, führte ihn Gott gegen die Stadt Sarepta. An dem Tor dieser Stadt las eine arme Witwe etwas Holz auf. Der

Prophet sprach sie an, daß sie ihm ein wenig Wasser zum Trinken holen wollte. Indem sie hinging, rief er ihr nach: «Bringe mir auch einen Bissen Brot mit.» Die arme Frau erwiderte ihm: «So wahr der Herr, dein Gott, lebt, ich habe nur noch eine Handvoll Mehl im Kad und ein wenig Öl im Krug und habe da ein paar Hölzlein aufgelesen, daß ich mir und meinem Sohne noch ein Essen davon bereite, ehe wir sterben.» Sie wußte nicht, wie sie ihr und ihres Kindes Leben fristen wollte, und Gottes Hilfe war ihr schon so nahe. Der Prophet sprach sie an, ihm ein wenig Gebackenes zu bereiten. Sie könne hernach für sich und ihren Sohn auch backen. «Fürchte dich nicht», sagte er, «denn so spricht der Herr, der Gott Israels; das Mehl soll nicht verzehrt werden, und dem Ölkrüglein soll nichts mangeln.» Die liebe Armut hat oft ein größeres Vertrauen zu Gott und zu unbekannten Menschen als der Reichtum, der nur die Sorgen und die Furcht vor der Zukunft mehrt und so leicht die Herzen abkühlt. Die arme Frau teilte gutherzig ihr Letztes mit dem Propheten und beherbergte ihn in ihrer Wohnung, bis die herbe Zeit vorüber war, und hatte es nicht zu bereuen. Solange Elias bei ihr war, hatte sie keinen Mangel mehr. Das Mehl verzehrte sich nicht, und das Öl im Krüglein versiegte nicht. Es ist wohl zu glauben, daß es gute Menschen aus der Nachbarschaft waren, welche der armen Frau täglich so viel zum Unterhalt des Propheten zutrugen, daß sie und ihr Kind auch davon zu leben hatten.

Wiewohl Gott kann auch wunderbar die Seinigen retten und segnen und die Gutmütigkeit einer vertrauenden Seele belohnen. «Weg' hat er allewege. An Mitteln fehlt's ihm nicht.»

47
ELIAS AUF DEM BERG KARMEL

Unterdessen wurde der Wassermangel und die entsetzliche Not in Samaria und in ganz Israel noch immer größer. Es dauerte schon in das dritte Jahr. Vergeblich ließ der König den Propheten in ganz Israel aufsuchen und die Leute eidlich vernehmen, ob sie nichts von ihm wüßten. Die Not wurde zuletzt so groß, daß der König selbst mit Obadiah in das Land auszog, Wasser und Nahrung für die Pferde zu suchen, der König auf einem Weg, Obadiah auf einem andern. Da kam dem wackeren Obadiah auf seinem Weg unvermutet der Prophet entgegen: «Melde mich an bei dem König.»

Obadiah meldete dem König, Elias sei da, er sei von selbst gekommen. Der König sprach zu dem Propheten: «Bist du der Mann, der Israel unglücklich macht?» Der herzhafte Prophet antwortete ihm: «Nicht ich mache Israel unglücklich, sondern du und dein Haus, damit, daß ihr Gottes Gebote verlassen habt und laufet den Götzen nach.» Elias beschied den König und ganz Israel, wer mitgehen wolle, nebst den Priestern und Propheten des Götzen, auf den Berg Karmel, der am Meer steht. Elias stand allein gegen vierhundertundfünfzig Propheten des Abgottes. Aber viele von dem Volk waren in der Stille dem Propheten des Gottes Abrahams geneigt. Die Götzenpriester opferten dem Götzen. Er gab kein Zeichen der Erhörung. Elias opferte dem Gott seiner Väter. Er gab ein Zeichen: «Gehe nun hin», sprach Elias zu dem König, «iß und trink! Denn es rauscht schon, als wenn es regnen wollte.» Elias schickte hierauf seinen Knaben, daß er zum Meer schaute. Sechsmal ging der Knabe hin und schaute und sah nichts. Das siebente Mal kam er wieder und sprach: «Es geht ein Wölklein auf am Rande des Meeres wie eines Menschen Hand.» Augenblicklich ließ Elias dem König sagen: «Spanne an und fahre heim, daß dich der Regen nicht überfalle», und ehe man sich's versah, war der Himmel schwarz von Wolken und Gewittersturm, und es kam nach langer Zeit zum erstenmal wieder ein großer Regen und segnete das lechzende Erdreich.

Aber man weiß nicht, ob man alles loben soll, was Elias tat. Die Propheten sind auch Menschen. Als Gott auf dem Berge Karmel das Zeichen der Erhörung gab, rief das ganze Volk, er sei der wahre Gott. Diesen Augenblick benutzte Elias und ließ alle Propheten des Abgottes ergreifen und töten. Zwar die Zeiten brachten es so mit sich. Aber der allzu große Eifer im Guten kann zu allen Zeiten selbst das Gute hindern und das Böse befördern. Als die Königin erfuhr, was Elias getan hatte, verstockte sich ihr Herz. Sie tat einen Schwur bei ihren

Göttern, daß Elias des andern Tages ebenso sterben müsse, wie er desselben Tages ihre Propheten getötet habe. Aber Gott rettete den Elias zum zweiten Mal.

48
ELIAS AN DEM BERG HOREB

Elias befand sich an dem Berg Horeb in Arabien in einer Höhle und dachte daran in seinem Gebet, wie die zehn Stämme den Bund des Gottes ihrer Väter verlassen und seine Altäre zerstört und seine Propheten getötet haben, und daß er allein noch übrig und des Lebens nicht sicher sei. Der Unmut stellt sich alles Schlimme noch schlimmer vor, als es ist. Hatte nicht Gott durch den Obadiah noch hundert Propheten gerettet? In diesen schwermütigen Gedanken erhielt Elias in seinem Herzen die Gewißheit, daß Gott an ihm vorübergehen und ihn trösten würde, wenn er aus der Höhle heraustrete. Es stellte sich ein Gewitter an den Himmel. Es ging ein Sturmwind vorüber, der die Berge und Felsen zerriß, der Herr war nicht in dem Sturmwind, Elias erkannte die Nähe Gottes in dem Sturme nicht. Die Erde zitterte und bebte. Der Herr war nicht im Erdbeben. Die feurigen Blitze schossen. Der Herr war nicht in dem Feuer. Das Gewitter verging in einem leichten sanften Säuseln. Als der Prophet das Säuseln hörte, da tat sein bekümmertes Herz sich auf und erkannte, daß der Herr vorübergehe. Er verhüllte sein Haupt und trat an den Ausgang seiner Felsenhöhle. Dort redete sein Herz mit Gott und redete Gott mit seinem Herzen und tröstete ihn.

Gott ist allen Menschen nahe und redet mit ihnen in den wunderbaren Erscheinungen und Veränderungen der Natur, im Gewitter, im Sturmwind, im Regen und Sonnenschein, wie es jeder nötig hat und verstehen kann. Mit den sichern und frevelhaften Gemütern redet er im Gewittersturm, mit den frommen und bekümmerten in mildem Säuseln und Sonnenschein und in der schönen, sternenreichen Nacht und tröstet ihr Herz.

49
ELISA

Elias berief auf Gottes Befehl den Elisa zu seinem Diener und Nachfolger im Prophetenamt. Elisa pflügte auf dem Felde mit zwölf Joch Ochsen. Als ihn der Prophet berief, bat er: «Erlaube mir, nur noch meinen Vater und meine Mutter zu küssen.» Elias sprach: «Gehe hin und komme wieder.» Ein Prophet, der mit Gott redet, hält etwas darauf, daß die Söhne ihre Eltern liebhaben und nichts Wichtiges ohne ihren Willen und ohne ihren Segen unternehmen. Von der Zeit an folgte Elisa dem Propheten nach und war bei ihm treu, bis ihn Gott von seiner Seite nahm.

Elias und Elisa waren auch heilkundige Männer. Die Heilkunde ward ihnen von Gott. In den Tagen des Elisa lebte Naeman, ein Kriegsobrister des Königs von Syrien. Er war mit der schrecklichen Krankheit des Aussatzes behaftet und konnte nicht genesen und war sonst von Natur ein gar milder und guter Mensch. Gott dachte auch an ihn, daß ihm geholfen würde durch Elisa, als noch keiner von dem andern etwas wußte. Die Syrer taten einen feindseligen Einfall in Israel und führten unter anderm ein israelitisches Mägdlein aus seiner Heimat weg in die Gefangenschaft. Das Mägdlein kam in die Dienste der Frau des Naeman und sagte einmal, als Naeman große Schmerzen litt: «Wenn er nur bei dem Propheten in Samaria wäre, er würde ihn bald von seinem Aussatz heilen.» Naeman hatte Glauben an das Wort des Mägdleins. Er reiste mit Rossen und Wagen und vielen Geschenken fort und kam vor die Wohnung des Propheten und ließ ihm hineinsagen, daß er da sei und was er wolle. Elisa ließ ihm wiedersagen: «Gehe hin und wasche dich siebenmal im Jordan.» Naeman erzürnte sich, daß der Prophet nicht einmal zu ihm herauskäme. Er hätte ihm auch wohl die Ehre können antun. Ein höfliches Betragen steht jedermann wohl an. Auch hatte Naeman keinen Glauben an ein so einfältiges Mittel, das ihm der Prophet empfohlen hatte. An die Worte der Dienstmagd seiner Gemahlin hatte er Glauben, an die Worte des Propheten nicht. Er war schon im Begriff, unverrichteter Sache wieder nach Hause zu kehren. Da sprach noch zu ihm einer seiner Knechte ein verständiges Wort: «Lieber

Vater, wenn der Prophet dich etwas Großes geheißen hätte, so würdest du es getan haben. Warum solltest du das Kleine nicht tun, daß du dich in dem Jordan waschest?» Naeman gab der verständigen Rede Gehör. Als er sich siebenmal in dem Jordan gewaschen hatte, wie ihn der Prophet geheißen hatte, ward er gesund und rein. Sogleich kehrte der biedere Mann zu dem Propheten zurück, daß er ihm seinen Dank abstattete. Nicht alle Leute tun es, wenn man ihnen geholfen hat. Er trat zu Elisa hinein und gelobte, daß er nun keinen andern Gott mehr anbeten wolle als den Gott Israels, den Gott des Propheten. «Nimm meinen Segen», sprach er zu dem Propheten und bot ihm zum Geschenke zehn kostbare Kleider, sechstausend Goldgulden, zehn Zentner Silber. War aber Naeman ein achtungswerter und hochherziger Mann, so war es Elisa noch mehr. Elisa nahm das Geschenk nicht an. Er sprach: «So wahr der Herr lebt, vor dem ich stehe, ich nehme es nicht.» Denn er wußte wohl, daß Naeman durch Gottes Kraft, nicht durch ihn genesen war, und wollte mit der wohltätigen Prophetengabe, die ihm Gott verliehen hatte, kein Gewerb treiben. Es gibt Guttaten, die mit keinem Gold können bezahlt werden. Es gibt Pflichten, für welche man keine Belohnung annehmen kann. «Ziehe hin», sprach der Prophet, «im Frieden!»

50
GEHASI

Elisa hatte damals einen Diener mit Namen Gehasi. Gehasi war ein geldgieriger und verschmitzter Geselle. Ihn lüstete nach dem schönen blanken Silber und nach den schönen farbenreichen Kleidern, die sein Herr verschmäht hatte. Er ging heimlich von Elisa weg und eilte dem Naeman auf seiner Heimreise nach. Als der gutmütige Mensch ihn kommen sah, stieg er von seinem Wagen ab und ging ihm noch entgegen und fragte ihn mit freundlichen Worten, was es bedeute, daß er ihm nachkomme. Gehasi, der verschmitzte, sprach, es seien soeben zwei Knaben von dem Propheten in Ephraim zu seinem Herrn gekommen. Sein Herr lasse ihn bitten, ob er ihm nicht wolle einen Zentner Silber und zwei schöne Kleider für sie geben. Naeman gab ihm zwei Zentner, nicht nur einen, und zwei schöne Kleider. Zentner aber bedeutet hier eine gewisse Summe Geldes, weil in jenen Zeiten das Geld nicht gezählt, sondern gewogen wurde. Zwei Diener des Naeman trugen ihm das Geld bis nach Ophel. In Ophel verbarg er es und kam wieder zu dem Propheten, als wenn nichts geschehen wäre. Elisa sprach zu ihm: «Woher, Gehasi?» Gehasi sagte, er sei weiter nirgends gewesen, wie die frechen Lügner tun, wenn sie etwas zu verheimlichen haben. – Böse Tat läßt sich schwer verheimlichen. Elisa hatte schon alles erfahren. Er sprach zu ihm: «War das die Zeit, Silber und Kleider zu nehmen, daß du dir ein Landgut erwürbest?» Denn Gehasi wollte sich Ölgärten und Weinberge dafür kaufen. Hierauf ward er mit der nämlichen Krankheit bestraft, von welcher Naeman war befreit worden. Er ging aussätzig von dem Propheten weg und wurde seines erstohlenen Reichtums nicht froh. Erstohlener Reichtum macht nicht froh, auch ohne Aussatz nicht.

Aber wie mag sich das gefangene israelitische Mägdlein in dem Hause des Naeman erfreut haben, als sein Herr gesund in seine Heimat zurückkam und den Gott Israels bekannte und erzählte, was sein Prophet für ein Mann sei! Wie mag der fromme milde Mensch dem armen Kind den Dank vergolten haben, den er dem Propheten mußte schuldig bleiben!

51

UNTERGANG DER ZEHN STÄMME

Zwölf Könige regierten noch nach Ahab in dem Reiche der zehn Stämme. Aber Israel wurde nicht gebessert, der Götzendienst dauerte fort. Die Gottlosigkeit nahm überhand. Wie kann ein Land glücklich sein, wie kann ein Land bestehen, wie kann ein Ort, wie kann ein Haus bestehen, wo die Gottlosigkeit das Regiment führt und keine Warnung mehr Gehör findet? Mehr als einmal verwüsteten die Syrer das schöne Land. Mit den Syrern konnte man noch zurechtkommen. Nach ihnen kamen die Assyrer, ein mächtiges Kriegsvolk, und machten das Land unterwürfig und zinsbar. Der König Hosea wollte wieder falsch werden an den Assyrern und war der letzte. Der König von Assyrien kam mit feindlicher Heeresmacht, eroberte Samaria und führte den König und fast alle Einwohner des Landes hinweg in die Gefangenschaft. Ihr Name ist nicht mehr unter den Völkern. Es kamen Heiden in die verödeten Wohnplätze und besetzten sie. Mit ihnen vereinigten sich die wenigen, welche zurückgeblieben waren, und hießen Samariter von dieser Zeit an. Also endete das Reich der zehn Stämme.

52
KÖNIGE IN JUDA

Aber in Jerusalem auf dem Thron Davids regierten nach der unglücklichen Teilung des Reichs über die Juden und Benjaminen nacheinander zwanzig Könige. Rehabeam, der Sohn Salomons, war der erste. Oh, daß die Juden und Benjaminen besser und glücklicher blieben als ihre Brüder, die zehn Stämme! Jerusalem hatte zwar den rechtmäßigen Thron und den schönen neuen Tempel, das Priestertum und das Gesetz. Aber sie waren darum nicht viel besser und nicht viel glücklicher. Auch die Juden liefen den fremden Göttern nach und verwilderten immer in Gottesvergessenheit und Ungerechtigkeit, und die Schlimmsten unter ihnen übertünchten noch ihre Bosheit mit Heuchelei. Rehabeam selbst gab das erste Beispiel der Untreue an dem Gott Israels. Wiewohl Salomon, sein Vater, gab es vor ihm. Nur selten kam wieder ein weiser und frommer König auf den Thron. Ein solcher war Josaphat. Man muß gute Menschen nennen und ihr Andenken in Ehren halten.

Einige Jahre nach dem Tod Josaphats ging ein königliches Kind verloren und kam erst nach sechs Jahren wieder zum Vorschein in dem Tempel. Joram, der Sohn Josaphats, hatte die Athalia zur Gemahlin. Sie war eine Tochter Ahabs, des Königs der zehn Stämme, ein herrschsüchtiges und freches Weib. Nach dem Tode ihres Gemahls und nach dem Tode ihres Sohnes Ahasia ermordete sie alle übrigen Kinder des königlichen Hauses, daß sie allein regierte, und es war ein einjähriges Knäblein da, mit Namen Joas. Das Knäblein kam abhanden, als die übrigen getötet wurden. Es konnte niemand sagen, wo es hingekommen war. Denn Gott wollte den Thron Davids noch nicht ohne Erben lassen. Es war noch nicht die Zeit dazu. Joseba, die Ehefrau des Priesters Jojada, eine Verwandte des Knäbleins, schaffte es mit seiner Amme auf die Seite, als die übrigen getötet wurden, und übergab es den Priestern. Unter ihrer Aufsicht wurde es sechs Jahre lang geheimgehalten und erzogen in einem Seitengemach des Tempels und war sozusagen bei dem lieben Gott in der Kost und Pflege. Wiewohl alle Kinder sind in der Kost und Pflege Gottes, die Erwachsenen auch.

Nach sechs Jahren, als niemand an das verlorene Kind mehr dachte, die Königin am wenigsten, besetzte Jojada auf einmal den Tempel mit Priestern und Leviten und umstellte das ganze Gebäude mit bewaffneten Wehrmännern, welche ihm treu waren. Als alles Volk begierig war und wartete, was werden wolle, führte er ein schönes siebenjähriges Knäblein in den Tempel und rief es aus, daß es Joas, der Sohn des Königs Ahasia sei, das Kind, welches im ersten Jahr seines Lebens verlorengegangen sei, von welchem seitdem niemand etwas erfahren habe.

Sie salbten den Joas zum König und setzten ihm ein Krönlein auf, wie ein siebenjähriges Kind es tragen kann, und der ganze Tempel erschallte von Trompetenschall und Saitenspiel und Freudenruf. Das ganze Volk hatte eine Freude an dem lieben zarten Königskind mit seiner königlichen Krone. Also hat Gott dem Throne Davids den einzigen Erben erhalten.

Aber du, treuer Priester Jojada, wie übel wird dir dein undankbarer Pflegling vergelten! Es wäre fast besser, man wüßte es nicht. Zwar solange Jojada lebte – er wurde hundertunddreißig Jahre alt –, tat der König nichts Unrechtes. Aber nach dessen Tod vergaß Joas seines Gottes und der Wohltaten seines Pflegevaters und Erretters. Wer Gott vergißt, der vergißt auch seine Wohltäter. Gott ist unser größter Wohltäter. Joas führte den Götzendienst wieder ein und ließ den Zacharias, den Sohn seines

Pflegevaters, steinigen, weil er Einwendung dagegen machte. Als aber Zacharias starb, sprach er weiter nichts als: «Gott wird es sehen und richten.»

Ahas, der vierte König nach Joas, errichtete Götzenaltäre in ganz Jerusalem und ließ den Tempel in Jerusalem sogar zuschließen und baufällig werden und die heiligen Lampen auslöschen, daß der Tempel gleich war einem ausgestorbenen Haus, das keinen Herrn mehr hat, das feil ist. Ist es Wunder, daß in Zeiten, wie diese waren, sogar das heilige Gesetzbuch verlorenging und nicht einmal gemangelt wurde?

Auf Ahas folgte Hiskias, sein frommer Sohn. In seinen Tagen war es, daß die zehn Stämme weggeführt wurden nach Assyrien. Der fromme König Hiskias öffnete den Tempel wieder und stellte ihn wieder her. Er richtete den Gottesdienst wieder ein, so gut man ihn noch auswendig kannte, und zerstörte die Altäre der Götzen. Ihm gleich war der dritte nach ihm, Josias. Er kam schon als ein Knabe von acht Jahren auf den Thron und blieb so fromm und dem Gott seiner Väter so treu bis an den Tod. Es kam dem Priester Hilkia in dem Tempel von ungefähr etwas in die Hände. Es war das verlorengegangene Gesetzbuch. Man las es zum erstenmal wieder vor mit allen seinen schönen Verheißungen und schrecklichen Drohungen. Man besserte, was noch zu bessern war. Aber der Thron des Königs David konnte nicht mehr lange bestehen. Die

Nachkommen des Josias waren nicht mehr wie er. Jojakim, Jechonias und Zedekias sind die Namen der letzten Könige.

53
SCHICKSALE DES REICHES JUDA

Wie kann ein Reich, wie kann ein Ort, wie kann ein Haus glücklich sein und bestehen, wo Gottlosigkeit das Regiment führt? Das Reich Juda hatte, solange es stand, fast unaufhörliche Kriege und feierte schlechte Siege. Kamen nicht schon unter dem ersten König Rehabeam die Ägypter und Mohren nach Jerusalem und nahmen die Schätze aus dem Tempel und aus dem Palaste des Königs weg und – Salomons goldene Schilde?

Kamen nicht die Syrer mit einer kleinen Macht und eroberten ebenfalls Jerusalem, töteten die Obersten der Stadt und führten allen Raub dahin? Es war im nämlichen Jahr, als Joas den Zacharias, den Sohn seines Pflegevaters Jojada, steinigen ließ. Doch töteten sie den König nicht, nahmen ihn auch nicht gefangen. Er sollte nicht sterben wie ein tapferer Kriegsheld auf dem Schlachtfeld von des Siegers Hand oder durch eines Königs Gericht. Sie ließen ihn krank zurück. Seine eigenen Knechte töteten ihn. – Gott hat es gerichtet. – Kein frevler Undank wird umsonst begangen. Gott richtet. – Es schlug ein König der zehn Stämme den Amazia, den Sohn des Joas, und riß die Mauer der festen Stadt Jerusalem ein, daß sie offen war vierhundert Ellen weit. Pekah, ein anderer König der zehn Stämme, schlug hundertundzwanzigtausend Mann in Juda auf einen Tag und führte zweimal hunderttausend gefangene Weiber und Kinder nach Samaria, daß sie gezwungene Mägde und Knechte ihrer Feinde würden nach dem Kriegsgebrauch jener Zeit. Doch damals ging ein Prophet in Samaria, mit Namen Obad, dem Zug entgegen. Der Anblick so vieler Unglücklichen bewegte sein frommes und menschliches Herz. Er redete mit den Anführern des Kriegsheeres: «Ihr habt die Männer getötet. Wollt ihr auch die Weiber und Kinder zu solchem Elend verdammen? Sind nicht die Juden eure Brüder, wollt ihr eine solche Schuld vor Gott über das Land bringen?» Die Vornehmsten des Volkes, die auch ein menschliches Herz hatten, standen ihm bei und litten nicht, daß man die Gefangenen in die Stadt brachte. Sie wurden gastfreundlich bewirtet. Die Nackten wurden alle neu gekleidet von der Beute. Man gab allen die Erlaubnis, in ihre Heimat zurückzukehren, und sorgte für die Heimfahrt der Kranken unter ihnen bis an die Grenze, bis nach Jericho, der Palmenstadt. So viel vermag eines frommen und angesehenen Mannes Wort. Es hat so viele tausend arme Witwen und Waisen von dem Schicksal der gezwungenen Knechtschaft erlöst und in die geliebte Heimat zurückgebracht.

Nach allen diesen Niederlagen und Entkräftungen wurde das jüdische Reich unterwürfig und zinsbar, bald den Assyrern, bald den Ägyptern, und es ist schon ein wildfremdes Kriegsvolk aus entlegenen Gebirgen auf dem Weg, das Letzte Gericht zu halten über das Land und über die Stadt voll Götzenaltäre und Freveltaten.

54
UNTERGANG DES REICHES JUDA

In diesen bösen und gefahrvollen Zeiten sandte zwar der treue Gott Israels seinem Volk viele Propheten zur Warnung für die Gottlosen und zum Trost für die Frommen, die mitten in der verkehrten Welt treu bei ihrem Gott blieben und über das Unglück ihres Vaterlandes weinten. Als lebendige Gottesstimmen ermahnten sie ihre Zeitgenossen unermüdet zur inwendigen Besserung des Herzens. Die warnende Gottesstimme fand kein Gehör. Als alle Ermahnungen fruchtlos blieben, verkündeten sie immer ernsthafter und furchtbarer den nahen Untergang.

Wo Gottesfurcht und Gerechtigkeit verschwunden sind, da ist der Untergang nicht ferne.

Hinwiederum verkünden die nämlichen Propheten zum Trost der Frommen und einer besseren Nachwelt, daß nach allen Trübsalen glückliche Zeiten und eine selige Wiedervereinigung der Menschen mit Gott zurückkehren werde.

«Der Herr wird sein Volk heimsuchen. Er wird einen König geben aus dem Hause Davids, der wohl regieren und Recht und Gerechtigkeit anrichten soll auf Erden. In allen Landen wird Gottes Erkenntnis verbreitet und Gott gepriesen und verehret werden, nicht mehr mit Opfer und Gaben, sondern mit reinem treuem Herzen und mit frommer Tat. Gott wird sie reinigen von aller Missetat. Er wird ihnen vergeben alle Missetat, worin sie gegen ihn gesündiget haben.»

Solcherlei Trost und Hoffnung gaben die Gottesmänner, die Propheten, den Trauernden und ihren Nachkommen als Abschiedssegen mit in das lange, lange Elend, welchem sie entgegengingen.

Es kamen die Chaldäer, welche in Babylon herrschten, das wildfremde grausame Kriegsvolk. Diese machten anfänglich das Judenland zinsbar und führten zehntausend Gefangene weg, alle Vornehmen und Reichen samt dem König Jechonias und seiner Mutter, alle Kriegsmänner, tausend Schmiede und Zimmerleute. Doch gaben die Feinde dem Land wieder einen König. Der König Zedekias wird falsch und sucht bei den Ägyptern Schutz. Das war ihr Letztes. Treulosigkeit ist das Letzte. Die Chaldäer kommen wieder, belagern und erobern Jerusalem und zerstören es samt dem schönen Tempel, und daß das Elend groß würde, waren auch viele Edomiter in dem Kriegsheer der Chaldäer, Erbfeinde der Juden. Diese übten eine fürchterliche Rache aus mit Rauben, Zerstören und Morden und sind die Nachkommen des Esau, dem einst Jakob, sein Bruder, den Segen seines Va-

IEREM. XXXIX.
Solyma everſa Zedekia captus.
Jerusalem dètruite, Zedekie fait prisonier.

Jerem. XXXIX.
Jeruſalem wird von Nebucadnesar zerſtört/ Zedekias aber gefangen hinweg geführt.

ters und das Besitzrecht von Kanaan entzogen hat. So etwas vergißt die Zeit nicht. Nach der Eroberung aber führten die Chaldäer das jüdische Volk und allen ihren Raub, die goldnen und silbernen Gefäße des Tempels, hinweg in die Gefangenschaft. Die Bundeslade kam abhanden. Es weiß niemand, wo sie hingekommen ist. Wenige, die anfänglich der Feind zurückgelassen hatte, flüchteten sich wieder in das Land der Knechtschaft ihrer Voreltern nach Ägypten, aus welchem doch Gott ihre Väter erlöset hatte, auf daß erfüllet würde, was der Ewige durch Moses gesagt hatte.

Also ist jetzt Israels zahlreiche Nachkommenschaft, das heilige Volk Gottes, verweht und zerstoben, wie Spreu vom Winde zerstoben wird, und der Heilige steht noch aus, in welchem alle Geschlechter auf Erden sollen gesegnet werden, und die Engel wollen nicht kommen, daß sie seine Geburt verkünden. Aber: Wie sagt zu Abraham der Unbekannte?

55
DANIEL

Die Gefangenschaft ist nicht so zu verstehen, daß die Juden in Gefängnisse wären eingeschlossen worden, sondern daß sie in einem fremden Lande unter der Herrschaft ihrer Sieger lebten, auch gezwungene Dienste tun mußten und nicht mehr in ihr geliebtes Vaterland zurückkehren durften. Davon abgesehen, hatten sie in ihrer Gefangenschaft gute Tage und böse Tage, wie es jeden traf. – Der König der Chaldäer befahl, daß aus den Gefangenen die geschicktesten und feinsten Jünglinge von vornehmem Geschlecht ausgesucht und zu seinem Hofdienst erzogen, auch unterrichtet würden in chaldäischer Sprache und Schrift. Unter ihnen war Daniel. Diese Knaben wurden gut und vornehm behandelt, ja sie erhielten ihre Speise und ihr Getränk von der Tafel des Königs. Aber Daniel und einige seiner Freunde hielten es für Sünde, Speisen von einer heidnischen Tafel zu essen, weil sie unrein in ihren Augen waren. Darum wollten sie lieber nur gemeines Gemüse essen und Wasser trinken, als etwas tun, was gegen ihr Gewissen wäre. Der freundliche Aufseher über diese Knaben sagte ihnen, das sei schon recht, aber es würde ihm große Gefahr bei dem König bringen, wenn der König ihnen ansähe, daß sie nicht die gehörige Nahrung empfingen. Daniel sprach zu ihm, er möchte eine Probe nur von zehn Tagen mit ihnen anstellen. Nach zehn Tagen sahen sie zu seiner Verwunderung besser und vollkommener aus als die andern Knaben alle. Von der Zeit an erhielten sie, wie sie es wünschten, täglich ihr Gemüse und Wasser und gedeihten dabei immer besser. Darin ist kein Wunder zu suchen, aber eine gute Lehre. Nicht köstliche Speise und starke Getränke, auch nicht Vielessen, sondern Mäßigkeit und Ordnung und Gottesfurcht, daß man nichts Böses tue, das erhält den jugendlichen Körper gesund und gibt ihm ein schönes Wachstum und kraftreiche Gliedmaßen. Als aber die Knaben vor den König gebracht wurden, ward unter allen niemand erfunden, der dem Daniel und seinen Freunden gleich wäre, auch waren sie klüger und verständiger als alle Sternseher und Weisen im ganzen Reich. Daniel gewann durch seine Aufführung die Gunst aller Leute, die mit ihm umgingen, und gelangte an dem Hof der Könige in Babel zu großer Ehre und Macht. Er wurde zuletzt Statthalter über den dritten Teil des Königreichs. Aber in aller Hoheit vergaß er sein armes Vaterland und seine unglücklichen Landsleute nicht. Nein, er trauerte mit ihnen, er betete für sie, er tröstete sie mit Rat und mit Tat und dachte unaufhörlich nach, was noch ihr künftiges Schicksal sein würde. Denn er konnte den Gedanken nicht fassen, daß Gott das Volk auf immer verlassen habe, an welchem er so lange Jahrhunderte hindurch seine besondere Vorsehung bewiesen hatte. Auf gleiche Weise wurden zwei andere Juden, Esra und Nehemias, nach und nach angesehene und glückliche Männer. Zwar wie konnte ein Herz glücklich sein, das Tag und Nacht an Jerusalem und an die vorigen Zeiten dachte?

56

HEIMKEHR AUS DER GEFANGENSCHAFT

Man muß den Juden in ihrer babylonischen Gefangenschaft zum Lobe nachsagen, daß sie von dieser Zeit an den Götzendienst verabscheuten, obgleich sie unter Götzendienern wohnten. Sie bereueten ihre Sünden und trauerten und beteten. Sie hätten jetzt gern in Jerusalem ihrem Gott gedient.

Auch weckte Gott wieder Propheten in der Gefangenschaft zum Trost. Sagt nicht einer von ihnen:

«Wo sich der Gottlose bekehret von allen seinen Sünden, die er getan hat, und hält meine Rechte und tut recht und wohl, so soll er nicht sterben. Es soll aller seiner Übertretung, so er begangen hat, nicht gedacht werden; sondern er soll leben um der Gerechtigkeit willen, die er tut. – ‹Meinest du, daß ich Gefallen habe am Tode des Gottlosen›, spricht der Herr; ‹und nicht vielmehr, daß er sich bekehre von seinem Wesen und lebe?›»

Ferner:

«Ich will das Verlorene wieder suchen und das Verirrte wieder bringen und das Verwundete verbinden und des Schwachen warten; und will ihrer pflegen, wie es recht ist.»

Und sah nicht Daniel, daß einer kam in des Himmels Wolken, wie eines *Menschen Sohn?* Dem ward gegeben Gewalt, Ehre und Reich, daß ihm alle Völker dienen sollten ohne Aufhören.

Aber sie waren so zerstreut und hilflos, und die Chaldäer, ihre Sieger, waren ein so mächtiges und furchtbares Volk, daß vor Menschenaugen an keine Rettung zu denken war. Schon mancher war in dem langen Elend gestorben, der sein Vaterland nimmer sah. Mancher war schon in dem fremden Lande geboren und aufgewachsen, der Jerusalem nur vom Hörensagen kannte, und zu allen Schrecknissen für manchen von ihnen kam zuletzt auch noch ein furchtbarer Krieg in das Land. Man weiß, was ein Krieg in einem Lande ist. Aber wie ist oft Gott so nahe, wenn er so ferne scheint! Wie zagt und zittert oft der Mensch vor seinem nahen Heil! Kores, der Perserkönig, der auch Cyrus heißt, brach mit seinen tapfern Persern unversehens in das Land. Er belagerte Babel, die stolze Stadt, in welcher der Chaldäer hauste, und eroberte sie. Also wurden die Juden Gefangene und Untertanen der Perser. Aber sogleich im ersten Jahre seiner Regierung, was tat der König Kores? Er gab Befehl, daß der Tempel Gottes in Jerusalem wieder sollte gebaut werden: «Und wer nun seines Volkes ist», sagte der König, «mit dem sei sein Gott, und er ziehe hinauf nach Jerusalem und baue den Tempel seines Gottes!» Also gab der König den Juden die Erlaubnis, wieder heimzuziehen in ihr Vaterland, und sie erhielten von den Leuten, von welchen sie wegzogen, Silber und Gold, Gut und Vieh aus freiem Willen als Steuer zum Tempelbau. Ja, der König gab ihnen alle silbernen und goldenen Gefäße wieder, fünftausendvierhundert an der Zahl, welche der Chaldäer hatte weggeführt aus dem Tempel. Da richteten alle Trauernden wieder ihre Häupter auf, die Jerusalem im Herzen trugen, und freudige Prophetenstimmen wachten wieder auf.

«Jauchzet, ihr Himmel, denn der Herr hat es getan; jauchze, du Erde, und frohlocket, ihr Berge und Wälder, denn der Herr hat Jakob erlöset und ist in Israel herrlich.» – «Jerusalem, erhebe deine Stimme mit Macht! Saget den Städten Juda: ‹Siehe, da ist euer Gott!›»

Aber es gingen bei weitem nicht alle zurück, denen Kores dazu die Erlaubnis gab. Viele waren in dem Lande ihrer Gefangenschaft bereits angesessen und begütert. Nur vierzig- bis fünfzigtausend waren es, die anfänglich die Wallfahrt in das Vaterland antraten, Serubabel hieß ihr Anführer, und später erst kamen andere nach.

57
KÜMMERLICHE ZEITEN

Also waren jetzt wieder so viel Juden, gleichsam ein neuer Anflug, in der verödeten Heimat. Aber es gehörte eine große Liebe zu dem vaterländischen Boden und ein großes Vertrauen auf Gott dazu, daß sie nicht vor Betrübnis und Mutlosigkeit vergingen, als sie an dem Ziel ihrer Reise und ihrer langen Sehnsucht waren. Die Wohnsitze ihrer Väter, Jerusalem, die schöne Stadt, und ihr berühmter Tempel lagen noch von der Zerstörung her in ihren Trümmern. Was damals die Wut der Feinde nicht zertrümmern konnte, das war durch die Länge der Zeit selber zerfallen, dazu die Felder lagen noch von so vielen Jahren her verödet und verwildert. Da war viel wegzuräumen und herzustellen, und ob es gleich überall gebrach, so taten die guten

Leute alles, was sie vermochten, und sind ein Beispiel, was auch in der bösen Zeit der Mensch mit gutem Willen und Vertrauen auf Gott vermag und wie Gottes Kraft auch in den Schwachen mächtig ist. Zuerst errichteten sie zwar nur einen Altar und feierten das Laubhüttenfest, weil es die Jahreszeit mit sich brachte, obgleich sie noch keinen Segen in dem Lande heimgetan hatten. Ein frommes Gemüt preist Gott auch in kümmerlicher Zeit. *Denn die Gnade des Herrn währet von Ewigkeit zu Ewigkeit über die, so ihn fürchten.*

Sonst baut man zuerst die Stadt oder das Dorf, hernach die Kirche. Die Juden dachten aber zuerst daran, wie sie den Tempel wieder bauen wollten. Aber was alte Leute unter ihnen waren, welche den Umfang und die Herrlichkeit des ersten Tempels noch gesehen hatten, die weinten vor Betrübnis, als sie den ärmlichen Anfang des neuen sahen. Man konnte das Wehklagen der Alten und die Freudengesänge der Jungen in der großen Menge nicht unterscheiden. Tränen und Freuden sind oft nebeneinander. Als die Samariter sahen, welche im Land der zehn Stämme wohnten, daß die Juden an einem Tempel bauten, wollten sie auch mithalten, daß sie auch daselbst beteten und opferten. Aber die Juden nahmen es nicht an. Sie wollten das Ihrige besonders haben. Deswegen bauten die Samariter für sich einen eigenen Altar auf einem Berg bei Samaria und verleumdeten die Juden bei den persischen Königen, als ob sie Jerusalem wieder festmachen und dem König untreu werden wollten, so daß der Bau wieder eingestellt werden mußte und alles neue Ungemach über die Juden erging viele Jahre lang, bis in Persien der König Darius auf den Thron kam. Gott lenkte das Herz des Königs, daß er, wie Kores, gnädig gegen die Juden war und daß sie den Bau vollenden konnten und ihre Feste feiern. Aber mit den Samaritern blieben sie verfeindet auf unversöhnliche Zeiten.

Der König schickte auch den Esra aus Persien heraus in die Heimat, welcher den Gottesdienst und das Priestertum und die bürgerliche Ordnung nach der Weise der Voreltern wieder einrichtete, so gut es möglich war. Aber noch merkwürdiger als er ist sein nachmaliger Gehilfe Nehemias.

58
NEHEMIAS

Nehemias war in Persien Mundschenk des Königs und reichte ihm den Becher an der königlichen Tafel. Es kam ein Mann Hanani aus der Heimat nach Persien zurück; diesen fragte Nehemias, wie es daheim erginge. Er hoffte wohl eine erfreuliche Nachricht von ihm zu erfahren. Als er aber hörte, daß die Juden noch immer in Unglück und Verachtung lebten und die zerbrochenen Mauern und die verbrannten Tore von Jerusalem noch nicht wiederhergestellt seien, weinte er und betete und hätte gern den König angegangen, daß er ihn seinen unglücklichen Brüdern zu Hilfe sendete, und wagte es nicht. Aber sein Gebet war von Gott erhört. Nehemias stand vor dem König in dem Schlosse zu Susa und reichte ihm den Becher. Der König betrachtete ihn und sprach zu ihm: «Nehemias, was fehlt dir? Du bist traurig.» Nehemias sprach: «Wie sollte ich nicht traurig sein, so die Stadt wüste liegt, wo die Begräbnisse meiner Väter sind, und ihre Tore sind verbrannt?» Der König fragte ihn: «Was willst du, daß ich tun soll?» Da faßte Nehemias Mut in Gott und sprach: «Daß du mich in mein Vaterland sendest, daß ich Jerusalem baue, wo meine Väter begraben liegen.» Der König und die Königin, die neben ihm saß, fragten ihn: «Wie lange wird deine Reise währen? Wann wirst du wiederkommen?» Denn er war ihnen sehr wert. Sie wollten ihn nicht gerne von sich lassen. Doch gab ihm der König Urlaub auf unbestimmte Zeit und unterstützte ihn mit allem, was zur Reise und zu seinem Vorhaben nötig war. Nehemias baute die Mauern von Jerusalem und war Landpfleger des Königs im ganzen jüdischen Lande. Es baute auch jeder nach Kräften auf die öden Brandstätten, daß Jerusalem bald wieder ein Ansehen gewann, wiewohl unter großen Anfechtungen und Gefahren. Aber der fromme und beherzte Landpfleger besiegte alle Hindernisse, denn Gottes gute Hand war mit ihm. Auch standen wieder Propheten auf, welche das Volk ermahnten und mit der Hoffnung besserer Zeiten den Mut belebten.

«Ich will alle Heiden, das heißt alle Völker, bewegen, und es wird kommen aller Völker Trost. Freue dich und sei fröhlich, o Zion! Denn siehe, ich will kommen und bei dir wohnen», spricht der Herr.

Die Samariter hatten anfänglich ihren Spott, als sie sahen, was diese ohnmächtigen Leute beginnen wollten. Als sie aber sahen, wie unter Gottes Schutz das gute Werk gedieh, wollten sie zu den Waffen greifen. Sie wollten gegen den Schutz des Allmächtigen Krieg führen. Aber sie vermochten es nicht. Nehemias ließ unter den Augen der Feinde den Bau fortführen, wiewohl mit gewaffneter Hand. Die Hälfte der Mannschaft stand unter den Waffen, während die andere Hälfte an der Arbeit war. Auch die Bauleute waren bewaffnet. Neben der Schaufel oder dem Richtscheit lag das Schwert. Als die Feinde sahen, daß mit Gewalt nichts auszurichten war, wollten sie Falschheit und List versuchen. Die List ist eine gefährlichere Waffe als das Schwert. Sanneballat, das Oberhaupt der Feinde, stellte sich auf einmal freundlich gegen den Nehemias und bat ihn, daß er zu ihm käme: «Man hat dich bei dem König verleumdet, darum komm zu mir, daß wir uns beratschlagen.» Aber Nehemias kam nicht. Ein anderer wollte ihn furchtsam machen: «Fliehe in den Tempel! Sie wollen kommen in der Nacht und dich töten.» Aber Nehemias sprach: «Sollte ein solcher Mann, wie ich bin, fliehen? Ich fliehe nicht.» Mit solchem Mut hatte ihn sein gutes Werk und sein Vertrauen auf Gott gestärkt. Wer auf frommes Werk seine Gedanken richtet und mit seinem Gott in Frieden steht, hat sich nicht zu fürchten. *Wer glaubt, fleucht nicht.*

Nehemias war auch ein sehr uneigennütziger Mann und ein Freund der Armen. Es waren viele Arme und Verschuldete unter dem Volke. Denn die Reichen hatten ihr Vermögen an sich gezogen. Ihre Äcker und Weinberge waren schon verpfändet. Die Ärmsten verkauften schon ihre Söhne und Töchter zur gezwungenen Knechtschaft. Da brach dem frommen Nehemias das Herz. Er berief die Vorsteher des Volks zu sich und sprach: «Wollt ihr gegen eure Brüder Wucher treiben? Was ihr tut», sagte er, «ist nicht recht. Solltet ihr nicht als gottesfürchtige Leute handeln und euch schämen vor den Heiden?» Solche Rede und sein eigenes schönes Beispiel bereiteten seinem Herzen eine große Freude. Nehemias hatte, solange er Landpfleger war, keine Einkünfte von seinem Amt angenommen, damit er das Land nicht beschwerte, und bewirtete doch täglich hundertundfünfzig Gäste an seinem Tische. Er lieh und half aus seinem Eigenen, wo er konnte, und redete niemand darum an, daß er ihm etwas schuldig sei. Er entzog sich keiner Last in jener schweren Zeit. Seine Diener, die in seinem Sold waren, mußten an dem Bauwesen helfen und arbeiten wie jeder andere. Als er nun so mit den Ältesten des Volks redete und sagte: «Ich verlange nichts mehr zurückzuempfangen, was ich meinen ärmern Brüdern geliehen habe; was wollt ihr tun?», sprachen alle mit einem Wort und mit einem Herzen, daß sie gleichtun wollten, wie er getan hatte, und gaben ihren armen Brüdern die verpfändeten und verlorenen Äcker ohne Lösegeld zurück, dazu noch die Zinsen, welche sie von ihnen schon erhalten hatten. Solch ein Mann war Nehemias und war einer von den letzten, von welchen man so viel Rühmliches sagen kann. Es ist nicht zu verwundern, daß ihn der König also liebte und daß er zu ihm gesagt hatte: «Wie lange wird deine Reise währen, und wann wirst du wiederkommen?»

59
DIE KÜMMERLICHEN ZEITEN DAUERN FORT

Jerusalem war nun wieder gebaut. Der Gottesdienst war wieder eingerichtet. Auch das Land bevölkerte sich wieder allmählich. Aber die schönen Zeiten Davids wollten nicht mehr zurückkehren. Das Reich der Perser wurde von den Griechen erobert. Da wurden Abrahams unglückliche Nachkommen Untertanen der Griechen wie ein anderes gemeines Volk.

Als die griechischen Feldherren die eroberte Welt unter sich teilten, und zwar mit dem blutigen Schwert, wurden sie bald syrisch, bald ägyptisch, bald wieder syrisch.

Ein preiswürdiges Heldengeschlecht, die Makkabäer, machte das Land wieder frei von aller fremden Herrschaft. Viel Blut wurde um die edle Freiheit vergossen. Aber die schönen Zeiten Davids wollten doch nicht zurückkehren.

Nach diesem wurden sie zu ihrer letzten Schmach Untertanen eines Edomiters, des Herodes und seiner Nachkommen. Damals wurde das Land auf der Abendseite des Jordans eingeteilt in Judäa, Samaria und Galiläa. Es kamen die Römer in das Land, die überall hinkamen, und setzten in Judäa ihre Landpfleger. In dieser langen Zeit der Trübsal war kein Prophet mehr erschienen. Kein Wort des Trostes richtete mehr die armen Gemüter auf. Desto sehnlicher warteten sie auf den Verheißenen und nannten ihn zum voraus mit schönen und gerechten Namen, *Sohn Davids,* ferner *Messias* oder *Christus,* das heißt der Gesalbte oder der König, ferner des *Menschen Sohn,* den Daniel, der Prophet, in des Himmels Wolken sah, ferner *Sohn Gottes, Retter, Erlöser, Heiland.* Denn je dunkler auf der Erde die Nacht der Trübsale ist, desto heller steht am Himmel der Stern der Weissagung. Aber die Törichten hofften, er werde die Herrschaft der Römer in dem heiligen Lande zerstören und den weltlichen Thron Davids wieder herrichten, und hätten doch schon lange erkennen können, daß ein *solcher,* wie *sie* ihn erwarteten und wünschten, nicht kommen werde. – *Gottes Gedanken sind nicht eure Gedanken, und seine Wege sind nicht eure Wege, sondern so viel der Himmel höher ist als die Erde, so sind auch seine Gedanken höher als der Menschen Gedanken.*

Zweiter Teil

I

MARIA

In Galiläa, in der Stadt Nazareth, saß in ihrer Einsamkeit eine tugendsame Jungfrau mit Namen Maria, die verlobt war mit einem Zimmermann namens Joseph. Beide stammten aus Bethlehem in Juda und aus dem Blut des Königs David und waren ungeachtet ihrer königlichen Herkunft fast wieder so arm wie Ruth, ihre Geschlechtsmutter, als sie in den Feldern von Bethlehem Ähren auflas. Denn also wechseln die menschlichen Schicksale. Alles Irdische kehrt wieder zu seinem Anfang zurück, und ein reines Herz und Gottes Gnade bleibt noch immer der größte und sicherste Reichtum.

Zu der Jungfrau in ihrer Einsamkeit sprach ein Engel: «Gegrüßest seist du, Maria! Der Herr ist mit dir, du Gebenedeite unter den Weibern.»

Die Jungfrau erschrak und dachte: «Welch ein Gruß ist das?»

Der Engel sprach: «Fürchte dich nicht, Maria! Du hast Gnade bei Gott gefunden. Siehe, du wirst schwanger werden und einen Sohn gebären, dessen Name sollst du Jesus heißen. Der wird groß und ein Sohn des Höchsten genennet werden, und der Herr wird ihm den Stuhl seines Vaters David geben, und er wird ein König sein über das Haus Jakob ewiglich, und seines Königreichs wird kein

Ende sein.» Da sprach Maria zu dem Engel: «Wie soll das zugehen, da ich von keinem Manne weiß?» Der Engel antwortete und sprach zu ihr: «Der Heilige Geist wird über dich kommen, und die Kraft des Höchsten wird dich überschatten; darum auch das Heilige, das von dir geboren wird, wird Gottes Sohn genennet werden.»

Weiter erfuhr Maria von ihm, daß auch Elisabeth, ihre Gefreundte, Hoffnung habe, Mutter eines Sohnes zu werden. Es war aber Elisabeth eine fromme Frau, die Ehefrau eines Priesters in Juda, der Zacharias hieß. Da sehnte sich Maria nach ihrer guten Gefreundten, der Elisabeth, die ihr der Engel nannte, daß sie mit ihr reden und einer Seele sagen konnte, was ihr Gott durch den Engel habe geoffenbart. Denn eine große Gnade von Gott will man nicht jedem rühmen und kann es doch auch nicht allein in seinem Herzen verschließen. Maria ging aus Galiläa über das Gebirg nach Juda, daß sie ihre Freundin besuchte. Elisabeth bewillkommte sie voll Freude, daß die Mutter ihres Herrn zu ihr komme. Maria aber freute sich und preisete Gott in einem schönen Lobgesang dafür, daß er die Verheißung erfüllte, die er Abraham und seinen Nachkommen gegeben hatte, und sie erkannte in ihrem demütigen Herzen, wie groß die Gnade sei, die Gott ihr erzeige. «Gott hat die Niedrigkeit seiner Magd angesehen», sagte sie. «Siehe, von nun an werden mich seligpreisen alle Kindeskinder, denn er hat große Dinge an mir getan, der da mächtig ist und dessen Name heilig ist.»

Luc. I.

Angelus Gabriel ad Virginē Mariam missꝰ.

L'Añonciation de l'Ange a la Ste Vierge.

Luc. I. 28.

Der Engel Gabriel kam zur Jungfrauen Ma-ria, und sprach: gegrüßet seÿstu holdselige, der Herr ist mit dir, du gebenedeÿte unter den Weibern.

Joh. Aman scul. Scaphus.

Arme Jungfrau, es kommt noch eine Stunde, in welcher dich niemand wird seligpreisen!

Maria blieb drei Monate lang bei ihrer Freundin. Nachgehends wurde Elisabeth mit einem Sohn erfreut, und sie gaben ihm den Namen Johannes. Johannes wuchs und ward stark im Geist, und als er erwachsen war, verbarg er sich vor den Menschen und lebte in der Wüste in einsamen Gegenden. Aber sein Vater Zacharias weissagte von ihm, daß er ein Prophet werden und daß er vor dem *Herrn* hergehen und ihm den Weg bereiten werde.

2

DIE GEBURT JESU

Aber in welchem Palast oder Kirchlein wird der Sohn Mariä geboren werden? Wer wird ihm von Zedernholz die Wiege verfertigen und mit goldenem Blumwerk schmücken?

Der römische Kaiser Augustus ließ einen Befehl ausgehen, daß alle Einwohner des Landes sollten geschätzt, das heißt: gezählt und aufgeschrieben werden. Jeder mußte sich in dem Ort seiner Heimat und Herkunft stellen, daß er daselbst aufgeschrieben würde. Demnach begab sich auch Joseph mit Maria, seinem vertrauten Weibe, aus Nazareth, ihrem Wohnorte, nach Bethlehem in Juda, weil sie von dem Geschlechte Davids waren, daß er sich aufschreiben ließe.

Es mögen damals viele Leute nach Bethlehem

gekommen sein und war wenig Raum in dem Städtlein. Als aber Maria daselbst war, gebar sie ihren Sohn und fand keinen Raum, wohin sie ihn hätte legen können, als in eine Krippe. Das war der Palast, in welchem das Kind geboren ward, welches sein Volk sollte selig machen von den Sünden. Denn Gott sieht nicht auf das Auswendige.

Es waren in selbiger Nacht Hirten auf dem Felde bei den Hürden, die hüteten ihre Herden. Zu diesen trat des Herrn Engel, und seine Klarheit umleuchtete sie. Der Engel sprach: «Ich verkündige euch große Freude, die allem Volk widerfahren wird. Denn siehe, euch ist heute der Heiland geboren, welcher ist Christus, der Herr in der Stadt Davids; und das habt zum Zeichen: ihr werdet finden das Kind in Windeln gewickelt und in einer Krippe liegend.» Ja, es sammelte sich um sie die Menge der himmlischen Heerscharen, die lobten Gott und sprachen: «Ehre sei Gott in der Höhe, Friede auf Erden und den Menschen ein Wohlgefallen.» – Es mögen wohl die nämlichen Hirten gewesen sein, in deren Eigentum das Kind geboren wurde. Die Hirten gingen eilends nach Bethlehem und fanden Maria und Joseph und das Kind in der Krippe liegend. Da lobten sie Gott und erzählten, was ihnen von diesem Kinde war gesagt worden, und alle, die es hörten, wunderten sich. Maria aber behielt alle diese Worte und bewegte sie in ihrem Herzen.

Das ist die heilige Christnacht oder Weihnacht,

in welcher Gott den Kindern schöne Gaben schenkt, daß sie sich jährlich ihrer Rückkehr freuen und das Kindlein lieben sollen, das in dieser Nacht zu Bethlehem geboren war. – Manches Kind will fragen: ob dies der Verheißene sei? Ja, es ist der Verheißene, in welchem alle Geschlechter der Erde sollen gesegnet werden.

Der Name des Kindes ward genannt *Jesus,* welchen er empfangen hat von den Engeln, und heißt soviel als Seligmacher, weil er von Gott zum Retter und Seligmacher der Menschen bestimmt war.

3
DARSTELLUNG JESU IM TEMPEL

Es war ein Gesetz in Israel, von Moses her, eine Mutter, die ihren ersten Sohn geboren hatte, mußte ihn in den Tempel bringen und für ihn ein Lamm opfern oder, wenn sie zu arm war, ein Paar Turteltauben. Als nun Maria ebenfalls ihren Sohn in den Tempel brachte und für ihn ein Paar Turteltäublein opferte, kam auch in der nämlichen Stunde ein frommer und gottesfürchtiger Mann mit Namen Simeon in den Tempel, der schon so lange auf den Trost Israels wartete und von Gott die Gewißheit in seinem Herzen empfangen hatte, daß er den Tod nicht sehen werde, es sei denn, daß er vorher den Christ des Herrn gesehen habe. Also ward ihm noch am Abend seines Lebens die Verheißung erfüllt und sein langes Warten gestillt. Er nahm das teure Kind auf seinen Arm und ward so entzückt, daß er Gott anrief, er wolle ihn jetzt sterben lassen, er habe nichts Erfreulicheres mehr auf der Erde zu erleben. Es ist dieses eine wundersame Regung in dem menschlichen Gemüt. Schon viele fromme Menschen, wenn Gott ihr Herz mit einer großen Freude erfüllte, haben gewünscht, daß sie jetzt sterben möchten. Simeon betete: «Herr, nun lässest du deinen Diener im Frieden dahingehen, denn meine Augen haben deinen Heiland gesehen, welchen du bereitet hast, ein Licht zu erleuchten die Heiden, zum Preis deines Volkes Israel.» Aber zu Maria, der Mutter Jesu, sprach er: «Es wird ein Schwert durch deine Seele dringen.» Es kam auch Hanna, eine hochbetagte Frau, dazu und preisete Gott und redete von diesem Kind zu allen, welche zugegen waren und auf die Erlösung hofften. Also freuten sich diese frommen betagten Menschen über die Geburt des geheimnisvollen Kindes und über das Glück der Nachwelt, das sie doch selber nicht mehr erleben konnten.

4
DIE WEISEN AUS MORGENLAND

Es kamen auch, von Gott ermahnt, mit kostbaren Geschenken weise Männer aus Morgenland, aus einem entfernten Lande, nach Jerusalem und fragten: «Wo ist der neugeborne König der Juden? Wir haben seinen Stern gesehen im Morgenlande und sind gekommen, ihn anzubeten.» Sie meinten, er sei in Jerusalem geboren, wo dazumal der unfromme König Herodes wohnte. Sie dachten nicht anders, als daß ganz Jerusalem werde voll Freude sein, jedes Kind auf der Gasse werde ihnen Rede und Antwort geben können auf ihre Frage. Oh, wie verwunderten sie sich, als alles so stille war! Es war alles so stille, als wenn nichts geschehen wäre. Wen sie fragten, der wußte nichts von dem neugebornen Wunderkind. Sie kamen bis vor den König Herodes. Er wußte auch noch nichts. Er mußte erst von diesen landesfremden Menschen erfahren, was den frommen Hirten die Engel verkündet hatten, und die Nachricht war ihm auch nicht so erfreulich. Denn als die Weisen nach dem neugebornen König fragten, erschrak er, der arme Mensch, auf seinem Königsthron! Was den unschuldigen Hirten und dem gottesfürchtigen Simeon und allen frommen Menschen eine Freude war, darob erschrak er. Denn die Gottlosen haben keinen Frieden in ihrem Herzen. Herodes faßte den verruchten Gedanken, er wolle das Kindlein töten lassen, daß es ihm nicht einst seine Krone nehme. Zu dem Ende fragte er zuerst die Priester und Schriftgelehrten, ob sie ihm nicht könnten sagen, wo Christus sollte geboren werden. Sie antworteten ihm: «Zu Bethlehem», denn also sei geschrieben durch den Propheten Micha. Hierauf schickte er die Weisen nach Bethlehem und sprach zu ihnen mit tückischer Verstellung, sie sollten sich ja sorgfältig nach

MATTH. II.

Christus a Magis adoratur.

L'Adoration des Mages de l'Orient.

Matth. II. 11.

Die Weisen aus Morgenland, fielen nieder
für dem Kindlein Jesu, beteten es an, thäten
ihre schäz auf, und beschenckten es.

dem Kind erkundigen, und wenn sie es gefunden hätten, sollten sie ihm wieder Nachricht geben, er wolle auch kommen und es anbeten. Die Weisen kamen nach Bethlehem und fanden das Haus, worin Jesus lag, und freuten sich sehr, die geraden und frommen Männer. Sie knieten vor dem Kindlein nieder und schenkten ihm Gold, Weihrauch und Myrrhen. Als sie aber ihren Heimweg wieder antreten wollten, warnte sie Gott, daß sie nicht nach Jerusalem zurückkehrten. Sie zogen auf einem andern Weg wieder in ihr Land. Darüber erzürnte sich der König Herodes und fürchtete sich so sehr vor dem unschuldigen Kinde, daß er den grausamen Befehl ergehen ließ, alle Kinder in Bethlehem zu töten, die zwei Jahre alt und jünger wären, damit er das rechte gewiß nicht verfehlen möchte. Aber der Menschen Grausamkeit und List vermag nichts gegen Gott. – Denn wo war damals das Kind Jesus und seine Mutter und sein Pflegevater Joseph? In Bethlehem nicht mehr, auch nicht mehr im Lande Juda, sondern in Ägypten. Denn dahin hatte Gott sie gehen lassen, daß das Kind gerettet würde. Als aber Herodes, der Blutdürstige, gestorben war, kehrten sie wieder zurück in das Land und wohnten von der Zeit an wieder in Galiläa, in der Stadt Nazareth.

5

JESUS, DER FROMME KNABE

Joseph, der Pflegevater Jesu, und Maria gingen als rechtschaffene Israeliten alle Jahre nach Jerusalem auf das Osterfest. Als nun Jesus das zwölfte Jahr erreicht hatte, nahm ihn seine Mutter zum erstenmal mit auf das Fest. Er war insofern einer guten Hand anvertraut. Gute Mutterhand führt ihre Kinder frühe zu Gottseligkeit und zur Kirche an, wo Gott geehrt und sein Wort gelehrt wird. Als sie sich aber zur Heimreise wieder anschickten, war der Knabe Jesus nirgends vorhanden. Seine Mutter machte sich anfänglich keinen Kummer deswegen. Sie dachte, er werde bei den Gefreundten und Bekannten sein, die etwas früher von Jerusalem weggegangen waren, wie gar oft die Kinder lieber mit den Verwandten als mit den Eltern gehen. Sie hoffte also, sie werde ihn am Abend in der Herberge schon wieder finden bei diesen Verwandten oder jenen. Denn sie wußte, daß er ein frommes und verständiges Kind sei. Ein verständiges Kind begibt sich in keine Gefahr. Die Mutter darf es schon bisweilen aus den Augen lassen. Als sie aber am Abend in die Herberge kamen, schon eine Tagreise weit von Jerusalem, wußten die Gefreundten und Bekannten auch nichts von ihm. – Da war auf einmal der Verheißene wieder verloren. – Der Verheißene kann nimmer verlorengehen. Seine Eltern begaben sich den Weg nach Jerusalem zurück, daß sie ihn suchten. Auf dem ganzen Heimweg war von keinem verlorenen Kinde etwas zu erfragen. Sie suchten ihn einen ganzen Tag in Jerusalem. Er war nirgends zu erfragen. Am dritten Tage, als sie in den Tempel gingen, wie wenn sie ein Gebet tun wollten, daß ihnen Gott ihr Kind wiedergeben wolle, da saß er frohen Mutes im Tempel mitten unter den Lehrern, daß er ihnen zuhörte und sie fragte, und viele Leute waren um ihn her versammelt und verwunderten sich über seine Rede und Antwort, wenn die Lehrer ihn etwas fragten. Als ihn nun seine Eltern auf einmal so erblickten und jetzt wieder hatten, erschraken sie vor Freude, und seine Mutter sprach zu ihm: «Mein Sohn, warum hast du uns das getan? Siehe, dein Vater und ich haben dich mit Schmerzen gesucht.» Jesus antwortete ihr: «Was ist's, daß ihr mich gesucht habt? Wisset ihr nicht, daß ich sein muß in dem, das meines Vaters ist?» Aber sie verstanden das Wort nicht.

Also ging er jetzt mit ihnen zurück nach Nazareth und war ihnen untertan und nahm zu an Alter, Weisheit und Gnade bei Gott und bei den Menschen.

Dieses ist die einzige Begebenheit aus den Jugendjahren Jesu, welche man weiß. Von dem zwölften Jahre bis zu dem dreißigsten Jahr seines Lebens weiß man nichts von ihm. Merke: Von gutgearteten und wohlerzogenen Kindern hört man in ihrer Jugend gewöhnlich nicht viel, als daß sie ihren Eltern untertänig sind, daß sie an Weisheit und Liebenswürdigkeit bei Gott und Menschen zunehmen und gerne in die Kirche und Schule gehen, wo viel Gutes zu hören und zu lernen ist. –

Von wem man in seiner Jugend sonst viel zu reden hat, daran ist selten viel Gutes.

Ich will mit Hilfe Gottes täglich verständiger und frömmer werden. Ich will meinen Eltern untertan sein. Ich will gerne da sein, wo Gott geehrt und Gutes gelehrt wird, daß ich Gott gefalle und dem frömmsten Knaben Jesus ähnlich werde.

Die Leute sollen nicht viel von mir zu reden haben.

6

JOHANNES DER TÄUFER. DIE TAUFE JESU

Als sich die Zeit nahete, daß Jesus die Werke der Erlösung unter den Menschen beginnen sollte, erschien zuerst aus der Wüste hervor Johannes, der Sohn des Priesters Zacharias und der Elisabeth, gleich wie ein Morgenstern aufgeht, wenn die Sonne bald kommen will. Gott gibt oft ein Zeichen vorher, wenn er etwas Großes tun will, daß die Menschen darauf achten und sich darauf bereiten sollen. Johannes taufte zur Buße, das heißt zur Besserung des Gemütes, zur Umkehr von der Sünde zu Gott. «Tut Buße», sagte er, «denn das Himmelreich ist nahe. Sehet zu, bringt rechtschaffene Früchte der Buße.» Es kam zu ihm des Volkes eine große Menge aus Jerusalem und aus der ganzen Gegend, daß sie sich taufen ließen und hörten, was sie tun sollten. Es fragten ihn viele aus dem Volk: «Was sollen wir tun?» Johannes sagte: «Wer zwei Röcke oder Überfluß an Speise hat, der gebe dem, der nicht hat.» Es fragten ihn die Zollbedienten: «Was sollen wir tun?» Johannes antwortete: «Fordert nicht mehr, als euch gesetzt ist.» Es fragten ihn auch die Soldaten. Den Soldaten gab er das Gebot: «Tut niemand Gewalt noch Unrecht, und lasset euch begnügen an eurem Sold.» – Daraus kann nun jeder andere schon abnehmen, was er in seinem Stand, Amt und Beruf zu tun und zu lassen habe, und daß die Buße nicht getan sei mit leerer Einbildung oder mit schönen Reden und abgelernten Gebeten, sondern daß sie fruchtbar sei, vordersamst in Werken der Gerechtigkeit und der Barmherzigkeit. Das sind die «rechtschaffenen Früchte der Buße». Viele Leute kamen auf den Gedanken, Johannes sei Christus, der Verheißene. Die Juden sandten von Jerusalem Priester und Leviten zu ihm, daß sie ihn fragten: «Wer bist du?» Johannes bekannte: «Ich bin nicht Christus.» – «Was bist du denn? Bist du Elias?» Johannes sprach: «Ich bin es nicht.» – «Oder bist du sonst einer von den Propheten?» Er antwortete: «Nein.» – Denn es war unter den Juden eine seltsame Sage, daß vor dem Messias der Prophet Elias oder der andern Propheten einer wiederkommen werde. Deswegen war vielen von ihnen Johannes nicht gut genug. Es ist eine böse Untugend gar vieler Menschen, daß ihnen Gottes Gnade, so wie er sie ihnen anbietet, nicht gut genug ist, und daß sie etwas Besonderes verlangen.

Als nun der wahrheitsliebende Johannes sein Bekenntnis abgelegt hatte, sprachen die Priester: «Was bist du denn, wenn du das alles nicht sein willst?» Johannes sprach: «Ich bin die Stimme eines Predigers in der Wüste, bereitet dem Herrn den Weg.» Die Priester fragten ihn noch einmal: «Warum taufest du denn, wenn du nicht Christus bist?» Darauf erwiderte Johannes: «Ich taufe mit Wasser. Aber einer ist mitten unter euch, den ihr nicht kennt. Der ist es, der nach mir kommt, welcher vor mir gewesen ist. Der wird mit dem Heiligen Geist taufen.»

Es war auch Jesus an den Jordan gekommen und verlangte ebenfalls getauft zu werden. Der demutsvolle Johannes weigerte sich dessen im Anfang; denn er sprach: «Ich bedürfte eher, daß ich von dir getauft würde.» Aber Jesus wußte wohl, was er zu tun hatte. Er sprach: «Es ist gerecht, daß ich die Taufe von dir empfange.»

Es wurde aber in jenen warmen Gegenden also gehalten: Wer sich taufen ließ, der tauchte sich ganz unter den Fluß und kam alsdann wieder heraus, anzuzeigen, daß er jetzt gleichsam seine vorige Natur und Beschaffenheit ablege, welcherlei sie war, und daß er jetzt etwas anderes sei und sein wolle, wozu ihn Gott berufen habe, ein neuer Mensch.

Also war Jesus, der Sohn Mariä, getauft von Johannes.

Als Jesus getauft war und aus dem Jordan heraufstieg, alsdann tat sich die Klarheit des Himmels über ihm auf, und Johannes sah den Geist Gottes gleich als eine Taube vom Himmel herabfahren und über ihn kommen. Denn die Taube ist das schöne Sinnbild der Sanftmut und des Friedens. Also kam der Geist Gottes auf Jesum, der ein Geist der Sanftmut und des Friedens ist, und eine Stimme vom Himmel herab sprach: «Dies ist mein lieber Sohn, an dem ich Wohlgefallen habe.»

Das war die Taufe, welche Jesus empfangen hatte.

7
DIE VERSUCHUNG

Die Stimme: «Dies ist mein lieber Sohn» hörte unter andern auch ein Unrechter. Jesus ging von seiner Taufe weg in die Wüste, in eine einsame, unangebaute Gegend. Dahin schlich ihm nach ein böser Geist. Der böse Geist schleicht gerne nach in die Einsamkeit. Als Jesus daselbst vierzig Tage lang aller gewöhnlichen Nahrungsmittel sich enthalten hatte und endlich Hunger fühlte, sprach zu ihm der Böse: «Wenn du Gottes Sohn bist, so sprich, daß diese Steine Brot werden.» Jesus aber sprach zu ihm: «Der Mensch lebt nicht allein vom Brot, sondern von jeglichem Wort, das durch den Mund

MATTH. IV.
Iesus tentatur a Diabolo.
Iesus Christ dans le desert.

Matth. IV. 1.
Jesüs ward von Geist in die Wüsten ge-
führt, aüf daß er von den teüffel versücht
würde, ünd der Versücher tratt zü ihm.

Gottes geht.» – Hernach führte ihn der böse Geist nach Jerusalem oben auf den Tempel und sprach zu ihm: «Wenn du der Sohn Gottes bist, so laß dich hinab.» Dazu führte er noch ein Sprüchlein an und gab ihm eine falsche Deutung. «Es steht geschrieben», sagte er, «Gott wird seinen Engeln befehlen über dir, und sie werden dich auf den Händen tragen, daß du deinen Fuß nicht an einen Stein stößest.» Darauf antwortete ihm Jesus: «Wiederum stehet auch geschrieben, du sollst Gott, deinen Herrn, nicht versuchen», das heißt, der Mensch soll sich nicht im Vertrauen auf Gott in unnötige Gefahr begeben. – Endlich führte ihn der böse Geist auf einen hohen Berg und zeigte ihm, was von den Reichen der Welt und ihrer Herrlichkeit zu sehen war. Er sprach: «Das alles will ich dir geben, wenn du niederfällst und mich anbetest.» Da erkannte Jesus, mit wem er es zu tun habe. Er sprach zu ihm: «Hebe dich weg von mir, Satan! Denn es steht geschrieben: ‹Du sollst anbeten Gott, deinen Herrn, und ihm allein dienen.›» Da verließ ihn der Böse, und die Engel traten zu ihm und dieneten ihm. Wo der Satan weichen muß, dahin kommen die Engel.

Also ward Jesus zur Sünde versucht und hat in der Versuchung obgesiegt und ist gerechtfertigt als der Sohn Gottes.

Merke hiebei: Wer die Sprüchlein der Heiligen Schrift mit Wissen falsch deutet, daß er die Sünde beschönige, der treibt des Satans Werk und böse

Kunst. Wer sein will wie Jesus, der stärkt sich durch die guten Sprüchlein gegen die Sünde und gefällt Gott und den heiligen Engeln wohl.

8
DIE ERSTEN JÜNGER JESU

Johannes sah Jesum wieder zu sich kommen und sprach zu denen, die bei ihm standen: «Siehe, das ist Gottes Lamm, welches der Welt Sünde trägt. Dieser ist es, von dem ich gesagt habe: ‹Nach mir kommt ein Mann, welcher vor mir gewesen ist, denn er war eher als ich.›» – Ein andermal, als er Jesum wieder sah, sprach er zu seinen Jüngern ebenfalls: «Siehe, das ist Gottes Lamm!» Zwei von ihnen begleiteten Jesum bis in seine Wohnung und blieben selbigen Tag bei ihm. Einer von den zweien, mit Namen Andreas, trifft nachgehends seinen Bruder Simon an und spricht zu ihm voll Freude: «Wir haben den Messias gefunden.» Er führte ihn zu Jesus, und Jesus gab ihm einen neuen Namen, Kephas oder Petrus. Kephas und Petrus ist eins. Als Jesus wieder nach Galiläa umkehren wollte, traf er einen namens Philippus an und sprach zu ihm: «Folge mir nach!» Philippus kommt zu Nathanael und verkündet ihm: «Wir haben den gefunden, von welchem Moses und die Propheten geschrieben haben. Er ist Jesus, Josephs Sohn von Nazareth.»

Nazareth muß sonst ein verachteter Ort gewesen sein. Denn als Nathanael den Namen desselben hörte, sprach er: «Was kann von Nazareth Gutes kommen?» Philippus erwiderte ihm: «Komm selber und sieh es.» Kurz oder lange vorher war Nathanael allein unter einem Feigenbaum gesessen. Sei es nun, daß er daselbst ein frommes Gebet verrichtet oder daß er sonst etwas Gutes gedacht oder getan habe, genug, als ihn Jesus gegen sich kommen sah, sprach er von ihm: «Siehe, ein rechtschaffener Israelit, in welchem kein Falsch ist.» Nathanael verwunderte sich über diese Rede und sagte zu ihm: «Woher kennst du mich?» Jesus gab ihm zur Antwort: «Ehe als dich Philippus rief, da du unter dem Feigenbaum warest, sah ich dich.» Darüber verwunderte sich Nathanael noch mehr und sprach: «Rabbi, du bist Gottes Sohn, du bist der König in Israel.» Rabbi aber ist ein Ehrennamen und heißt ungefähr soviel, als wenn man heutzutage sagt: *Herr.* Jesus sprach zu ihm: «Du glaubst nun, weil ich dir gesagt habe, daß ich dich gesehen habe unter dem Feigenbaum. Du wirst aber noch Größeres als das sehen.»

Diese sind nachher seine Jünger geworden, fromme Männer, welche er auserwählte, daß sie Zeugen seiner Lehren und Taten wären und von ihm lernten. Als aber Johannes sah, wie viele Menschen sich von ihm weg zu Jesu wandten, sprach der Demutsvolle: «Meine Freude ist nun erfüllet. Er muß wachsen; ich aber muß abnehmen. Wer von der Erde ist, der ist von der Erde. Der vom Himmel kommt, der ist über alle.»

9
VON DEM REICH GOTTES

Von dieser Zeit an verkündete Jesus das Evangelium von dem Reich Gottes oder von dem Himmelreich, nämlich die gute Botschaft, daß Gott die Menschen liebhabe und sich über sie erbarme, daß er sie durch seinen Sohn von dem Irrglauben und von den Gewohnheiten der Sünde erlösen wolle, daß er sie schon auf der Erde fromm und froh in Gott und selig im Himmel haben wolle. Fromme Menschen sind hier auf der Erde schon im Reich Gottes, fromme Kinder zum voraus.

Einst brachten die Leute Kinder zu Jesu, daß er sie möchte anrühren und segnen. Die Jünger wehrten anfänglich den Leuten ab. Als es aber Jesus sah, sprach er zu ihnen: «Lasset die Kindlein zu mir kommen und wehret ihnen nicht, denn solcher ist das Himmelreich. Wahrlich, ich sage euch, wer das Reich Gottes nicht empfähet wie ein Kindlein, der kommt nicht hinein.» Als er dieses gesagt hatte, drückte er die Kinder an sein liebevolles Herz, legte die Hände auf sie und segnete sie.

Mehr als einmal sprach er zu dem Volk und zu seinen Jüngern: «Werdet wie die Kinder», nämlich wie die guten.

«Hütet euch», sprach er, «auch, daß ihr keines von diesen Kleinen irremachet oder zur Sünde verführet, die an mich glauben, denn ich sage euch, ihre Engel im Himmel sehen allezeit das Angesicht meines Vaters im Himmel.» Ferner: «Wer ein solches Kind aufnimmt in meinem Namen, der nimmt mich auf.»

Was sagt hierzu mein Herz? Ich will Jesum wieder lieben, der also die Kinder liebhat und segnet. Ich will seine Ermahnungen zur Gottseligkeit kindlich befolgen und mich seiner schönen Verheißungen erfreuen. Ich will meine Unschuld bewahren, daß ich mein Leben lang und ewig in dem heiligen und seligen Reich Gottes bleibe, in welchem ich bin. Mein Engel im Himmel sieht allezeit das Angesicht seines Vaters im Himmel.

Von dem Jordan ging Jesus hinweg nach Jerusalem auf das Osterfest, wie einst seine Mutter ihn gelehrt hatte. Gute Mutterlehre geht dem Herzen nicht verloren. Damals kam zu ihm ein Mann in der Nacht, mit Namen Nikodemus, ein vornehmer und gelehrter Mann. Er war aufmerksam auf Jesum geworden. Er wollte ihn genauer kennenlernen. Er hatte die Ahnung, daß er derjenige sei, welchen Gott bestimmt hatte, daß er die Menschen von dem Irrtum und von der Sünde befreien sollte. Er sprach zu ihm: «Wir wissen, daß du ein Lehrer bist, den Gott gesendet hat. Denn niemand kann die Zeichen tun, die du tust, es sei denn Gott mit ihm.» Jesus redete mit ihm ebenfalls von dem Reich Gottes und wie man gleichsam von neuem geboren und wieder ein Kind werden müsse an Liebe und Vertrauen. Zum Abschied und Andenken gab ihm Jesus nachher das schöne Sprüchlein: *«Also hat*

Gott die Welt geliebet, daß er seinen eingebornen Sohn gab, auf daß alle, die an ihn glauben, nicht verloren werden, sondern das ewige Leben haben.»

Auch dieses ist eine Beschreibung des Reiches Gottes mit andern Worten.

Nikodemus hielt von dieser Zeit an Jesum in Ehren und war wohl einer von seinen getreuen Anhängern, wiewohl in der Stille.

10
DAS WEIB VON SAMARIA

Jesus kehrte hierauf von Jerusalem wieder nach Galiläa in seine Heimat zurück. Nach Jerusalem kam er nur zu den hohen Festen und zu seinem Tod.

Auf der Reise, als er durch das Land Samaria zog, nahe bei der Stadt Sichar, setzte er sich an einen Brunnen, der noch von Jakobs Zeiten her berühmt war, und war allein. Seine Jünger kauften Speise in der Stadt. Indem kommt aus der Stadt ein verständiges und merksames Weib, Wasser zu schöpfen aus dem Brunnen. Jesus wollte ihr Gelegenheit geben, ihr Herz zu einer Rede gegen ihn zu öffnen. Er sprach: «Gib mir zu trinken.» Denn weil der Brunnen tief war, mußte man ein Gefäß zum Schöpfen haben, und das Weib hatte ein solches mitgebracht. Das Weib wunderte sich, daß sie Jesus um eine Gefälligkeit ansprach, weil zwischen den Juden und Samaritern von alten Zeiten her keine Gemeinschaft war. Aber Jesus war nicht so. Er sprach zu ihr: «Wenn du wüßtest, wer der ist, der mit dir redet, du würdest ihn bitten, daß er dir lebendiges Wasser gebe.» Wie das Wasser zur Stärkung und Erquickung des leiblichen Lebens getrunken wird, also bot ihr Jesus Stärkung und Erquickung für die Seele an. Die Frau sprach mit redseliger Antwort: «Bist du mehr als unser Vater Jakob, der uns diesen Brunnen gegeben hat, und er hat daraus getrunken und seine Kinder und sein Vieh?» So hatte sie von ihren Eltern gehört. Es ist schön, daß man das Andenken der Vorfahren ehrt und die Eltern den Kindern sagen, wo sie gelebt und was sie gestiftet haben. Der heimatliche Boden wird sozusagen heilig dadurch. Jesus redete weiter mit der Frau: «Wer des Wassers trinkt, das ich ihm gebe, den wird ewig nicht dürsten, sondern es wird ihm ein Brunnen werden, der in das ewige Leben quillt.» Das Weib wollte ihn noch nicht recht verstehen. Jesus sagte zu ihr: «Rufe deinen Mann her.» Das Weib sprach: «Ich habe keinen Mann.» Er erwiderte ihr: «Du hast recht gesagt. Fünf Männer hast du gehabt, und der, welchen du nun hast, der ist nicht dein Mann.» Das kann nämlich heißen, daß er nicht sei, wie ein Mann gegen seine Frau sein soll, und daß es so gut sei, als wenn er nicht ihr Mann wäre. An dieser Rede erkannte sie, daß Jesus kein gewöhnlicher Mensch sei. Sie sagte: «Herr, ich sehe, daß du ein Prophet bist.» Eine andere hätte jetzt ein paar eigennützige oder vorwitzige Fragen an ihn getan.

IOAN. IV.

Colloquium Christi cum Samaritana.

L'Entretien de Iesus avec la Samaritaine.

Joh. IV. 7.

Ein, Weib von Samaria kombt zu dem Ja=
cobs=Brunn, dar auf sich Jesus sazte, und
Jesus spricht zu ihr; gib mir trinken. 55

Aber sie hatte etwas Wichtigeres auf dem Herzen; sie sprach: «Unsere Väter haben auf diesem Berge gebetet, und Ihr saget, Jerusalem sei der Ort, wo man Gott anbeten soll.» Jesus sprach: «Es kommt die Zeit, wo ihr nicht auf diesem Berg und nicht in Jerusalem Gott anbeten werdet, sondern die wahrhaftigen Anbeter werden den Vater im Geist und in der Wahrheit anbeten. Denn Gott ist ein Geist, und die ihn anbeten, die müssen ihn im Geist und in der Wahrheit anbeten.» Das ist schon ein Tröpflein des Wassers, das die Seele erquickt und in das ewige Leben fließt: «Gott ist der Vater aller Menschen. Er ist Überall. Man kann ihn überall ehren. Jedes Gebet ist ihm angenehm, wenn es aus dem Herzen geht und aufrichtig gemeint ist.» Das Weib sprach: «Wenn der Messias kommt, der wird uns alles lehren.» Sie wußte nicht, daß der nämliche, der mit ihr redete, es sei. Man wartet oft noch auf Gottes Gnade, wenn sie schon da ist. Jesus sprach: «Ich bin es, der mit dir redet.» Unterdessen kamen die Jünger und brachten Speise. Aber das Herz Jesu war so erfreut über diese Gelegenheit, an einer Seele etwas Gutes zu tun, daß er nicht essen wollte. «Meine Speise», sprach er, «ist die, daß ich den Willen tue dessen, der mich gesandt hat.» Unterdessen war das Weib in die Stadt geeilt und kam wieder zurück mit vielen Einwohnern. Als diese Jesum sahen und hörten, glaubten viele an ihn, daß er sei der Welt Heiland. Ja, sie baten ihn, daß er bei ihnen bleiben möchte.

Wer die Wahrheit redlich sucht, der findet sie. Wo die Wahrheit redlich gesucht wird, da verschwindet der Religionshaß. Denn die wahrhaftigen Anbeter beten den Vater im Geist und in der Wahrheit an.

Jesus blieb zwei Tage lang bei ihnen.

II
DIE PREDIGT IN NAZARETH

Als Jesus wieder in Nazareth war, ging er in die Schule. Damit ist jedoch keine Kinderschule gemeint. Wiewohl, Jesus ist auch in den Kinderschulen. *Wo zwei oder drei versammelt sind in seinem Namen, da ist er mitten unter ihnen.* In jenen Schulen aber kamen die Erwachsenen zusammen am Sabbattag und lasen in den Büchern des Gesetzes und der Propheten und redeten darüber. Jesus stand auf und wollte lesen und las in dem Buche des Propheten Jesaias: «Der Geist des Herrn ist über mir, darum hat mich der Herr gesalbet. Er hat mich gesandt, den Elenden zu predigen, die verwundeten Herzen zu verbinden, zu predigen den Gefangenen eine Erledigung, den Gebundenen eine Befreiung, zu predigen ein gnädiges Jahr des Herrn.»

Über diesen Text redete er mit ihnen. Unter anderm sagte er: «Diese Schrift ist heute von euch erfüllt», anzuzeigen, daß er derjenige sei, in dessen Namen der Prophet gesprochen habe.

Darüber hätten sie sich billig freuen sollen, daß der bei ihnen klein war und groß wuchs, den Gott zum Heiland der Menschen geheiligt hatte. Sie hätten billig die ersten sein sollen, welche ihn als den Heiland anerkannten und liebten, weil er als frommes Kind unter ihren Augen aufgewachsen war. Anfänglich wunderten sie sich auch über seine holdselige Rede. Aber zuletzt sagten sie ganz kaltsinnig: «Ist er nicht Josephs Sohn?» Diese suchten nicht redlich die Wahrheit. Sie hatten keinen Glauben an ihn, weil er ihnen zu bekannt war. Jesus sprach daher: «Kein Prophet ist angenehm in seinem Vaterland.» – Zuletzt wollten sie ihn sogar töten. – Solche große Verachtung taten die Einwohner von Nazareth sich selbst an, daß sie glaubten, ein Mann, der bei ihnen aufgewachsen war und den sie so gut kennen, könne kein Prophet sein, er müsse wenigstens von Jerusalem kommen. Wer sich selbst und seine Heimat verachtet, ist nicht auf rechtem Weg. Jesus verließ die Stadt Nazareth und ging nach Kapernaum. Also ward er sogleich im Anfang aufgenommen und geliebt von den fremden Samaritern und verworfen von den Bekannten in Nazareth, wie noch geschieht. Viele, die ihm ferne sind, suchen und finden ihn. Viele, die ihm nahe sind, verachten den Sohn Josephs.

12
MENSCHENFREUNDLICHE HANDLUNGEN JESU

Jesus hatte von Gott auch wundersame Gaben erhalten, kranke und gebrechliche Menschen durch sein Wort gesund zu machen, auch andere wohltätige und erfreuliche Taten auszuüben, die kein Mensch sonst auszuüben imstande ist, daß man erkennen sollte, wer er sei und wer ihn gesendet habe.

Es kam ihm aus Kapernaum ein Mann entgegen und bat ihn, daß er doch mit ihm gehen und seinem kranken Sohne helfen wollte. Er hatte einen todkranken Sohn zu Hause. Jesus sprach zu ihm: «Gehe hin! Dein Sohn lebt.» Während als der getröstete Vater auf dem Heimweg war, kamen ihm schon seine Knechte mit der Botschaft entgegen, daß sein Sohn genesen sei. Es war in der nämlichen Stunde besser mit ihm geworden, als Jesus zu dem Vater sagte: «Dein Sohn lebt.»

Kapernaum liegt am See Genezareth. Eines Morgens standen einige Fischer an dem See, die ihre Netze reinigten. Es war der nämliche Simon Petrus und Andreas, sein Bruder, welche mit Jesus an dem Jordan waren bekannt geworden, ferner Johannes und Jakobus, die Söhne Zebedäi, und ihre Schifflein standen an dem See. Aber von Fischen war darin nichts zu sehen. In eines derselben stieg Jesus und befahl Simon Petrus, dem das Schifflein zugehörte, daß er ein wenig von dem Land wegführe, daß Jesus bequemer mit den Leuten reden könnte, welche ihm nachfolgten. Als er ausgeredet hatte, befahl er dem Simon, weiter in den See hineinzufahren und die Netze auszuwerfen. Es gefiel Jesu, daß Simon so bereitwillig gewesen war, ihn in das Schifflein aufzunehmen. Er wollte ihm eine Wohltat erweisen. Simon sprach: «Meister, wir haben die ganze Nacht gearbeitet und nichts gefangen. Aber auf dein Wort will ich das Netz auswerfen.» Diese Gutmütigkeit und dies Vertrauen gefiel Jesu noch besser. Als Simon das Netz wieder aus dem Wasser ziehen wollte, war er nicht stark genug, so viele Fische waren darin. Er rief seinen Freunden, dem Johannes und Jakobus, daß sie auch mit ihrem Schifflein kämen und ihm hülfen. Die Fische hatten in beiden Fahrzeugen kaum Platz. Als das Petrus sah, fiel er vor Jesus nieder und sprach: «Herr, gehe von mir hinaus! Ich bin ein sündiger Mensch!» Diese Demut gefiel Jesu noch am besten. Er sprach zu Petrus: «Fürchte dich nicht!» Ja, er sagte ihm, daß er noch viele Menschen zu Gott bekehren werde.

Das sind die Tugenden, die zu Jesu und zu seiner Nachfolge führen, guter Wille, Vertrauen und Demut, die aus der Erkenntnis der Sünde entspringt.

Petrus und sein Bruder Andreas, Jakobus und sein Bruder Johannes folgten Jesu nach. Er liebte sie, und sie waren von dieser Zeit an fast immer bei ihm.

Jesus ist nicht arm an Wohltaten. Wer sich ihm mit treuem Herzen ergeben hat, der hat es nie zu bereuen. Seine Barmherzigkeit ist täglich neu. Als er in das Haus des Petrus kam, fand er eine neue Gelegenheit, bekümmerte Gemüter zu trösten. Die Schwiegermutter des Petrus lag krank darnieder. Jesus griff ihre Hand an, da verließ sie die Krankheit. Sie stund auf wie ein Gesunder und diente ihm.

13
HEILUNG EINES GICHTBRÜCHIGEN

Einst brachten sie einen gichtbrüchigen Menschen auf einem Tragbettlein zu Jesu, daß er ihn heilte. Der arme Mensch war so krank, daß er nicht gehen konnte. Als sie aber mit ihm an das Haus kamen, in welchem Jesus sich befand, waren daselbst so viele Leute versammelt, und es standen so viele vor dem Eingang des Hauses, daß ihn die Träger unmöglich hineinbringen konnten. Deswegen trugen sie ihn auf das Dach und ließen ihn durch das Dach herab, daß er zu dem Herrn käme, ob er ihn heilen möchte. Wie kann man einen kranken Menschen auf einem Tragbett auf ein Dach bringen, wenn so viele Leute vor dem Hause stehen, daß man nicht zur Türe hineinkommen kann? Antwort: Die Dächer lagen damals, wie noch heutzutage in heißen Gegenden, flach und eben über den Häusern und waren nicht mit der jetzt gewöhnlichen Art von Ziegeln gedeckt. Der

Raum war mit einer Brustwehr eingefaßt. Man kam daselbst zusammen, man verrichtete Geschäfte, man verrichtete sein Gebet daselbst. Es führten auch wohl an einer Nebenseite des Gebäudes Treppen von außen hinauf. Dazu waren die Häuser meistens sehr niedrig gebaut. Aber auf einer solchen Treppe konnte der Kranke ohne ungewöhnliche Mühe auf das Dach oder den sogenannten Söller und von da in das Haus gebracht werden, und verständige Kinder wollen etwas nicht sogleich für unmöglich halten, weil sie es aus Mangel an gehörigen Kenntnissen dazu nicht geschwind begreifen können. Sonst wäre noch vieles unmöglich, was doch täglich geschieht. Als aber der Kranke auf solchem Weg zu Jesu gebracht wurde und der Herr dieses Vertrauen sah, sprach er zu ihm: «Mensch, deine Sünden sind dir vergeben.» Etliche andere, die es hörten, sahen einander an, als ob sie sagen wollten: «Wie kann ein Mensch Sünden vergeben? Wer kann Sünden vergeben als Gott?» Jesus fragte sie: «Was ist leichter zu sagen, dir sind deine Sünden vergeben, oder zu sagen, stehe auf und wandle?» Jedermann mußte denken, zu *sagen* sei es leichter: «Dir sind deine Sünden vergeben», aber *schwerer* sei es zu sagen: «Stehe auf und wandle», weil es sich zeigen müsse, ob es auch geschieht. Jesus sagte daher: «Damit ihr nun sehet, daß des Menschen Sohn Macht hat auf Erden, Sünden zu vergeben – stehe auf», sprach er zu dem kranken Menschen, «hebe dein Bett auf und gehe heim!»

Der Kranke stand auf und preisete Gott; denn er war durch das Wort Jesu genesen. Er trug selbst sein Bett heim, auf welchem er vorher mußte getragen werden, weil er nicht mehr gehen konnte.

14
MATTHÄUS

Jesus ging an einer Zollstätte vorbei. An der Zollstätte saß ein Mensch mit Namen Matthäus, sonst auch Levis genannt, und war ein Zöllner. Diese Art Menschen war den Juden sehr verhaßt, besonders auch um deswillen, weil sie wegen ihres Geschäftes viel Verkehr mit den Heiden, mit den Römern hatten. Aber es gibt unter allen Ständen Leute, welche für das Reich Gottes geschickt sind. Matthäus war ein solcher, und Jesus verachtet niemand, er weiß die guten Menschen überall zu finden. Er sprach zu dem Zöllner mit freundlichem Blick und Wort: «Folge mir nach!» Dem Zöllner tat das freundliche Wort so wohl. Er verließ die Zollstätte und folgte Jesu nach. Selbigen Abends ladete Matthäus Jesum zum Essen ein. Zu dem Essen kamen auch andere Zöllner, gute Bekannte des Matthäus, auch Sünder, wie man sie nannte, das heißt: Heiden. Daran hatten die Pharisäer ein großes Mißfallen. Es waren die Pharisäer eine Sekte unter den Juden und hielten gar viel auf gewisse äußerliche Gesetze und Gebräuche und sonderten sich von allen Menschen ab, welche nicht so waren wie sie, als wenn sie durch den Umgang mit ihnen verunreinigt würden. Es waren manche fromme und achtungswerte Menschen unter ihnen. Aber die meisten meinten, das sei die Frömmigkeit, daß man die Gebräuche beobachte und heilig aussehe. Es waren bösartige, gefährliche Heuchler voll Stolz und Verdammungssucht. Alle Heuchler sind gefährliche Menschen. Als nun diese bösartigen Pharisäer Jesum bei dem frommen Zöllner sahen und andere Zöllner mit ihnen, taten sie den Jüngern des Herrn einen Vorhalt darüber: «Warum ißt und trinkt euer Meister mit den Zöllnern und Sündern?» Jesus aber, als er es hörte, gab ihnen die gerechte und schöne Antwort: «Weil die Gesunden des Arztes nicht bedürfen, sondern die Kranken, weil ich gekommen bin, die Sünder zur Besserung zu rufen, nicht die Gerechten.»

Ein andermal sahen die Pharisäer, daß die Jünger Jesu aßen und nicht vorher die Hände gewaschen hatten, deswegen sprachen sie zu Jesu: «Warum waschen deine Jünger die Hände nicht, ehe sie essen?» Säuberlichkeit und Waschen, wenn man es nötig hat, ist eine gute Sache und steht besonders auch den Kindern schön an. Aber bei den Pharisäern war es nur ein abergläubischer Gebrauch. Sie sagten, der Mensch wird unrein, wenn er unreine Speise ißt, und die Speise wird unrein, wenn man nicht zuerst die Hände wäscht, es mag sonst nötig sein oder nicht. Jesus aber sprach zu ihnen: «Die Speise, die in den Menschen hineingeht, kann ihn nicht verunreinigen. Aber die bösen Gedanken, welche inwendig sind und aus dem Herzen herauskommen, die verunreinigen den Menschen.»

Schaffe in mir, Gott, ein reines Herz!

Es war unter den Juden auch noch eine andere Sekte in den Tagen Jesu, die Sadduzäer. Sie waren fast in allem den Pharisäern entgegen. Zwar hielten sie das Gesetz Mosis in Ehren und lehrten, daß man nur in der Tugend die Ruhe und den Frieden des Herzens finden könne; die Satzungen und Gebräuche der Pharisäer verachteten sie. Auch wollten sie nichts von den Engeln wissen und behaupteten, nach dem Tode sei alles aus; die unglücklichen Menschen! Wiewohl Jesus hatte nicht so viel mit ihnen zu schaffen als mit den Pharisäern. Sie verursachten ihm nicht so viel Anfechtungen als diese.

15
DER KRANKE ZU BETHESDA

Als einst Jesus wieder in Jerusalem auf einem Fest war, besuchte er an einem Sabbattag unter andern auch die Hallen des heilsamen Bades zu Bethesda. Da saßen und lagen unaufhörlich viele Kranke von aller Art, Blinde, Lahme, Abgezehrte, und warteten auf die Bewegung des Wassers. Denn dieses Bad war nicht immer gleich kräftig und heilsam, sondern nur zu gewissen Zeiten bewegte ein Engel das Wasser.

Sobald nun das Wasser bewegt wurde und wallete, augenblicklich gingen die Kranken hinein, oder wer nicht gehen konnte, der hatte einen Sohn oder einen Bruder oder einen Freund, der ihm hineinhalf, daß er gesund werde, denn wer zu rechter Zeit hineinkam, der wurde gesund. Nur ein armer kranker Mann hatte niemand. Er lag schon achtunddreißig Jahre an diesem Ort und nährte sich unterdessen ohne Zweifel von Almosen. Aber zu dem Köstlichsten, was ein Mensch haben kann, zur Gesundheit, half ihm niemand. Es waren immer andere da, und das Bad hatte nur fünf Abteilungen oder Hallen. Arme Menschen haben im Unglück wenig Freunde auf der Erde, aber einen im Himmel. Gott weiß jedem seine Zeit. Jesus fragte den kranken Menschen: «Willst du gesund werden?» Der Kranke dachte nicht daran, daß seine Freudenstunde so nahe sei. Er meinte, dieser freundliche fremde Mann, den er nicht kannte, wolle nur auch etwas mit ihm reden, wie leutselige Menschen zu tun pflegen. «Herr», sagte er, «ich habe keinen Menschen, wenn das Wasser sich bewegt, der mir hineinhelfe, und bis ich komme, so steigt schon ein anderer vor mir hinein.» Darauf sprach Jesus zu ihm voll Güte und Erbarmen: «Stehe auf! Nimm dein Bett mit dir und gehe hin!» Da schwanden auf einmal ohne das Wasser und ohne den Engel alle Schmerzen aus den Gliedern des lange geprüften Mannes. Da drang wieder das erquickende Gefühl des Wohlseins und der Kraft durch sein ganzes Wesen. Er stand auf, gesund und stark, nahm sein Bett und ging fort.

IOAN . V.

Homo 38. años in infirmitate sua habens sanatur.

Lhome 38. ans malade gueri .

Joh . V. 6.

Es war ein Mensch bey dem Teich Bethesda 38. jahr kranck gelegen da Jesus denselben sahe sprach er zu jhm wiltu gesund werden .

Gutgesinnte Menschen freuen sich jetzt noch über die unverhoffte Rettung, die diesem armen Menschen widerfahren ist, und haben Jesum lieb dafür. Sie sagen, das sei eine schöne gottgefällige Feier eines heiligen Tages, daß man unglückliche Menschen besuche und ihnen Trost und Hilfe bringe. Die Juden aber, als der Genesene mit seinem Bett durch das Volk ging, sagten zu ihm: «Weißt du nicht, daß heute Sabbat ist? Es ziemt dir nicht, am Sabbat das Bett zu tragen.» Es war nämlich durch ein Gesetz des Moses verboten, an einem solchen Tag eine Last zu tragen. Aber hier ist mehr als Moses! Der Genesene antwortete ihnen: «Der mich gesund gemacht hat, der sprach zu mir: ‹Nimm dein Bett und gehe hin!›» Er meinte auch, so einer könne ein Wort mehr reden, aber wer es war, konnte er ihnen nicht sagen. Nachher aber fand ihn Jesus im Tempel wieder und sprach zu ihm, als wenn er vorher etwas vergessen hätte oder weil er es ihm nicht vor den Leuten sagen wollte: «Siehe zu», sprach er, «du bist nun gesund worden, sündige hinfort nicht mehr, daß dir nicht etwas Ärgeres widerfahre.» Denn der Genesene hat sich seine lange schmerzhafte Krankheit durch eine Sünde zugezogen. Die Sünde bringt nichts Gutes. Als nun die Juden erfuhren, daß es Jesus gewesen sei, verfolgten sie ihn und wollten ihn töten, weil er solches getan hatte an einem Sabbattag. Unter einem so verkehrten Geschlechte lebte der fromme Menschensohn. Jesus sprach hierauf zu ihnen: «Mein Vater ist unaufhörlich wirksam, nämlich auch am Sabbattag, und ich bin es auch. Was der Vater tut, das tut auch der Sohn.»

Die Juden trachteten nun noch mehr, ihn zu töten, weil er Gott seinen Vater nannte und sich ihm gleichmachte. Aber Jesus fuhr fort, sich zu rechtfertigen, daß der Vater den Sohn liebe und ihm alles übergeben habe, auf daß alle den Sohn ehren, wie sie den Vater ehren, der ihn gesandt hat. «Wundert euch des nicht», sagte er, «denn es kommt die Stunde, in welcher alle, die in den Gräbern sind, werden seine Stimme hören, und werden hervorkommen, die Gutes getan haben, zur Auferstehung des Lebens; die aber Böses getan haben, zur Auferstehung des Gerichts. Wahrlich, ich sage euch, wer meinen Worten Gehör gibt und glaubt dem, der mich gesandt hat, der kommt nicht in das Gericht, sondern er ist vom Tod zum Leben hindurchgedrungen.» Hierauf ließen die Juden von ihm ab, obgleich er ihnen noch mit kräftigem Wort ihre Untugend vorhielt; denn seine Stunde war noch nicht da.

16
DIE ZWÖLF APOSTEL

Der Herr gewann immer mehr Jünger, und wo er sich sehen ließ, versammelte sich um ihn eine große Menge von Menschen aus allen Orten des Landes. Viele brachten ihm ihre Kranken, daß er sie heilte, und ihren Kummer, daß er sie tröstete. Viele wollten auch seine holdseligen Reden hören und von ihm lernen, wie man fromm und selig wird. Wo er hinging, begleiteten sie ihn. Aber oft entzog er sich den Augen des Volks und der Jünger, daß er allein wäre und mit Gott redete. Einst, als er eine ganze Nacht allein auf einem Berg zugebracht und gebetet hatte, am Morgen darauf, als sich seine Jünger wieder um ihn versammelten, wählte er zwölf von ihnen, welche er wollte, nach der Zahl der Stämme in Israel. Diese sollten von nun an, soviel als möglich, immer um ihn sein und alle seine Taten sehen und alle seine Reden hören und noch besonders von ihm lernen, daß sie recht durchdrungen würden von seiner heiligen Lehre und von seiner Liebe und daß sie nach seinem Tode in die Welt ausgingen und seine Zeugen würden bei der Nachwelt und viele Menschen in das Reich Gottes führten, weshalb er sie auch Apostel nannte, das heißt: Gesandte.

Die Namen aber der zwölf Apostel sind: Simon, genannt Petrus, und Andreas, sein Bruder, Jakobus und Johannes, die Söhne Zebedäi, Philippus und Bartholomäus, welches Nathanael ist, der nämliche, welcher einst fragte: «Was kann aus Nazareth Gutes kommen?», zu welchem Philippus sprach: «Komm und siehe es!» Dies sind sechse. Der siebente ist Matthäus, den Jesus von der Zollstätte rief, lauter bekannte Männer, zu denen wir bereits eine Liebe haben. Der achte heißt Thomas, der neunte Jakobus, des Alphäus Sohn, der zehnte Judas mit dem Zunamen Thaddäus, der elfte Simon von Kana. Diese haben sich gleich den übrigen, jeder in seiner Stunde und bei der Gelegenheit, die Gott ihm gab, zu Jesu gewendet und sind ihm treu geblieben bis in den Tod.

Mancher Knabe, der auch Simon oder Andreas, Jakobus oder Johannes, Philippus oder Thomas heißt, wird erinnert, daß er seinen Namen zum Andenken und zur Ehre eines heiligen Apostels trage und gleichermaßen Jesu Christo mit Liebe und Gehorsam bis in den Tod treu bleiben soll, dem Herrn der Apostel.

Der zwölfte Jünger heißt Judas mit dem Zunamen Ischariot. Man muß ihn auch nennen.

17
DIE BERGPREDIGT

Als einst viel Volk bei Jesu versammelt war, ging er mit seinen Jüngern auf einen Berg und lehrte das Volk und gab ihm Ermahnungen zur Gottseligkeit.

Folgendes sind einige Sprüche zur Gottseligkeit aus der Rede Jesu, Lehren des Himmelreichs, lebendiges Wasser, das in das ewige Leben quillt:

«Selig sind, die reines Herzens sind, denn sie werden Gott schauen.

Selig sind die Friedfertigen, denn sie werden Gottes Kinder heißen.

Selig sind die Barmherzigen, denn sie werden Barmherzigkeit erlangen.

Ich sage euch, daß ihr nicht schwören sollt.

Eure Rede sei: Ja, Ja, Nein, Nein; was darüber ist, das ist vom Übel.

Liebet eure Feinde; segnet, die euch fluchen; tut wohl denen, die euch hassen; bittet für die, so euch beleidigen und verfolgen, auf daß ihr Kinder seid eures Vaters im Himmel. Denn er läßt seine Sonne aufgehen über Böse und über Gute und läßt regnen über Gerechte und Ungerechte. Darum sollt ihr vollkommen sein, gleichwie euer Vater im Himmel vollkommen ist.

Wenn du Almosen gibst, so laß deine linke Hand nicht wissen, was deine rechte tut.

Wenn du betest, so gehe in dein Kämmerlein und schließe die Türe zu und bete zu deinem Vater im Verborgenen, und dein Vater, der in das Verborgene sieht, wird dir's vergelten öffentlich. Wenn ihr betet, sollt ihr nicht viel plappern wie die Heiden, denn sie meinen, sie werden erhöret, wenn sie viel Worte machen. – Darum sollt ihr auch ihnen nicht gleichen. Euer Vater weiß, was ihr bedürfet, ehe denn ihr ihn bittet.

So ihr den Menschen ihre Fehler vergebet, so wird euch euer himmlischer Vater auch vergeben. Wo ihr aber den Menschen ihre Fehler nicht vergebet, so wird euch euer Vater eure Fehler auch nicht vergeben.

Ihr sollt euch nicht Schätze sammeln auf Erden, da sie die Motten und der Rost fressen und da die Diebe nachgraben und stehlen. Sammelt euch aber Schätze im Himmel, da sie weder Motten noch Rost fressen und da die Diebe nicht nachgraben noch stehlen. Denn wo euer Schatz ist, da ist euer Herz.

Sehet die Vögel unter dem Himmel an! Sie säen nicht, sie ernten nicht, sie sammeln nicht in die Scheuern, und euer himmlischer Vater nährt sie doch. Schauet die Blumen auf dem Felde, wie sie wachsen! Sie arbeiten nicht, auch spinnen sie nicht, und doch ist Salomon in aller seiner Herrlichkeit nicht gekleidet gewesen wie eine derselben. Wieviel mehr wird denn Gott für euch sorgen, ihr Kleingläubigen!

Trachtet am ersten nach dem Reich Gottes und nach seiner Gerechtigkeit, so wird euch solches alles zufallen.

Richtet nicht, auf daß ihr nicht gerichtet werdet. Denn mit welcherlei Gericht ihr richtet, werdet ihr gerichtet werden, und mit welcherlei Maß ihr messet, wird euch gemessen werden.

Bittet, so wird euch gegeben, suchet, so werdet ihr finden, klopfet an, so wird euch aufgetan. Denn wer da bittet, der empfähet, und wer da suchet, der findet, und wer da anklopfet, dem wird aufgetan.

Alles, was ihr wollt, daß euch die Leute tun sollen, das tut ihr ihnen auch. Das ist das Gesetz und die Propheten.

Es werden nicht alle, die zu mir sagen: ‹Herr, Herr!›, in das Himmelreich kommen, sondern die den Willen tun meines Vaters im Himmel.»

Jesus, der sein Geschlecht und sein Volk so sehr liebte, gab bei dieser Gelegenheit seinen Zeitgenossen auch noch andere Ermahnungen und Lehren der Klugheit, bei welchen man an die damaligen Umstände denken muß. Der Arme fand damals vor den Richterstühlen kein Recht und keinen Schutz. Ja, er setzte sich oft den größten Gefahren und Mißhandlungen aus, wenn er es nur wagte zu klagen, zumal gegen einen Heiden vor dem heidnischen Gericht. Jesus warnt davor seine Zuhörer: «So jemand mit dir richten will um deinen Rock, so laß ihm auch den Mantel, oder wenn er dich nötigen will, eine Meile weit mit ihm zu gehen, so gehe mit ihm zwei, oder wer dich schlägt auf den rechten Backen, dem biete auch den linken dar.» Das heißt: «Laß dir lieber alles Unrecht gefallen, ehe du vor den Richter gehst.» Aber nicht alles, was Jesus seinen Zeitgenossen sagt, gilt auch für alle Menschen und für alle Zeiten. Wiewohl Sanftmut, Nachgiebigkeit mit Ehre und Klugheit ist in allen Zeiten zu empfehlen, und schon mancher, welchem die Streitsucht oder die Eigennützigkeit oder die Rachbegierde nicht erlauben wollte, einmal ein Unrecht zu ertragen, hat sich dadurch in das größte Unglück gestürzt. Ein Körnlein Goldes ist in allem, was Jesus gesprochen hat, für den, der es suchen und erkennen mag.

18
DER HAUPTMANN ZU KAPERNAUM. DER JÜNGLING ZU NAIN

Jesus fuhr fort, wohltätige Handlungen zu verrichten an allerlei unglücklichen Menschen.

Es lebte in Kapernaum ein römischer Hauptmann, ein Heide, der einen todkranken Knecht hatte, und hielt seinen Knecht wert. Dieser brave Mann scheute sich, Jesum selbst um eine Wohltat anzusprechen, eben weil er ein Fremder im Lande und ein Heide war. Er hielt sich dessen nicht für würdig und war es doch viel mehr als so manche, die den rechten Glauben haben wollen und doch ihr armes Gesinde in der Krankheit verderben lassen. Er bat daher die Ältesten von der Stadt um ein gutes Wort für ihn. Die Ältesten sprachen zu Jesu: «Er ist es wert, daß du ihm diese Wohltat erweisest. Denn er hat uns lieb und hat uns unsere Schule erbaut.» Ein so schönes Zeugnis gaben diesem Fremdling die Juden, die sonst alle Fremdlinge haßten. Jesus, der Menschenfreund, der jedem frommen Gemüt so gut war, ging augenblicklich mit den Ältesten und war schon nahe an dem Hause des Hauptmanns. Da schickte ihm der brave Mann eilig einige seiner Freunde entgegen und ließ ihm sagen: «Ich bin nicht würdig, daß du unter mein Dach gehest. Du darfst ja nur ein Wort sprechen, so ist mein Knecht gesund.» Er glaubte ohne Zweifel, Jesus würde nicht gerne in das Haus eines

Heiden gehen. Diese feine Denkungsart und dieses Vertrauen erkannte Jesus mit Wohlgefallen. Er sprach zu dem Volk, das ihn begleitete: «Solchen Glauben habe ich in Israel nicht gefunden. Aber es werden viele kommen», sagte er, «von Morgen und von Abend (die nicht von Abraham abstammen), und werden doch mit Abraham, Isaak und Jakob im Himmelreich sein.» Dem braven Hauptmann aber ließ er sagen: «Dir geschehe, wie du geglaubt hast.» Er hatte recht geglaubt. Sein Knecht ward gesund in der nämlichen Stunde.

Einst als er zu einer Stadt mit Namen Nain kam, eben trugen sie einen toten Jüngling hinaus, den einzigen Sohn einer Witwe, und meinten, sie tragen ihn auf den Begräbnisplatz. Nein, sie trugen ihn nur Jesu entgegen. Als Jesus die weinende Mutter sah, die ihr Einziges und Bestes und Letztes, ihren Sohn, zu seinem Grabe begleiten wollte, jammerte ihn derselbigen. Er sprach zu ihr: «Weine nicht!» Er rief dem toten Knaben zu: «Ich sage dir, stehe auf!» Da richtete sich der Tote auf und redete, und Jesus gab ihn seiner Mutter wieder.

19
DIE SCHICKSALE JOHANNES DES TÄUFERS

Aber warum kommt Johannes der Täufer so lange nicht mehr zum Vorschein? Johannes der Täufer kommt nicht mehr zum Vorschein. Herodes, der König, fand ein unerlaubtes Wohlgefallen an Herodias, der Ehefrau seines leiblichen Bruders Philippus, und verehelichte sich mit ihr, als Philippus, ihr rechtmäßiger Eheherr, noch lebte. Da trat zu ihm Johannes, der fromme und unerschrockene Mann, und sprach zu ihm mit wenigen, aber schweren Worten: *«Es ist nicht recht, daß du sie hast.»* Wegen dieser Rede ließ Herodes den frommen Johannes binden und in das Gefängnis legen auf Anstiften seiner Frau. Denn es ist ein schweres Wort: «Was du tust, ist nicht recht», wer es hören muß und wen es angeht und wer nichts darauf antworten kann.

Als aber Johannes im Gefängnis die Werke Christi hörte, sandte er zwei von seinen Jüngern zu ihm und ließ ihn fragen: «Bist du, der da kommen soll, oder sollen wir eines andern warten?» Die Jünger Johannis kamen zu rechter Zeit, nachdem Jesus viele Kranke geheilt und den Jüngling von Nain von den Toten auferweckt und viele bekümmerte Gemüter mit dem Troste des Evangeliums erquickt hatte. Jesus antwortete ihnen auf ihre Frage nicht Ja und nicht Nein. Ja und Nein sind leichte Wörtlein. Sie gehen geschwind vom Munde. Jesus sprach zu ihnen vor allem Volk, das dabeistand: «Gehet hin und saget dem Johannes wieder, was ihr sehet und höret. Die Blinden sehen, die Lahmen gehen, die Aussätzigen werden rein, die Tauben hören, die Toten stehen auf, und den Armen wird das Evangelium geprediget.» Das ist eine Antwort, gegen welche sich nichts sagen läßt.

Diese Botschaft brachten dem Johannes seine Jünger, daß er sich daran aufrichtete bis zu seinem Tod. Denn die rachsüchtige Königin war mit der Gefangennehmung des Johannes noch nicht zufrieden. Sie wartete nur auf eine Gelegenheit, ihn töten zu lassen. Die Gelegenheit kam bald. Herodes beging seinen Jahrstag und gab vielen Vornehmen aus Galiläa ein großes Gastgebot. Die Tochter der Herodias tanzte vor ihnen und gefiel dem König wohl. Der König sprach zu ihr: «Bitte von mir, was du willst! Ich will es dir geben.» Dieses war ein gefährliches Wort, und Herodes bestätigte es ihr noch vor allen Anwesenden mit einem leichtfertigen Eid. Die Tochter fragte ihre Mutter: «Was soll ich begehren?» Die Mutter, kurz besonnen, antwortete ihr: «Das Haupt Johannes des Täufers.» Wie die Mutter, so die Tochter. Sie kam zu dem König zurück: «So will ich, daß du mir gebest alsogleich auf einer Schüssel das Haupt Johannes des Täufers!» Auf eine solche Bitte war Herodes nicht gefaßt. Aber aus Scheu vor den Anwesenden, daß er ein König sein und sein Wort nicht halten sollte, schickte er in das Gefängnis und ließ den frommen Täufer enthaupten; die Tochter empfing sein blutiges Haupt, wie sie begehrt hatte, und brachte es auf einer Schüssel ihrer Mutter. Es war dem König mehr daran gelegen, vor leichtfertigen Menschen gerecht zu erscheinen als vor Gott.

Eines solchen Todes starb Johannes, der Jugendgenosse Jesu und Vorbote des Reiches Gottes, durch die Schwachheit eines Königs und durch die Rachsucht eines ehrlosen Weibes. Zu solchen Greueltaten kann ein Herz gebracht werden, das die Scheu vor Gott ausgezogen und sich der Sünde und Leichtfertigkeit ergeben hat. In welchem Herzen *eine* Sünde herrscht, in demselben finden auch die andern ihre Einkehr.

Als Johannes enthauptet war, begruben seine Jünger den entseelten Leichnam ihres teuren Lehrers, daß ihm keine Verunehrung widerführe, und kamen hernach zu Jesu und klagten ihm ihr Leid.

20
DAS GLEICHNIS VOM SÄEMANN

Während als diese erschreckliche Sünde an Johannes vollbracht wurde, fuhr Jesus fort, die Menschen in das heilige und selige Reich Gottes einzuladen. Es wird zu gleicher Zeit viel Gutes unter den Menschen durch Gottes Geist im stillen befördert, wann zu gleicher Zeit der Feind des Guten viel Böses stiftet.

Warum sind so viel böse Menschen auf der Welt? Warum folgen sie nicht alle der Einladung in das heilige und selige Reich Gottes?

Jesus trug oft seine Lehren in schönen Gleichnissen und Erzählungen vor. Auch die Kinder hören Gleichnisse und Erzählungen gern.

Es ging ein Säemann aus, zu säen seinen Samen,

und indem er säete, fiel etliches Samenkorn auf den Weg, und die Vögel fraßen es auf. Etliches fiel auf das Steinichte, das nicht so viel Erde hatte, und ging bald auf, weil es nicht tief in die Erde kam. Als aber die Sonne aufging, welkte es, und weil es keine Wurzel hatte, verdorrete es. Etliches fiel unter die Dornen, und die Dornen gingen mit auf und erstickten es. Etliches fiel in ein gutes Erdreich und trug Frucht dreißigfältig, sechzigfältig und hundertfältig.

Was will dieses Gleichnis sagen? Wie deutet es Jesus seinen Jüngern aus?

Der Same ist das Wort Gottes, die Lehre. Der Säemann säet das Wort.

Etliches fiel auf den Weg. Mancher Mensch hört das Wort, die Lehren und Ermahnungen Jesu, und nimmt sie nicht zu Herzen. Das Wort geht seinem Herzen verloren. Es kann keine Früchte bringen. *Etliches fiel auf das Steinichte.* Manche Menschen nehmen das Wort mit Freuden an. Aber es wurzelt nicht. Sie sind wetterwendisch. Eine Zeitlang glauben sie. Hernach, wann Trübsal kommt, fallen sie ab. *Etliches fiel unter die Dornen.* Manche Menschen hören das Wort. Aber in ihrem Herzen liegt die irdische Sorge und die Wollust dieses Lebens und erstickt den guten Keim. Darum sind noch so viele böse Menschen auf der Welt und folgen nicht alle der Einladung in das heilige und selige Reich Gottes. *Aber etliches fiel auf ein gutes Erdreich.* Das bedeutet die, welche das Wort aufnehmen und be-

MARC. IV.

Parabola Chriſti de Semine.

La Parabole de Jesus touchant la differente Semēce.

Marc. IV. 3.

Es gieng ein Saeman aus zu ſäen, u. indem er ſäet,
fiel etliches auf den Weg etliches in das Steinichte, et
liches unter die Dornē, u. etliches auf ein gut Land.

wahren in einem feinen guten Herzen und bringen nach Vermögen gute Frucht.

Was will ein Kind aus diesem Gleichnis und seiner Deutung abnehmen? Ist nicht die Schule einem solchen Acker gleich? Rührt nicht Jesus mit so manchem schönen Sprüchlein die zarten Herzen an und säet das Wort? Wie steht es um mein Herz? Bewahre mich, mein Gott, vor Unachtsamkeit, vor Leichtsinn, vor bösen Begierden! Erhalte in mir ein feines und gutes Herz! Mein Leben sei fruchtbar an guten Gesinnungen und Taten!

21

DIE VERWANDTSCHAFT JESU

Solches und anderes lehrte Jesus. Einst, als er lehrete und viele Leute um ihn herum saßen, kamen seine Mutter und seine Brüder und wollten etwas mit ihm reden. Jemand aus dem Volk sagte zu ihm: «Deine Mutter und deine Brüder sind draußen und fragen nach dir.» Jesus sprach: «Wer ist meine Mutter, und wer sind meine Brüder?» Mit diesen Worten streckte er die Hand über seine Jünger aus und sprach: «Siehe, das ist meine Mutter, und das sind meine Brüder. Denn wer den Willen tut meines Vaters im Himmel, das ist mein Bruder und meine Schwester und meine Mutter.»

Ein andermal war eine Frau durch seine Rede so sehr bewegt, daß sie mit lauter Stimme ausrief: «Selig ist der Leib, der dich getragen hat, und die

Brüste, die du gesogen hast.» Das heißt, daß Maria eine glückliche Mutter sei, weil sie einen solchen Sohn habe. Da ward ihr bereits etwas erfüllt an ihrer schönen Hoffnung, daß sie seligpreisen würden alle Kindeskinder. Ohne Zweifel hatte Jesus große Freude daran, daß seine Mutter so glücklich gepriesen und um seinetwillen geehrt und geliebt wurde. Doch sprach er: «Ja, selig sind die, die Gottes Wort hören und bewahren!»

22

MEHRERE WUNDERWERKE JESU

An einem Abend fuhr Jesus mit seinen Jüngern über das Meer, an welchem Kapernaum liegt. Mehrere andere Schiffe zogen ebenfalls mit. Jesus, von den wohltätigen Handlungen des Tages ermüdet, legte im Hinterteil des Schiffes sein Haupt auf ein Kissen und entschlief. Unterdessen erhob sich ein heftiger Sturm auf dem Meer, und die Wellen schlugen in das Schiff. Als sich die Jünger nimmer erwehren konnten, das Schiff war schon voll Wasser, weckten sie Jesum: «Herr, hilf uns! Wir verderben. Fragst du nichts darnach, daß wir zugrunde gehen?» Also riefen die Jünger, und gar oft scheint es so, daß der, welcher allein kann helfen, nichts darnach frage, wenn alles zugrunde gehen will. Aber Jesus bedrohete den Wind und sprach zu dem stürmischen Meer: «Sei still und verstumme!» Da legte sich der Wind, und das Meer ward stille.

«Wie seid ihr so furchtsam», sprach er zu den Jüngern. «Daß ihr doch keinen Glauben habt!» Die Leute aber, welche mitschifften, verwunderten sich und sprachen: «Was ist das für ein Mann, daß ihm Wind und Meer gehorsam sind?»

Als das Schifflein wieder zurückkam, war schon wieder eine große Menge Volks am Ufer versammelt. Ein Obrister der Schule, mit Namen Jairus, wartete ängstlich auf die Rückkehr Jesu, weil er ein sterbendes Kind daheim hatte, das ihm so lieb war. Er fiel vor Jesu nieder und sprach zu ihm: «Meine Tochter ist in den letzten Zügen. Du wollest kommen und deine Hand auf sie legen, daß sie gesund werde und lebe.» Die ganze Menge des Volks begleitete Jesum, weil sie das Wunder gern sehen wollten, das er tun würde. Denn viele folgten ihm nur aus Neugierigkeit nach, aber nicht alle. Es drängte sich eine Frau herzu, die schon zwölf Jahre lang an einer beschwerlichen Krankheit litt. Sie hatte schon ihr ganzes Vermögen an ihre Genesung verwendet, und es ward nicht besser. Diese Frau hatte das Vertrauen, daß sie würde gesund werden, wenn sie Jesum nur anrührte. Als sie nun sein Kleid von hinten anrührte, fühlte sie alsbald, daß sie von ihrer Plage genesen sei. Jesus stand stille. Er schaute um und fragte: «Wer hat mich angerührt?» Petrus sprach: «Das Volk drücket dich, und du fragst noch: ‹Wer hat mich angerührt?›» Die Frau aber fiel furchtsam vor ihm nieder, als wenn sie etwas Unrechtes getan hätte, und sagte ihm die ganze

Wahrheit. Jesus sprach zu ihr: «Meine Tochter, dein Glaube hat dich gesund gemacht. Gehe hin im Frieden!»

Aber was wird unterdessen aus des Jairus todkrankem Töchterlein? Indem Jesus Obiges redete und stillstand, kam aus dem Hause des Jairus eine Botschaft zu ihm: «Deine Tochter ist jetzt gestorben. Bemühe den Meister nicht.» Jesus ließ den tiefgebeugten Vater nicht zum Ausbruch seines Schmerzes kommen. Er sprach zu ihm: «Fürchte dich nicht, vertraue nur! Deine Tochter wird gerettet!» Bis sie aber an das Trauerhaus gelangten, waren daselbst schon viele Leute versammelt, die weinten und wehklagten und übten die Gebräuche aus, die nach Landesart in den Trauerhäusern vorgenommen wurden. Jesus sprach: «Weinet nicht, das Kind ist nicht tot, es schläft.» Etliche lachten über das schöne, trostreiche Wort. Gar oft lacht der Unverstand. Jesus aber sorgte dafür, daß alle Leute hinweggeschafft wurden, daß das Töchterlein nicht erschrecken sollte, wenn es aufwachte aus seinem tiefen Todesschlaf. Ein menschenfreundliches Gemüt gibt auf alles acht. Es durfte niemand dableiben als die Eltern des Kindes und die drei Jünger Petrus, Jakobus und Johannes. Als sie nun so allein an dem Bett des erblaßten Mägdleins standen, ergriff es Jesus bei der Hand und sprach: «Kind, stehe auf!», wie wenn am Morgen eine Mutter ihre Kinder weckt. Sie stehen frisch und munter auf und begrüßen das freundliche Tageslicht. Also stand auch auf den Ruf Jesu das entschlafene Töchterlein des Jairus auf, daß sich auch seine Eltern vor Schrecken und Freude entsetzten. Jesus aber befahl, man solle dem Kinde etwas zu essen geben. In der Bestürzung und Freude hatten es die Eltern fast vergessen.

So tröstete und erfreute er bei jeder Gelegenheit. Wohin er ging, ging Wohltun mit. Sein Wort, sein Werk und jeder Schritt war Segen und Erbarmen.

23
AUSSENDUNG DER JÜNGER

Einmal sendete Jesus auch die zwölf Jünger aus, daß sie in den umliegenden Gegenden das Reich Gottes ankündigten und die Kranken heilten. Er wollte sie, solange er noch bei ihnen war, an ihren künftigen Beruf und an die Gefahren ihres Berufs gewöhnen; denn sie waren anfänglich gar furchtsam, nachher zwar auch noch. «Siehe», sprach er, «ich sende euch wie Schafe mitten unter die Wölfe! Fürchtet euch nicht! Hütet euch aber vor den Menschen: denn sie werden euch überantworten in ihre Rathäuser und werden euch geißeln in ihren Schulen, und man wird euch vor Fürsten und Könige führen um meinetwillen. Ihr werdet gehasset werden von jedermann, um meines Namens willen. Wer aber bis ans Ende beharret, der wird selig. – Der Jünger ist nicht über seinen Meister, noch der Knecht über seinen Herrn. – Was ich euch sage in Finsternis, das redet im Licht, und was ihr höret in das Ohr, das prediget auf den Dächern! Fürchtet euch nicht vor denen, die den Leib töten und die Seele nicht mögen töten! Fürchtet euch aber vielmehr vor dem, der Leib und Seele verderben mag in die Hölle! – Kauft man nicht zwei Sperlinge um einen Pfennig? Noch fällt derselben keiner auf die Erde ohne euern Vater. Nun aber sind auch die Haare auf eurem Haupte alle gezählet. Darum fürchtet euch nicht!» Es ist alles erfüllet worden, wiewohl nicht das erstemal schon. Gott führt die Menschen nicht sogleich auf einmal in ihre schwersten Prüfungen. – Das erstemal gingen die Jünger im Schutze Gottes hin und verkündigten das Evangelium und kamen wieder, nicht anders, als wie Säeleute zu tun pflegen. Sie gehen hin und streuen die Saat aus und kommen wieder heim. Hernach bekümmern sie sich weiter nicht mehr viel darum. Die fruchtbaren Sämlein liegen in der Erde; manches geht zugrunde; aber die übrigen gehen selber auf, wenn ihre Zeit da ist.

Ein andermal sendete Jesus siebenzig Jünger aus, je zwei und zwei, mit gleichen Befehlen und Ermahnungen wie die zwölfe. Diese gingen gleichermaßen hin und säeten das Wort und kamen wieder heim. Nach ihrer Rückkehr erzählten sie Jesu voller Freuden, daß ihnen auch die Geister untertan seien in seinem Namen. Jesus aber sprach zu ihnen: «Darüber freuet euch nicht, daß euch die Geister untertan sind. Aber darüber freuet euch, daß eure Namen im Himmel angeschrieben sind!»

Als Jesus sah, wie nach und nach das Evangelium überall bei dem unwissenden und gemeinen Volk Eingang fand, freute er sich im Geist und sprach: «Ich preise dich, Vater und Herr des Himmels und der Erde, daß du solches den Klugen und Weisen verborgen hast und hast es den Unmündigen geoffenbaret.» Nämlich, daß man erkenne, seine Lehre sei nicht eine menschliche Weisheit, sondern sie sei von Gott gegeben. «Kommet her zu mir», sprach er, «alle, die ihr mühselig und beladen seid. Ich will euch erquicken. Nehmet auf euch mein Joch und lernet von mir, denn ich bin sanftmütig und von Herzen demütig, so werdet ihr Ruhe finden für eure Seelen. Denn mein Joch ist sanft, und meine Last ist leicht.»

24
JESUS SPEISET MEHRERE TAUSEND MENSCHEN MIT WENIG NAHRUNGSMITTELN

Wie sein Vater im Himmel, so dachte auch Jesus an die Nahrungsbedürftigkeit der Menschen. *«Ich will ihre Speise segnen und ihren Armen Brots genug geben.»* Als der Herr seine Jünger wieder bei sich hatte – es mag ihm wohl gewesen sein wie einem Vater, wenn er seine Kinder wieder hat –, ging er mit ihnen in ein Schiff, daß sie in eine einsame Gegend führen und ein wenig ruheten. Denn es waren immer viele Menschen um ihn versammelt, die ihm ihre Kranken brachten und begierig waren, seine Lehren zu hören, und wenn auch viele nach und nach wieder fortgingen, es kamen ebenso viele wieder nach. Es ging aber auch ein Weg zu Lande an denselben Ort, wohin sich Jesus begeben wollte, als ob er bedacht hätte, er wolle es den Leuten doch nicht ganz unmöglich machen, zu ihm zu kommen; er wolle sich finden lassen, wenn jemand so viel daran gelegen sei, daß er einen so langen Weg ihm nachgehe. Also folgte ihm das Volk nach, und nahmen noch andere mit und kamen ihm zuvor. Es versammelten sich fünftausend Mann um ihn, ohne die Weiber und Kinder, als er an das Ufer trat. Der Anblick dieser Menschen rührte das Herz Jesu von neuem. Sie kamen ihm in dieser abgelegenen Gegend vor wie verlorene Schafe, die keinen Hirten haben. Er hatte nun schon ein wenig ausgeruht. Er fing von neuem an, sie zu belehren und sich mit ihnen zu beschäftigen bis an den Abend. Am Abend sagten zu ihm die Jünger: «Es ist öde hier, und der Tag hat sich geneiget. Laß das Volk von dir, daß sie in die Ortschaften gehen und sich Speise kaufen, denn sie haben nichts zu essen.» Jesus sprach: «Es ist nicht nötig, daß sie hingehen, gebt ihr ihnen zu essen», als ob es nur eine Kleinigkeit wäre, so viele Menschen zu sättigen, wenn man sich nicht dazu versehen hat. «Was meinst du», sagte er zu Philippus, «wo kaufen wir Brot, daß diese essen?» Das sagte er freundlicherweise, gleichsam anzudeuten, daß er schon Rat wisse, um zu hören, was die Jünger dazu sagen würden. Sie hätten wohl sagen dürfen: «Herr, wo du bist und helfen willst, da ist keine Not.» Aber sie waren noch gar einfältig. Andreas sagte, es seien fünf Gerstenbrote da und ein Knabe habe zwei Fischlein. «Aber was ist das», sprachen sie, «unter so viele?» Jesus befahl nun ohne weiteres, daß das Volk sich setzen sollte in Reihen zu Fünfzigen und Hunderten, damit alles in der Ordnung geschehen und nichts übersehen werden möchte. Ordnung erleichtert alles Geschäft, besonders wenn mit wenigem viel soll ausgerichtet werden. Hierauf nahm Jesus die fünf Brote und die zwei Fische und schaute zum Himmel auf, betete und dankte darüber, brach sie und gab sie den Jüngern, daß sie dem Volk austeilten. Die Leute aßen alle und wurden satt und konnten sich nicht genug verwundern, daß der himmlische Segen gar kein Ende nehmen wollte und zuletzt noch viel übrig war.

Zu einer andern Zeit speiste Jesus auch viertausend Mann auf gleiche Weise.

Bei dieser Gelegenheit gab er noch ein schönes Beispiel von Sparsamkeit und Wertschätzung der göttlichen Gaben. Ohngeachtet er so reich an Segen war, so befahl er seinen Jüngern doch, das übrige zu sammeln, daß nichts umkäme. Sie sammelten noch mehrere Körbe voll, gleicherweise, wie Gottes Segen in manchen Stücken immer größer wird, je mehr man ihn gebraucht, je dankbarer man ihn genießt und das Überflüssige zu Rate hält. Nährt

IOH. VI.

Miraculū de quinq; panib; turbis distributis.

Le Miracle des cinq pains distribue aux troupes.

Joh. VI.

Jesus nam die fünff Brot, u. zween Fische, sahe gen Himel und dancket und brachs und gab die Brot den Jüngern, u. die Jünger gabē sie dē Volck.

Joh. Aman scul. Scaphus.

nicht Gott auch von einer geringen Aussaat viele tausend Menschen und vieler tausend Eltern Kinder, noch ohne die zahllosen Geschöpfe, die nicht säen und nicht ernten, und wenn alle gegessen und gelebt haben, ist nicht auch in der großen Haushaltung Gottes jährlich viel mehr noch übrig, als anfänglich gesäet ward? Kein sterblicher Mensch ist imstande, das göttliche Geheimnis und das Wunder zu ergründen, daß aus einem Weizenkorn in der fruchtbaren Erde ein schöner hoher Halm und eine Ähre voll neuer Körner herauswachsen und sich noch einmal und immer fort bis ins Unendliche vervielfältigen könne, daß der Segen, der in einem einzigen Saatkorn verborgen liegt, zur Ernährung vieler tausend Menschen genügen kann.

Einst, als die Juden nicht dulden wollten, daß sich Jesus den Sohn Gottes nannte, sprach er zu ihnen: «Tue ich nicht die Werke meines Vaters, so glaubet mir nicht!»

25

DAS BEKENNTNIS DER JÜNGER

Als die Leute sahen, wie sie Jesus mit so wenigen Mitteln wunderbar erquicket und gesättiget hatte, sprachen sie: «Dieser ist wahrlich der Prophet, der in die Welt kommen soll.» Ja, sie wollten ihn törichterweise zum König machen. Aber er entzog sich ihnen und ging auf einen Berg, wo er mit Gott redete; denn sein Königreich ist nicht von dieser Welt.

Des andern Tages aber in Kapernaum, als sie Jesus wieder zu einer Gott wohlgefälligen Denkungsart ermahnte, meinten doch wieder etliche, es sei nicht genug, daß er sie mit irdischem Brot gesättiget habe, Moses habe ihren Vätern Brot vom Himmel gegeben. Solche Ausflüchte suchen die Menschen, denen es nicht recht ernst ist, gottselig zu sein. Sie wollen aus Lohn fromm sein, nicht aus Liebe und Vertrauen. Jesus aber sprach zu ihnen das geheimnisvolle Wort: «Eure Väter haben das Manna gegessen in der Wüste und sind gestorben. Ich bin das Brot des Lebens, das vom Himmel kommt.»

Damals verließen ihn viele von seinen Anhängern und wandelten nicht mehr mit ihm. Da sprach der Herr zu seinen Jüngern: «Wollt ihr auch von mir weggehen?» Petrus antwortete ihm: «Herr, wo sollen wir hingehen? Du hast Worte des ewigen Lebens, und wir haben geglaubt und erkannt, daß du bist Christus, der Sohn des lebendigen Gottes.» Je mehr man Jesum kennt, desto weniger will man ihm untreu werden.

Jesus antwortete ihnen: «Habe ich nicht euch zwölfe erwählt, und einer von euch ist ein Teufel?» Er meinte den Judas Ischariot.

Bei einer andern Gelegenheit fragte er sie: «Für was halten mich die Leute? Wer sagen sie, daß des Menschen Sohn sei?» Sie sprachen: «Etliche sagen, du seist Johannes der Täufer; andere, du seist Elias, noch andere, du seist der alten Propheten einer.»

Aber Johannes war ja enthauptet. Wer konnte ihn für Johannes halten? Anwort: Ein böses Gewissen. *Herodes* fürchtete sich und sprach: «Es ist Johannes der Täufer, den ich enthauptet habe. Darum tut er solche Taten.» Ein böses Gewissen und geheime Furcht vor den Toten sind gerne beisammen. Ein gutes Gewissen hat sich vor niemand zu fürchten, nicht einmal vor den Lebendigen, noch weniger vor den Toten. Jesus fragte weiter seine Jünger: «Wer sagt denn ihr, daß ich sei?» Petrus sprach abermal: «Du bist Christus, des lebendigen Gottes Sohn.»

Damals sagte auch Jesus seinen Jüngern seine künftigen Schicksale voraus, daß er müsse nach Jerusalem gehen und viel leiden von den Hohenpriestern und Schriftgelehrten und getötet werden und am dritten Tag auferstehen.

26
DIE VERKLÄRUNG JESU

Unter allen Jüngern des Herrn waren Petrus, Jakobus und Johannes seine vertrautesten. Einst nahm er sie mit sich auf einen hohen Berg, daß er ihnen etwas von seiner Herrlichkeit zeigte. Auf dem Berg ward er verklärt vor ihren Augen. Sein Angesicht leuchtete wie die Sonne, und seine Kleider wurden weiß wie das Licht. Moses und Elias erschienen und redeten mit ihm. Da war den guten Jüngern so wohl. Sie hätten nimmer von dem

Berg der Verklärung hinweggehen mögen. Petrus sprach: «Herr, hier ist gut sein. Willst du, so wollen wir drei Hütten bauen, für dich eine, für Moses eine und für Elias eine.» Als er aber noch redete, überzog sie eine lichte Wolke, und eine Stimme aus der Wolke sprach: «Dies ist mein lieber Sohn, an welchem ich Wohlgefallen habe, den sollt ihr hören.» Die Jünger erschraken und fielen zur Erde nieder, so schön und himmlisch die Worte waren, welche die Stimme sprach. Jesus aber rührte sie an und sagte: «Stehet auf! Fürchtet euch nicht!» Als sie aber ihre Augen aufhoben, sahen sie nur noch Jesum; den Moses und Elias sahen sie nicht mehr. Es war fast nur ein vorübergehender Augenblick, in welchem sie seine Verklärung sahen. Auf dem Heimweg verbot er ihnen, daß sie von dieser Erscheinung zu niemand etwas sagten, bis er von den Toten auferstanden sei.

Demnach sahen die drei Jünger etwas von der Herrlichkeit Jesu, wie das irdische Auge sie wahrnehmen konnte. Aber noch gar viel herrlicher verklärte er sich ihnen doch in seiner Liebe, in seinen fortgesetzten wohltätigen Handlungen und in seinen erfreulichen Himmelslehren.

27

DAS GLEICHNIS VOM VERLORNEN SCHÄFLEIN

Des Menschen Sohn ist gekommen, selig zu machen, das verloren ist. «Was dünket euch», sprach er, «wenn irgendein Mensch hundert Schafe hätte und eins unter denselbigen sich verirrte, lässet er nicht die neunundneunzig auf den Bergen, gehet hin und suchet das verlorene, und wenn es sich begibt, daß er's findet, wahrlich, ich sage euch, er freuet sich darüber mehr als über die neunundneunzig, die nicht verirret sind. Also auch ist es vor eurem Vater im Himmel nicht der Wille, daß jemand von diesen Kleinen verloren werde. Es ist im Himmel Freude über einen Sünder, der sich bessert auf der Erde.»

28

VON DEM VERLORNEN SOHN

Ein Mann hatte zwei Söhne. Der jüngere sprach: «Gib mir, Vater, das Teil der Güter, das mir gehört.» Darauf teilte er ihnen das Gut. Nicht lange hernach nahm der jüngere Sohn sein Vermögen zusammen, zog damit in ein anderes Land und verpraßte sein Vermögen. Als er nun alles verzehrt hatte, kam eine Teurung in das Land. Er fing an zu darben und wendete sich an einen Bürger des Landes, der schickte ihn auf seinen Acker, daß er die Schweine hütete. Abends, wann er heimkam, wünschte er sich zu sättigen mit der Nahrung, die man den Schweinen vorwarf, aber niemand gab sie ihm. Endlich ging er in sich und sprach: «Wie viele Taglöhner hat mein Vater, die Speise genug haben, und ich verderbe vor Hunger. Ich will zu meinem Vater gehen und zu ihm sagen: ‹Ich habe gesündigt in dem Himmel und vor dir. Ich bin nicht mehr wert, daß ich dein Sohn heiße, mache mich zu einem deiner Taglöhner.›»

Er tat, wie er sich vorgenommen hatte. Als ihn der Vater von ferne erblickte, wie er herzukam in seiner Armut und in seinem Elend, jammerte ihn seiner. Er ging ihm entgegen, fiel ihm um den Hals und küßte ihn. Der Sohn sprach: «Vater, ich habe gesündigt im Himmel und vor dir. Ich bin nicht wert, daß ich dein Sohn heiße.» Aber der Vater befahl seinen Knechten: «Bringet das beste Kleid her und leget es ihm an und einen Ring an seine Hand und Schuhe an seine Füße, und bringet ein gemästetes Kalb her und schlachtet es. Lasset uns essen und fröhlich sein, denn dieser, mein Sohn, war tot und ist wieder lebendig worden. Er war verloren und ist wieder gefunden worden.» Also fingen sie an, fröhlich zu sein.

Der älteste Sohn war damals auf dem Felde. Als er nach Hause kam und die Gesänge und den Reigen hörte, fragte er einen von den Knechten, was das bedeute. Der Knecht sagte: «Dein Bruder ist wiedergekommen. Dein Vater hat ihm ein gemästetes Kalb geschlachtet in der Freude, daß er ihn wieder hat.» Darüber ward der Bruder zornig und wollte nicht hineingehen. Der Vater ging zu ihm hinaus und redete mit ihm. Der Sohn sprach: «Siehe, so viele Jahre diene ich dir und habe dein Gebot noch nie übertreten, aber mir hast du noch nie ein Böcklein gegeben, daß ich mit meinen Freunden fröhlich wäre. Jetzt da dein Sohn gekommen ist, der sein Gut mit leichtfertigen Leuten verschlungen hat, hast du ihm ein Kalb geschlachtet.» Darauf erwiderte ihm der Vater: «Mein Sohn, du bist allezeit bei mir, und alles, was mein ist, das ist dein. Du solltest aber fröhlich und gutes Mutes sein. Denn dieser dein Bruder war tot und ist wieder lebendig worden. Er war verloren und ist wieder gefunden.»

Was sagt die Geschichte von dem verlornen Sohn? Leichtsinn führt zur Sünde, Sünde führt ins Unglück, Unglück weckt zur Erkenntnis und Reue. Die Reue rechter Art führt zu dem Vater. Kein Vater kann den Tränen seines unglücklichen und reumütigen Kindes sein Herz verschließen. Er nimmt es mit Erbarmen wieder an und mit Freude, wenn es gebessert ist. – Gott ist der erbarmende Vater aller Menschen, welche sich mit Vertrauen zu ihm wenden. Seine Barmherzigkeit ist größer als der Menschen Barmherzigkeit.

LUC. XV.

Pater misericordia motus osculat filium.

Le Pere touche de Compassion baise son fils debauché mais repentant.

Lüc. XV. 20.

Da der verlohrne Sohn noch ferne war, sahe ihn sein Vatter u. jamerte ihn, lieff und fiel ihm üm seinen hals und küsset ihn.

29

VON DEM PHARISÄER UND DEM ZÖLLNER

Es gingen zwei Menschen in den Tempel, daß sie beteten, einer ein Pharisäer, der andere ein Zöllner. Der Pharisäer stand für sich abgesondert und betete also: «Ich danke dir, Gott, daß ich nicht bin wie andere Leute, Räuber, Ungerechte, Ehebrecher, oder auch wie dieser Zöllner. Ich faste zweimal in der Woche und gebe den Zehnten von allem, was ich habe.» Der Zöllner aber stand von ferne und wollte nicht seine Augen aufheben gegen den Himmel, sondern er schlug an seine Brust und sprach: «Gott sei mir Sünder gnädig!»

Was lehrt der Heiland der Menschen in diesem Gleichnis?

Wer sich selbst für fromm hält, und ist es nicht, wer sich nur vor groben Untaten hütet und nur äußerlich schöne Werke tut, und verachtet die andern, der ist noch ferne von der Gnade Gottes. *Gott widerstehet den Hoffärtigen, aber den Demütigen gibt er Gnade.*

«Wahrlich», sprach Jesus, «der Zöllner ging hinab gerechtfertiget in sein Haus vor dem Pharisäer. Denn wer sich selbst erhöhet, der wird erniedrigt werden. Wer sich aber selbst erniedrigt, der wird erhöhet werden.»

30

VON DEM UNBARMHERZIGEN

Es hielt ein König Rechnung mit seinen Knechten oder Dienern. Unter diesen kam ihm einer vor, der war ihm zehntausend Pfund zu bezahlen schuldig; dies ist nach alter Geldrechnung eine sehr große Summe, die kaum ein Diener seinem Herrn ersetzen kann, wenn er sie veruntreut hat. Da nun der Knecht nicht hatte zu bezahlen, befahl der Herr, ihn, seine Angehörigen und alles, was er hatte, zu verkaufen. Dazumal verkaufte man noch Menschen zu gezwungener Knechtschaft. Da fiel der Knecht nieder und betete und sprach: «Herr, habe Geduld mit mir, ich will dir alles bezahlen.» Es erbarmte sich der Herr über ihn und ließ ihn frei und schenkte ihm die ganze Schuld. Als dieser hinausging, begegnete ihm einer seiner Mitknechte, der ihm hundert Groschen schuldig war, diesen griff er an und würgete ihn und sprach ebenfalls: «Bezahle mir, was du mir schuldig bist!» Da fiel sein Schuldner auch vor ihm nieder und bat ihn: «Habe Geduld mit mir, ich will dir alles bezahlen.» Aber er wollte sich nicht erbarmen, sondern ließ ihn gefangensetzen, bis er alles bezahlte. Als dieses die andern Diener des Königs sahen, wurden sie sehr betrübt und hinterbrachten ihm alles, was geschehen war. Da forderte sein Herr ihn vor sich und sprach: «Du Bösewicht, deine ganze Schuld habe ich dir erlassen, weil du mich batest. Solltest du dich denn nicht auch erbarmen über deinen Mitknecht, wie ich mich über dich erbarmet habe?» Darauf überantwortete er ihn in das Gefängnis, bis er alles bezahlte.

«Also», spricht Jesus, «wird euch mein himmlischer Vater auch tun, so ihr nicht vergebet von Herzen, ein jeglicher seinem Bruder seine Fehler.»

Petrus fragte Jesum: «Herr, wie oft muß ich denn meinem Bruder vergeben? Ist's genug siebenmal?» Jesus sprach zu ihm: «Ich sage dir, nicht siebenmal, sondern siebenzigmal siebenmal» – das heißt, ungezählt so oft, als du glauben kannst, daß ihn sein Fehler gereue.

Auch der Gebesserte fehlt noch so oft, und Gott vergibt ihm täglich. Warum soll der schwache Mensch nur siebenmal vergeben?

31
VON DEM BARMHERZIGEN SAMARITER

Es fragte Jesum ein Schriftgelehrter: «Meister, was soll ich tun, daß ich das ewige Leben ererbe?» Die Frage wäre gut. Jesus sprach zu ihm: «Wie steht im Gesetz geschrieben? Wie liesest du?» Der Schriftgelehrte antwortete: «Du sollst Gott, deinen Herrn, lieben von ganzem Herzen, von ganzer Seele, von allen Kräften und von ganzem Gemüt;

und deinen Nächsten als dich selbst.» Die Antwort war auch gut. Jesus sprach zu ihm: «Tue das, so wirst du leben.» Der Schriftgelehrte wollte sich rechtfertigen. Er schämte sich, daß er eine Frage sollte getan haben, die er und jedes Kind sich selbst konnte beantworten. Er fragte daher weiter: «Wer ist denn mein Nächster?» Jesus antwortete ihm: «Es ging ein Mensch von Jerusalem nach Jericho und fiel unter die Mörder. Die Mörder zogen ihn aus, schlugen ihn und ließen ihn halbtot liegen. Es zog ein Priester dieselbige Straße hinab, sah ihn und ging vorüber. Es kam ein Levite an die Stelle, sah ihn auch und ging auch vorüber. Es kam auch ein Samariter dahin, und als er den Verwundeten sah, jammerte ihn seiner. Er ging zu ihm und verband ihm seine Wunden. Er nahm ihn auf sein Tier und führte ihn in eine Herberge und pflegte seiner. Den andern Tag, als er weiterreiste, bezahlte er den Wirt und sprach zu ihm: ‹Nimm dich seiner ferner an, und wenn es etwas mehr wird kosten, will ich es dir bezahlen, wenn ich wiederkomme.›»

«Was dünket dich», sprach Jesus zu dem Schriftgelehrten, «welcher unter diesen dreien ist der Nächste gewesen dem, der unter die Mörder gefallen war?» Der Schriftgelehrte sprach: «Der, welcher die Barmherzigkeit an ihm getan hat.» Die Antwort war wieder gut. Jesus sprach zu ihm: «So gehe hin und tue desgleichen!»

Nämlich: Ich bin jedem sein Nächster, und jeder ist mein Nächster, den ich mit meiner Liebe erreichen kann, jeder, den Gott zu mir führt oder zu dem mich Gott führet, daß ich ihn erfreuen oder trösten, daß ich ihm raten oder helfen kann, auch wenn er nicht meines Volkes oder meines Glaubens wäre.

Tue das, so wirst du leben!

32
VON DEN TALENTEN

Ein reicher Mann zog auf lange Zeit von Hause hinweg und vertraute bis zu seiner Wiederkunft einigen von seinen Dienern einen Teil seines Vermögens an, daß sie es in seiner Abwesenheit durch treue Verwaltung bessern und mehren sollten. Einem derselben gab er fünf Zentner, dem andern zwei Zentner, dem dritten einen Zentner. Zentner aber, oder auch Talent, bedeutet, wie schon gesagt worden, eine bestimmte Summe Geldes, weil in den ältesten Zeiten das Geld nicht gezählt, sondern gewogen wurde.

Der erste war ein treuer Diener seines Herrn. Er erwarb mit seinen fünf Talenten noch fünf Talente. Der andre war auch ein treuer Diener. Er erwarb mit seinen zwei Talenten auch noch zwei. Der dritte wickelte sein Talent in ein Tüchlein und vergrub es unter die Erde. Nach langer Zeit kam der reiche und vornehme Mann in seine Heimat wieder und hielt Rechnung mit seinen Dienern. Der erste trat herzhaft und freudig herzu und sprach: «Herr, du hast mir fünf Talente gegeben. Siehe da! Ich habe damit fünf andre erworben.» Sein Herr erwiderte ihm: «Du frommer und getreuer Knecht! Du bist über wenigem getreu gewesen. Ich will dich über viel setzen. Gehe ein zu deines Herrn Freude.» Der zweite trat ebenfalls herzhaft herzu und sprach: «Ich habe mit meinen zwei Talenten noch zwei andre erworben.» Der Herr erwiderte ihm: «Du frommer und getreuer Knecht! Du bist auch über wenigem getreu gewesen. Ich will dich über viel setzen. Gehe ein zu deines Herrn Freude.» Der dritte trat auch herzu und sprach: «Herr, ich wußte, daß du ein harter Mann bist. Deswegen habe ich dein Geld in die Erde verborgen. Siehe, da hast du das Deine.» Über diese unverständige und boshafte Aufführung zürnte der Herr, wie billig. Er nahm das Geld und gab es einem von den andern. Diesem Unwürdigen vertraute er nichts mehr an. Er ließ ihn in ein finsteres Gefängnis setzen.

Verstehe: Die Talente bedeuten die Gaben und Kräfte, welche Gott jedem Menschen gegeben hat, daß er sie anwende zum Guten. Gott teilt die Gaben und Kräfte ungleich aus. Einer hat mehr empfangen, der andre weniger. Wer sein Weniges treu anwendet, des freuet sich Gott und segnet seine Treue. Wer es nicht anwendet, an dem hat Gott kein Wohlgefallen und kann dem Unfleiß und der Untreue keinen Segen schenken.

33

VON DEN ARBEITERN IM WEINBERG

Es ging ein Hausvater am Morgen aus, daß er Arbeiter mietete in seinen Weinberg, und ward mit ihnen eins um einen Groschen zum Taglohn und sandte sie also in den Weinberg. Er ging wieder aus um die dritte Stunde des Tages und sah andere auf dem Marktplatz müßig stehen. Zu denen sprach er: «Gehet ihr auch hin in den Weinberg! Ich will euch geben, was recht ist.» Ein Gleiches tat er um die sechste und um die neunte Stunde. Endlich um die elfte Stunde des Tages ging er aus und fand noch einige müßig stehen. Er fragte sie: «Was stehet ihr hier den ganzen Tag müßig?» Sie antworteten ihm: «Es hat uns niemand gedinget.» Auch zu diesen sprach er: «Gehet in meinen Weinberg, und was recht ist, soll euch werden.» Am Abend um die zwölfte Stunde des Tages ließ er sämtliche Arbeiter ausbezahlen und ließ anfangen bei den letzten. Diese kamen und empfingen ein jeglicher einen Groschen. Als die ersten kamen, meinten sie, sie würden mehr erhalten, aber sie empfingen auch ein jeglicher einen Groschen. Darüber murreten sie und sprachen: «Diese haben nur eine Stunde gearbeitet, und du hast sie uns gleichgemacht, die wir des Tages Last und Hitze getragen haben.» Da sagte zu einem von ihnen der Hausvater: «Mein Freund, ich tue dir nicht Unrecht. Bist du nicht mit mir eins geworden um einen Groschen? Nimm, was dein ist! Oder habe ich nicht Macht, zu tun, was ich will, mit den Meinigen? Siehest du darum scheel, daß ich so gütig bin?» Das sagte der Hausvater.

Bewahre mich, o Gott, vor Mißgunst, wenn du gegen andere gütig bist. Ich will nicht um Lohn fromm sein und deinen Willen tun, mein Gott, von dem ich alles habe!

34
VON DEM UNBESTAND DES IRDISCHEN

Aber so viele fromme Menschen auf der Erde sind arm und unglücklich, und so manche böse Menschen sind reich und leben alle Tage herrlich und in Freuden.

Niemand lebt davon, daß er viele Güter hat.

Es war ein reicher Mann, sein Feld hatte wohl getragen. Da gedachte er bei sich selbst: «Was will ich tun? Ich habe nicht genug Raum, wohin ich meine Frucht sammle. Das will ich tun, ich will meine Vorratshäuser abbrechen und größere bauen, und will darein sammeln alles, was mir gewachsen ist, und alle meine Güter, und will sagen zu meiner Seele, du hast einen großen Vorrat auf viele Jahre. Habe nun Ruhe, iß und trink und sei guten Mutes!» Aber Gott sprach zu ihm: «Du Tor, in dieser Nacht wird man deine Seele von dir fordern, und wessen wird das sein, das du gesammelt hast?»

So arm ist der Mensch, der sich Schätze sammelt und nicht reich ist in Gott.

35

VON DEM REICHEN MANN UND DEM ARMEN LAZARUS

Was die Erde schuldig bleibt, darüber wird Rechnung im Himmel gehalten.

Es war ein reicher Mann, der kleidete sich mit Purpur und köstlicher Leinwand und lebte alle Tage herrlich und in Freuden. Es war aber ein Armer, mit Namen Lazarus, der lag vor seiner Tür voller Schwären und begehrte sich zu sättigen von den Brosamen, die von des Reichen Tische fielen. Es begab sich aber, daß der Arme starb, und ward getragen von den Engeln in Abrahams Schoß, das heißt an den Ort, wo die Frommen nach ihrem Tode glücklich und für ihre Leiden getröstet werden. Der Reiche aber starb auch und ward begraben. Als er nun in der Hölle und in der Qual war, hob er seine Augen auf und sah Abraham von ferne und Lazarum in seinem Schoß. Da rief er und sprach: «Vater Abraham, erbarme dich meiner und sende Lazarum, daß er das Äußerste seines Fingers ins Wasser tauche und kühle meine Zunge; denn ich leide Pein in dieser Flamme.» Abraham aber sprach: «Gedenke, Sohn, daß du dein Gutes empfangen hast in deinem Leben, und Lazarus dagegen hat Böses empfangen. Nun aber wird er getröstet, und du wirst gepeiniget, und über das alles ist zwischen uns und euch eine große Kluft befestiget. Wir und ihr können nicht zusammenkommen.»

Luc. XVI.

Lazarus jacens ad januam divitis.

Lazare couché à la porte du Riche.

Lüc. XVI. 21.

Ein Armer mit nahmen Lazarüs lag für eines Rei-
chen Thür voller schwären, ünd begehrte sich zü sätti-
gen von den brosamē, die von deß Reichen Tische fielē.

Da sprach er: «So bitte ich dich, Vater, daß du den Lazarus sendest in meines Vaters Haus. Denn ich habe noch fünf Brüder, daß er ihnen bezeuge, auf daß sie nicht auch kommen an diesen Ort der Qual.» Abraham sprach zu ihm: «Sie haben Moses und die Propheten. Laß sie dieselbigen hören!» Er aber sprach: «Nein, Vater Abraham; sondern, wenn einer von den Toten zu ihnen ginge, so würden sie Buße tun.» Abraham erwiderte ihm: «Hören sie Moses und die Propheten nicht, so werden sie auch nicht glauben, wenn jemand von den Toten auferstünde.»

Mache dich auf der Erde würdig für das heilige und selige Reich Gottes, das im Himmel ist. Werde reich in Gott!

36

BEGEBENHEITEN AUF DER REISE NACH BETHANIA

Einst ging Jesus wieder nach Jerusalem auf ein Fest. Es war die Zeit schon ziemlich nahe, daß er sollte von der Erde genommen werden. Auf dieser Reise wollte er in einem samaritanischen Flecken Herberge halten. Aber niemand von den Einwohnern wollte ihn unter sein Dach aufnehmen oder mit Nahrung erquicken wegen des Hasses der Samariter gegen die Juden, weil sie sahen, daß Jesus nach Jerusalem gehen wollte auf das Fest.

Diese Unfreundlichkeit tat den Jüngern Jakobus und Johannes so wehe und entrüstete sie so sehr, daß sie sprachen: «Herr, willst du, so wollen wir sagen, daß Feuer vom Himmel falle und verzehre sie!» Also kann denken und sprechen der arme Mensch, der selbst Schonung und Nachsicht mit seinen eigenen Schwachheiten unaufhörlich bedarf. Jesus aber fragte sie: «Wisset ihr nicht, welches Geistes Kinder ihr seid?» – nämlich des Geistes der Sanftmut, des Friedens, der Liebe. – «Des Menschen Sohn», sagte er, «ist nicht gekommen, die Menschen zu verderben, sondern zu erhalten.» So dachte und sprach der Heilige, der vom Himmel ist.

Als sie auf selbiger Reise in einen andern Flecken kamen, begegneten ihm zehn unglückliche Menschen, welche mit dem Aussatz behaftet waren, und einer von ihnen war ebenfalls ein Samariter. Es ist aber der Aussatz in jenen Gegenden eine der schmerzhaftesten und ekelhaftesten Krankheiten. Wer davon befallen war, der war ausgeschlossen von aller menschlichen Gesellschaft wegen der Ekelhaftigkeit und Gefahr. Als diese Unglücklichen Jesum erblickten, blieben sie von ferne stehen und riefen ihm zu, daß er sich ihrer erbarmen und sie reinigen wollte. Jesus sprach zu ihnen: «Gehet hin und zeiget euch den Priestern!» Denn wenn jemand glaubte, von dem Aussatz geheilt zu sein, so mußte er sich von dem Priester besehen lassen und von ihm für rein erklärt werden. Soll ein menschlicher Priester urteilen, ob ein Kranker rein sei, den Jesus gesund und rein gemacht hat? Jesus wollte das Gesetz und die Ordnung nicht verletzen. Es gebühret sich, alle Gerechtigkeit zu erfüllen, auch wenn man es sonst nicht nötig hätte. Als nun die zehn hingingen, wurden sie rein; der Samariter, der unter ihnen war, ward es auch. Jesus entzog ihm den Segen seiner Wunderkraft nicht, obgleich seine Landsleute ihm kein Obdach und keine Erquickung verwilligt hatten. Denn des Menschen Sohn war ja nicht gekommen, die Menschen verderben zu lassen, sondern zu erhalten.

Einer von ihnen, als er sah, daß er gesund geworden war, kehrte wieder um und dankte Jesu und pries Gott mit lauter Stimme. Es war der nämliche Samariter, die übrigen waren Juden. Jesus sprach: «Sind ihrer nicht zehn rein worden? Wo sind die neun? Hat sich sonst keiner gefunden, der Gott die Ehre gäbe, als dieser Fremdling? Gehe hin», sprach er zu ihm, «dein Glaube hat dir geholfen.»

Nicht weit von Jerusalem an dem Ölberg war ein Flecken, Bethania. Dort besuchte Jesus einen Freund mit Namen Lazarus und dessen Schwestern Martha und Maria. Alle drei Geschwister wurden durch diesen Besuch hoch erfreut. Martha gab sich alle Mühe, ihren werten Gast gut zu bewirten. Maria aber saß zu den Füßen Jesu und hörte seinen Reden zu. Martha sprach zu Jesu: «Herr, fragst du nicht danach, daß mich meine Schwester läßt allein dienen? Sage ihr doch, daß sie es auch angreife!» Jesus antwortete ihr: «Martha, Martha, du hast viele Sorge und Mühe. Maria hat das gute Teil erwählt.»

Wer Jesum herzlich liebt, wer seine Worte hört und danach lebt und tut, wer dies zu seiner größten Sorge macht, der hat das gute Teil erwählt.

37
AUSSPRÜCHE JESU

Jesus benutzte seinen Aufenthalt in Jerusalem abermal, daß er das irregeführte Volk durch schöne Lehren einladete in das Reich Gottes. Er sprach unter anderm:

«Meine Lehre ist nicht mein, sondern des, der mich gesandt hat. So jemand will des Willen tun, der wird innewerden, ob diese Lehre von Gott sei oder ob ich von mir selbst rede. So ihr bleiben werdet an meiner Rede, so seid ihr meine rechten Jünger. Ihr werdet die Wahrheit erkennen, und die Wahrheit wird euch frei machen. Wer Sünde tut, der ist der Sünde Knecht.»

«Ich bin ein guter Hirte – ein guter Hirte läßt sein Leben für die Schafe. – Ich kenne die Meinen und bin bekannt den Meinen. – Meine Schafe hören meine Stimme, und sie folgen mir, und ich gebe ihnen das ewige Leben, und niemand wird sie mir aus meiner Hand reißen. Der Vater, der sie mir gegeben hat, ist größer denn alles, und niemand kann sie aus meines Vaters Hand reißen. Ich und der Vater sind eins.»

Als er aber sagte: «Ich und der Vater sind eins», hoben die Juden Steine auf und wollten ihn steinigen. Denn die Zahl seiner Feinde und ihre Bosheit wurden immer größer. Es haßten ihn aber die Pharisäer und die Priester, weil er ihre Untugenden öffentlich mit Worten strafte und ihre Scheinheiligkeit nicht mehr bestehen konnte. Viele aber von dem Volk hingen ihm an, denn sie glaubten, daß er der Sohn Gottes sei und daß er Israel erlösen werde.

38
AUFERWECKUNG DES LAZARUS

Als der Herr sich wieder aus Jerusalem entfernt hatte und jenseits des Jordans sich aufhielt, erkrankte in Bethania Lazarus. Martha und Maria, seine Schwestern, ließen Jesu sagen: «Herr, den du liebhast, der liegt krank.» Jesus sagte es seinen Jüngern. Nach einigen Tagen aber sprach er zu ihnen: «Lazarus, unser Freund, schläft. Aber ich gehe hin, daß ich ihn aufwecke.» Nämlich er war unterdessen gestorben. Deswegen sagte Jesus mit einem so milden und schönen Wort: «Er schläft.» Die Jünger erwiderten: «Wenn er schläft, so wird es besser mit ihm.» Denn sie nahmen es für den natürlichen Schlaf. Da sagte Jesus freiheraus: «Lazarus ist gestorben. Aber wir wollen zu ihm gehen.»

Ehe sie Bethania noch erreichten, kam ihnen Martha entgegen. «Herr», sprach sie, «wärest du hier gewesen, mein Bruder wäre nicht gestorben.»

Jesus antwortete ihr: «Dein Bruder wird auferstehen. Ich bin die Auferstehung und das Leben, wer an mich glaubt, der wird leben, ob er gleich stürbe.» Jesus wollte noch nicht in den Ort und in das Haus gehen. Er ließ die Maria, die andere Schwester, in der Stille rufen. Er wollte mit den armen bekümmerten Gemütern allein reden. Es waren aber viele Freunde des Lazarus von Jerusalem im Haus, daß sie die Trauernden besuchten und trösteten, wie die Liebe zu tun pflegt. Als diese sahen, daß Maria aufstand und hinausging, sagten sie: «Sie will an das Grab gehen und weinen», und gingen ihr nach. Also kamen sie mit ihr zu Jesu. Sie sprach auch wie ihre Schwester: «Herr, wärest du hier gewesen, mein Bruder wäre nicht gestorben.» Alle weinten mit ihr – auch Jesu, dem Freund der Trauernden, gingen die Augen über. Als die Anwesenden es bemerkten, sprachen einige zueinander: «Siehe, wie hat er ihn so lieb gehabt.» Andere aber meinten, da Jesus schon so große Wunder verrichtet hätte, so hätte er ja wohl auch verhüten können, daß Lazarus nicht gestorben wäre. Denn die menschliche Kurzsichtigkeit eilt mit ihren Urteilen immer den weisen göttlichen Führungen voraus. Unterdessen ließ sich Jesus zu dem Grab seines Freundes führen und befahl, den Stein abzuheben. Es lag bloß ein Stein darüber. Martha wollte Bedenklichkeit dagegen machen, weil er doch schon vier Tage lang tot lag. Sie meinte, Jesus wollte den Verstorbenen nur noch einmal sehen, weil er ihm so lieb gewesen war. Jesus erwiderte ihr, daß sie die Herrlichkeit Gottes sehen werde, ein herrliches Werk der göttlichen Allmacht. Als nun der Stein abgehoben und die Gruft geöffnet war, in welcher der Tote lag, schaute Jesus zum Himmel auf und betete und rief alsdann mit lauter Stimme in das Grab: «Lazarus, komm heraus!» Da tat sich das Auge des Erblaßten zu einem neuen Leben auf, da erhoben sich seine Gebeine zu einem neuen Leben. Er kam hervor, wie wenn er nur geschlafen hätte, und kehrte nachher mit den Seinigen in ihre Wohnung zurück. Das war das herrliche Werk, das Jesus durch Gottes Kraft verrichtete, daß er den Toten zum Leben erweckte. Der Tod ist nur der Weg zu einem neuen Leben.

Viele von den Begleitern der Maria glaubten nun an Jesum, als sie die Auferweckung des Lazarus gesehen hatten. Einige aber von ihnen meldeten in Jerusalem den Pharisäern, was Jesus getan hatte. Damals beschlossen die Priester und Pharisäer, ihn zu töten. Jesus aber entfernte sich in eine andere Gegend, bis sich das Osterfest nahete.

39
DIE SALBUNG IN BETHANIA

Sechs Tage vor Ostern kehrte Jesus nach Bethania zurück, daß er von da nach Jerusalem ginge zu dem Osterfest. Unterwegs bereitete er seine Jünger noch einmal auf sein Schicksal vor. Sein Herz war mit Todesgedanken erfüllt, denn er wußte alles, was ihm diesmal in Jerusalem widerfahren würde. «Siehe», sprach er, «wir ziehen hinauf gen Jerusalem, und des Menschen Sohn wird den Hohenpriestern und Schriftgelehrten überliefert werden, und sie werden ihn zum Tode verurteilen. Sie werden ihn den Heiden überantworten, daß er verspottet, gegeißelt und gekreuzigt werde. Aber am dritten Tag wird er auferstehen.» Solches wiederholte er seinen Freunden zur Vorbereitung und zum Trost. Aber sie verstanden es nicht. Ihr Herz konnte den traurigen und erfreulichen Sinn dieser Worte nicht fassen.

Aber welch ein lieber, willkommener Gast war er, als er wieder nach Bethania zu seinen getrösteten Freunden kam. Sie wußten auch nicht, daß er nur auf dem Weg zu seinem Tod bei ihnen einkehrte. Ein Freund namens Simon bat ihn zur Mahlzeit. Lazarus, den er von dem Tod erweckt hatte, saß mit zu Tische. Die geschäftige Martha wartete auf. Die stille Maria aber trat während der Mahlzeit zu Jesu mit einem Gefäß voll köstlichen Nardenöls. Denn im Morgenland gehörte das zu den guten Gebräuchen, wenn man einem werten Gast eine besondere Ehre erzeigen wollte, daß man sein Haupt mit kostbaren, wohlriechenden Salben oder Ölen befeuchtete. Diese Ehre wollte das fromme, zarte Gemüt der Maria dem Herrn antun. Weil sich Jesus diesmal nicht in ihrem eigenen Hause bewirten ließ, so wollte sie ihm ihre unaussprechliche Liebe und Dankbarkeit in dem Hause des Simon an den Tag legen. Sie öffnete das Gefäß und benetzte mit dem köstlichen, duftenden Balsam, der darin war, das Haupt, ja auch die Füße Jesu und trocknete sie demutsvoll wieder mit ihren Haaren. Diese Ehrenbezeigung nahm Jesus mit freundlichem Wohlgefallen auf. Sie kam aus einem frommen Herzen, das ganz von Dank und Liebe und Demut erfüllt und bewegt war.

Aber wie ungleich sind die Gemüter der Menschen! Wie kann auch das edelste Gemüt mißkannt und getadelt werden! Einer von den Jüngern, Judas Ischariot, ein finsterer Geselle, sprach: «Hätte man diese Salbe nicht für dreihundert Groschen verkaufen und das Geld unter die Armen verteilen können?» Es war ihm nicht um die Armen zu tun, sondern um sich: denn er empfing das Geld für die gemeinschaftlichen Ausgaben und für die Almosen in seine Verwaltung und war daran ein Dieb. Aber auch einige andere Jünger, die doch so gutmütig waren, ließen sich durch seine Reden irreleiten und sagten das nämliche was er.

Wie mögen der armen Maria diese Reden so wehe getan haben! Doch Jesus nahm sich ihrer an und tröstete sie mit seinem Beifall. Den Redlichen, wenn die Menschen seine guten Absichten nicht verstehen, tröstet der Himmlische mit seinem Beifall. «Laßt sie zufrieden», sprach Jesus, «was bekümmert ihr sie? Sie hat ein gutes Werk an mir getan. Arme habt ihr allezeit um euch, und so ihr wollt, könnt ihr ihnen Gutes tun. Mich aber habt ihr nicht allezeit.» Ja, er gab ihrer Handlung noch eine schöne rührende Bedeutung, daß Maria ihn durch diese Salbung bereits zu seiner Begräbnis eingeweiht habe, weil man in jener Zeit auch die Gestorbenen vor ihrer Begräbnis zu salben pflegte. «Wahrlich», sprach er, «ich sage euch, wo das Evangelium gepredigt wird in aller Welt, da wird man auch das sagen zu ihrem Gedächtnis, das sie getan hat.»

Also steht es jetzt auch hier geschrieben, daß es gelesen werde zu ihrem Gedächtnis.

Viele fromme Worte, Werke und Tränen der Dankbarkeit und Liebe sind schon aus manchen bewegten Herzen hervorgegangen, von denen niemand mehr etwas weiß, wiewohl im Himmel sind sie nicht vergessen. Aber was die fromme Schwester des Lazarus in dem Hause des Simon tat, bleibt unvergessen, auch auf der Erde, wie Jesus gesagt hat. Wo das Evangelium verkündet wird in aller Welt, da sagt man auch zu ihrem Gedächtnis, was sie getan hat, und erfreut sich ihres frommen, zarten Sinnes bis auf diese Stunde.

40
EINZUG JESU IN JERUSALEM

Des andern Morgens begab sich der Herr nach Jerusalem – er ging von dieser Zeit an jeden Morgen nach Jerusalem, aber am Abend kehrte er nach Bethania zu seinen Freunden zurück. Diesmal bestieg er unterwegs eine Eselin. Dieses Tier, das bei uns so armselig aussieht, kommt im Morgenland zu einem schönen und ansehnlichen Wuchs. Jedermann, auch die Vornehmsten, bedienten sich dieser Tiere zum Reiten ohne Anstand. Als aber Jesus gegen die Stadt und in die Stadt kam, schien es, als ob sich ganz Jerusalem auf einmal zu ihm bekehren wollte. Eine große Volksmenge kam ihm entgegen und begleitete ihn. Viele legten ihre langen und breiten Oberkleider über den Weg, auf welchem er ritt. Andere brachen Zweige von den Bäumen und streuten sie auf den Weg. Alles Volk, das vorausging und nachfolgte, rief mit lauter Stimme: «Hosianna dem Sohn Davids! Gelobt sei, der da kommt in dem Namen des Herrn!» Auch die Kinder riefen ein freudiges Hosianna darein. Wiewohl als Jesus von der Anhöhe herabkam und die Stadt vor sich sah, fing er an zu weinen. Denn er sah im Geist das große Unglück voraus, welches die Einwohner durch ihre Gottlosigkeit, durch ihre Scheinheiligkeit, durch ihre Verstocktheit sich zubereiteten. Der Mensch bereitet meistens sein Unglück sich selbsten zu und erkennt es erst, wenn es zu spät ist. «Oh, wenn du es wüßtest», sprach Jesus, «so würdest du bedenken zu dieser deiner Zeit, was zu deinem Frieden dient! Aber es ist vor deinen Augen verborgen.» Als aber Jesus in die Stadt gekommen war und in den Tempel und die fröhlichen Kinder noch immer Hosianna, Hosianna riefen, fragten ihn die Priester, ob er nicht höre, was diese sagen.

MATTH. XXI

Chriſtus asino inſidens, ingreditur Ieruſalem.

J. Christ entrant dans Jerusalē aſsis sur une Aneſse.

Matth. XXI. 8.

Viel Volck bereitet die Kleider aŭf den Weg, die andern hieben Zweige von den Baŭmen ŭnd ſtreŭeten ſie aŭf den Weg.

Sie meinten nämlich, er sollte ihnen wehren. Das tat Jesus nicht, der die Kinder so lieb hat. Nein, zu den stolzen Priestern sprach er: «Habt ihr nicht gelesen: Aus dem Munde der Kinder und Säuglinge hat sich Gott ein Lob bereitet.»

Aber das alles, und was Jesus sonst noch lehrte und tat, das erbitterte nur noch mehr den Haß seiner Feinde gegen ihn. Böse Menschen können es nicht ansehen, daß die Guten geehrt und geliebt werden. Sie beschuldigten ihn, daß er das Volk gegen den Kaiser empören und sich zum König erheben wollte, der fromme, friedliche Menschensohn, der die Sünder bekehren und retten und in das selige Reich Gottes bringen wollte.

41
DIE WITWE AM GOTTESKASTEN

In den letzten Tagen vor seinem Tode saß einmal Jesus dem Gotteskasten des Tempels gegenüber, als eben die Leute ihre Gaben hineinlegten. Viele Reiche gingen vorüber und legten große Geschenke nieder, die ihres Reichtums würdig waren. Zwischen ihnen aber kam in dürftigem Gewande eine arme Witwe und legte auch zwei Scherflein, soviel als ein Heller, ein. Sie glaubte nicht, daß jemand auf sie achte, als der im Himmel wohnt und auf alles achtet. Aber Jesus übersah es nicht und legte einen höheren Wert auf dieses kleine Opfer der frommen Armut als auf die großen Gaben des

Reichtums. Er sprach zu seinen Jüngern: «Wahrlich, ich sage euch: Diese arme Witwe hat mehr eingelegt als die andern alle. Denn die andern alle haben von ihrem Übrigen etwas beigesteuert. Diese aber hat von ihrer Armut alles, was sie hatte, sie hat ihre ganze Nahrung eingelegt.»

42
VERKÜNDUNG VON DER ZERSTÖRUNG JERUSALEMS UND DEM JÜNGSTEN GERICHT

Als sie aus dem Tempel gingen und diesen großen Bau noch einmal betrachteten, sprachen zu Jesu die Jünger: «Herr, siehe, welche Steine und welch ein Bau ist das!» Sie freuten sich, daß sie auch zu einem Volk gehörten, welches einen solchen Tempel hatte, wie man noch heutzutag sich freut und fast etwas darauf einbildet, wenn man eine schöne und reinlich gehaltene Kirche hat. Jesus sprach zu ihnen: «Seht ihr das alles? Wahrlich, ich sage euch: Es wird hier nicht ein Stein auf dem andern bleiben, der nicht zerbrochen werde. Ihr werdet hören von Kriegen und Kriegsgeschrei. Es wird sich empören ein Volk über das andere, und ein Königreich über das andere, und werden sein Pest und teure Zeit und Erdbeben hin und wieder. – Sie werden euch verfolgen und überantworten in ihre Schulen und Gefängnisse. Sie werden euch vor Könige und Fürsten ziehen, und ihr werdet gehasset werden von jedermann um meines Namens willen. – Wenn ihr aber sehen werdet die Stadt Jerusalem mit einem Kriegsheer belagert, dann merket, daß die Zeit ihrer Verwüstung da ist.»

Bei dieser Gelegenheit sprach Jesus auch von der letzten Vollendung aller Dinge und von seiner Wiederkunft zum Gericht am Ende der Welt.

Von seiner Wiederkunft zum Gericht sprach er also:

«Wenn des Menschen Sohn kommen wird in seiner Herrlichkeit, und alle heiligen Engel mit ihm, dann wird er sitzen auf dem Stuhl seiner Herrlichkeit; und werden vor ihm alle Völker versammelt werden, und er wird sie voneinander scheiden, gleich als ein Hirte die Schafe von den Böcken scheidet; und er wird die Schafe zu seiner Rechten stellen und die Böcke zur Linken. Da wird dann der König sagen zu denen zu seiner Rechten: ‹Kommet her, ihr Gesegneten meines Vaters, erbet das Reich, das euch bereitet ist von Anbeginn der Welt. Denn ich bin hungerig gewesen, und ihr habt mich gespeiset. Ich bin durstig gewesen, und ihr habt mich getränkt. Ich bin ein Fremdling gewesen, und ihr habt mich beherberget. Ich bin nackt gewesen, und ihr habt mich bekleidet. Ich bin krank gewesen, und ihr habt mich besucht. Ich bin gefangen gewesen, und ihr seid zu mir gekommen.› Dann werden ihm die Gerechten antworten und sagen: ‹Herr, wann haben wir dich hungerig gesehen und haben dich gespeist? Oder durstig und haben dich getränkt? Wann haben wir dich, einen Fremdling, gesehen und beherberget, oder nackt und haben dich bekleidet? Wann haben wir dich krank oder gefangen gesehen und sind zu dir gekommen?› Der König wird antworten und sagen zu ihnen: ‹Wahrlich, ich sage euch: Was ihr getan habt einem unter diesen meinen geringsten Brüdern, das habt ihr mir getan.› Dann wird er auch sagen zu denen zur Linken: ‹Gehet hin von mir, ihr Verfluchten, in das ewige Feuer, das bereitet ist dem Teufel und seinen Engeln. Ich bin hungerig gewesen, und ihr habt mich nicht gespeist. Ich bin durstig gewesen, und ihr habt mich nicht getränket. Ich bin ein Fremdling gewesen, und ihr habt mich nicht beherberget. Ich bin nackt gewesen, und ihr habt mich nicht bekleidet. Ich bin krank und gefangen gewesen, und ihr habt mich nicht besucht.› Da werden sie ihm auch antworten und sagen: ‹Herr, wann haben wir dich gesehen hungerig oder durstig oder einen Fremdling oder nackt oder krank oder gefangen, und haben dir nicht gedient?› Dann wird er ihnen antworten und sagen: ‹Wahrlich, ich sage euch: Was ihr *nicht* getan habt einem unter diesen Geringsten, das habt ihr mir *nicht* getan.› Diese werden in die ewige Pein gehen, aber die Gerechten in das ewige Leben.»

43
JUDAS ISCHARIOT

Unterdessen hielten die Priester und Ältesten des Volkes in der Wohnung des Hohenpriesters Kaiphas einen Rat, wie sie Jesum mit List in ihre Gewalt bringen könnten. Sie hatten nicht das Herz, ihn öffentlich gefangenzunehmen. Sie fürchteten Widerstand und Aufruhr. Denn es waren damals viele Freunde und Anhänger Jesu aus Galiläa und dem ganzen Lande in Jerusalem wegen des Festes versammelt. Einige rieten sogar, man solle warten, bis das Fest vorüber wäre. Indessen kam von des Herrn eigenen Jüngern Judas Ischariot und tat ihnen das Anerbieten, er wolle ihn unbeschrien in ihre Hände liefern. Ischariot, der Bösewicht, sprach zu den Priestern: «Was wollt ihr mir geben? Ich will ihn euch verraten.» Die Priester boten ihm ein Schmach- und Sündengeld von dreißig Silberlingen an, welches soviel ist als ungefähr fünfzehn Taler. Um das Sündengeld von dreißig Silberlingen verkaufte sich Judas zu der schrecklichen Tat, seinen Herrn und Meister zu verraten, und wird schlechten Gewinn davon haben. Aber ist's nicht schon einmal gesagt? Wen der böse Geist zu einer schrecklichen Tat verleiten will, den macht er vorher rachsüchtig oder eifersüchtig oder geldbegierig.

Nach diesem kehrte der Tückische und Verworfene zu Jesu und seinen andern Jüngern zurück, als

MATTH. XXVI.

Iudas Iscariotes accipit 30. Siclos, pretiū proditiōis.

Iudas Iscarioth prend les 30. Sicles d'arg., les prix de sa Trah.

Matth. XXVI. 14.

Jüdas Jscharioth empfangt v. den Hohenpriestern, ünd Eltisten im Volck daß Verräther Geld nemlich 30. Silberling.

wenn nichts geschehen wäre. Er gab jetzt auf alle ihre Schritte und Worte acht.

An dem Tag, als man pflegte das Osterlamm zu essen, sprach Jesus zu den Jüngern Petrus und Johannes: «Gehet hin in die Stadt und bereitet das Osterlamm. Es wird euch ein Mensch begegnen, der einen Krug mit Wasser trägt. Folget ihm nach, und wo er hineingeht, da wird euch der Hausherr einen großen gerüsteten Saal zeigen. Daselbst richtet es für uns zu.» Die Jünger fanden es alles so und taten so, wie sie der Herr geheißen hatte. Am Abend kam er mit den übrigen Jüngern, setzte sich und sprach: «Mich hat herzlich verlangt, das Osterlamm mit euch zu essen, ehe denn ich sterbe.» Wann nur einer nicht dabeigewesen wäre! Jesus geriet während der Mahlzeit in eine tiefe Bewegung seiner Seele. «Wahrlich», sprach er, «ich sage euch: Einer unter euch wird mich verraten.» Er kannte seinen Verräter wohl, aber er wollte ihn noch nicht nennen. Er wollte ihn noch schonen und ihm Gelegenheit geben, sein entsetzliches Vorhaben aufzugeben und sich zu bessern.

Aber wer einmal im Bösen so weit gegangen ist, wer sich so vom Satan hat verstricken lassen, o Gott, wie schwer ist es, daß ein solcher Unglückseliger wieder besser werde! –

Die guten Jünger sahen einander voll Schrecken an, ob so etwas möglich sei und wen er wohl meine. Es fragte ihn einer nach dem andern in dem Bewußtsein seiner Unschuld: «Herr, bin ich's?»

Jeder wünschte von Jesu das tröstliche Wort zu vernehmen, daß er ihm ein solches Verbrechen nie zutrauen könne. Nur den Judas ließ das böse verratene Gewissen noch nicht zur Sprache kommen. Petrus winkte dem Johannes, der den nächsten Platz neben Jesu hatte, daß er ihn fragte, wer es sei. Da tauchte Jesus einen Bissen ein und sprach: «Der ist es, dem ich ihn gebe.» Er gab ihn seinem Verräter. Da sprach endlich auch der verstockte Sünder in seinem bösen Bewußtsein: «Herr, bin ich's?» Jesus sprach: «Du bist's!»

Es war nichts mehr an ihm zu schonen. Sein Herz war befangen in der Bosheit und Verstockung.

Bewahre mich, mein Gott, daß ich nie von deinen Wegen weiche, nie deine leitende Vaterhand verlasse!

44
DIE STIFTUNG DES HEILIGEN ABENDMAHLS

Nach dem Genuß des Osterlamms stiftete Jesus ein neues Erinnerungsmahl, das heilige Erinnerungsmahl seines Todes und seiner Liebe bis in den Tod. Zu dem Ende nahm er das Brot, segnete es und brach's; er gab es seinen Jüngern und sprach: «Nehmet, esset! Das ist mein Leib, der für euch gegeben wird. Das tut zu meinem Gedächtnis.» Desselbigengleichen nahm er auch den Kelch, segnete ihn und sprach: «Trinket alle daraus! Das ist mein Blut des neuen Testaments, das für viele vergossen wird zur Vergebung der Sünden.»

Die Jünger aßen von dem Brot und tranken von dem Wein und befestigten mit Jesu den Bund der Treue und der Liebe bis in den Tod.

Das ist das heilige Abendmahl oder Nachtmahl, welches seitdem in allen christlichen Kirchen auf der Erde von den Bekennern Jesu gefeiert wird, daß sie seines Todes und seiner Liebe dabei gedenken und daß sein Leib und Blut mit ihnen vereiniget werde und sie heilige und stärke zum ewigen Leben.

45

REDEN JESU ZU SEINEN JÜNGERN. BEGEBENHEITEN IN GETHSEMANE

Es sprach der Herr zu seinen Jüngern: «Ich bin noch eine kleine Weile bei euch. Liebet euch untereinander, wie ich euch geliebet habe. Daran wird jedermann erkennen, daß ihr meine Jünger seid, wenn ihr Liebe untereinander habt.» Petrus fragte ihn, wo er denn hingehe. Der Herr erwiderte ihm: «Wo ich hingehe, kannst du mir diesmal nicht folgen.» Petrus sprach: «Warum soll ich dir nicht folgen können? Ich will mein Leben für dich lassen. Wenn dich alle verlassen, ich verlasse dich nicht.» Jesus sprach zu ihm: «Du wolltest dein Leben für mich lassen? Wahrlich, ehe der Hahn kräht (das heißt, ehe der Tag kommt), wirst du mich dreimal verleugnen.»

Auch mit andern Worten ermahnte und tröstete er sie und versprach ihnen die Sendung und den Beistand des Heiligen Geistes, wann er nicht mehr bei ihnen sein würde. «Ich will den Vater bitten, und er soll euch einen andern Tröster geben, daß er bei euch bleibe ewiglich, den Geist der Wahrheit; derselbe wird euch alle in Wahrheit leiten.»

Endlich betete er auch noch für sie und für alle, die durch ihr Wort noch an ihn glauben würden, daß wir eins bleiben mögen in ihm und daß uns Gott einst zu ihm bringen wolle in seine Herrlichkeit, die ihm Gott gegeben hat.

Nach diesen Worten ging er mit ihnen in einen Garten, Gethsemane genannt.

In dem Garten sprach er zu ihnen: «Setzet euch hier! Ich will dort hingehen und beten.» Doch nahm er mit sich den Petrus, Jakobus und Johannes. Jetzt fing er an zu trauern und zu zagen. «Meine Seele», sprach er, «ist betrübt bis in den Tod. Bleibet hier und wachet mit mir!» Alsdann ging er noch einige Schritte weiter allein, warf sich in seiner Seelenangst auf die Erde nieder und betete, daß ihn Gott vor den schrecklichen Leiden bewahren wolle, die auf ihn warteten. «Mein Vater», so betete er, «wenn es möglich ist, so gehe dieser Kelch an mir vorüber. Doch nicht wie ich will, sondern wie du willst.» Als er zu seinen Jüngern zurückkam, wie wenn er Trost bei ihnen suchen wollte, schliefen sie. Da sprach er zu ihnen: «Könnt ihr denn nicht eine Stunde mit mir wachen? Wachet und betet, daß ihr nicht in Anfechtung fallet.» Das nämliche tat er zum zweiten und zum dritten Male, wie in der Betrübnis und Angst zu geschehen pflegt. Bald ist das geängstigte Herz lieber allein und betet. Bald sucht es wieder Trost und Stärkung bei freundlichen Menschen. Als er aber zum dritten Male wiederkam und die Jünger schlafend fand, sprach er: «Ach, wollt ihr denn nur schlafen und ruhen! Siehe, die Stunde ist hier, daß des Menschen Sohn in der Sünder Hände überantwortet werde. Stehet auf», sprach er, «laßt uns gehen. Siehe, mein Verräter ist da!»

Als er aber noch redete, kam in den Garten Judas, der Bösewicht, und brachte mit sich eine Schar von Gerichtsdienern und Kriegsknechten mit Fackeln, mit Schwertern und mit Stangen. So ging er zu Jesu hin, grüßte und küßte ihn: «Gegrüßet seist du, Rabbi!» Dieses Zeichen hatte er mit seinen Begleitern verabredet: «Welchen ich küssen werde, der ist's.» Denn sie kannten Jesum nicht, im Dunkeln gar nicht. Es war ein tiefer Schmerz für das fromme, heilige Gemüt Jesu, daß das schöne Zeichen der Freundschaft und der Liebe, Gruß und Kuß, zu einer so schändlichen Treulosigkeit konnte mißbraucht werden. «Wozu», sprach er, «bist du gekommen? Judas, verratest du des Menschen Sohn *mit einem Kuß?»* Als aber die Jünger sahen, was aus der Sache werden wolle – der fromme Jesus wurde angegriffen und wie ein Verbrecher gefangengenommen –, wollten sie anfänglich Gewalt gegen

Gewalt gebrauchen. Petrus griff sogar einen der Kriegsknechte mit gezogenem Schwerte an und verwundete ihn. Nur Jesus blieb ruhig und besonnen in dem bedenklichsten und furchtbarsten Augenblicke. Wo der gewöhnliche Mensch nicht mehr weiß, was er tut, gibt Gott Besinnung und Ruhe dem frommen und unschuldigen Herzen. Er sprach zu Petrus: «Stecke dein Schwert in die Scheide. Denn wer das Schwert gebraucht, kommt durch das Schwert um. Oder soll ich den Kelch nicht trinken, den mir mein Vater gegeben hat?» Denn er wußte, daß Gott den Menschen große Wohltaten durch seinen Tod erweisen wollte. Also ließ er sich willig binden und aus ihrer Mitte hinwegführen. In diesem Augenblick verließen ihn alle Jünger und flohen.

46
DIE VERLEUGNUNG DES PETRUS

Jetzt führten sie den Herrn noch in der Nacht vor Kaiphas, den Hohenpriester, wo auch schon einige andere Priester und Ratsherren versammelt waren und auf ihn warteten. Sie hielten ein kurzes vorgängiges Verhör über ihn, daß sie wüßten, wessen sie ihn beschuldigen wollten, und daß sie einig wären in ihrem Urteil, wenn am folgenden Morgen das Gericht über ihn gehalten würde.

Sie wurden einig in ihrem Urteil, daß er sterben müsse, weil er bekannt hatte, er sei Christus, der

Sohn Gottes. Denn das nannte der Hohepriester mit scheinheiligem Entsetzen eine Gotteslästerung.

Aber wer stand unterdessen in dem Vorhof des Hohenpriesters unter den Gerichtsdienern und dem Gesinde? Petrus und noch ein Jünger waren Jesu von ferne wieder nachgefolgt bis in den Vorhof des Palastes, daß sie sähen, wie es ihm ergehen werde. Sie glaubten, es würde sie, zumal in der Nacht, niemand erkennen. Als sie aber dastanden und sich wärmten bei einem Kohlfeuer und der Schein davon das Angesicht des Petrus erhellte, faßte ihn eine Magd des Hohenpriesters ins Auge und erkannte ihn. Sie sprach zu ihm: «Auch du warst mit dem Jesu von Galiläa.» Da überlief den Jünger plötzlich eine Furcht. Er leugnete mit den Worten: «Ich weiß nicht, was du sagst.» Es sprach eine andere Magd, als sie ihn erblickte: «Dieser war auch mit dem Jesu von Nazareth!» Petrus leugnete zum zweiten Male und schwur: «Ich kenne den Menschen nicht.» Nach einiger Zeit – es ging schon dem Morgen entgegen – sprachen einige der Anwesenden: «Wahrlich, er war auch dabei.» Ja, es fragte ihn einer von den Gerichtsdienern ins Gesicht: «Sah ich dich nicht im Garten bei ihm stehen?» Da beteuerte Petrus in der Angst zum dritten Male: «Ich kenne den Menschen nicht.» Bald darauf krähete der Hahn. Unterdessen hatten die Diener Jesum ebenfalls in den Vorhof geführt, daß sie, bis der Tag käme, ihn bewachten. Es geschah unter den ungerechtesten Mißhandlungen. Als aber der Hahn krähte, wandte Jesus sich um und schaute den Petrus an. Da gedachte der Jünger an die Worte seines Herrn: «Ehe der Tag kommt, wirst du mich dreimal verleugnen.» Es ging der arme Jünger mit verhülltem Angesicht hinweg und beweinte seine Vermessenheit und seinen Fall in bittern Tränen.

Er konnte nicht mehr mit Jesu reden und die Schmerzen seiner Reue vor ihm ausweinen. Aber Jesus kannte seinen Jünger doch. Der Himmlische sieht in das Herz.

47
DIE VERURTEILUNG JESU

Der Todestag Jesu war angebrochen. Mit dem frühen Morgen versammelte sich der Hohe Rat der Juden. Da sprachen sie das Todesurteil über ihn aus, wie sie in der Nacht es beschlossen hatten. Es war von nichts anderm mehr die Rede. Zwar einer von ihnen, Joseph von Arimathia, willigte nicht in ihren Rat, Nikodemus auch nicht, der einst in der Nacht zu Jesu gekommen war. Sie liebten und ehrten ihn, aber sie konnten ihn nimmer retten. Hierauf führten ihn seine Feinde vor den römischen Statthalter oder Landpfleger Pontius Pilatus, daß er das Todesurteil bestätigte und vollziehen ließe. Sie selbst durften es nicht vollziehen. Es zog auch viel zusammengelaufenes Volk mit, wie zu geschehen pflegt. Unter ihnen waren ohne Zweifel Gedungene von den Pharisäern. Die Bosheit und Rachsucht erlaubt sich alle Mittel, daß sie ihre gottlose Absicht erreiche. Pilatus fragte sie: «Was habt ihr für eine Klage gegen diesen Menschen?» Sie sprachen: «Das Volk macht er aufrührerisch und verbietet dem Kaiser die Schatzung zu geben und sagt, er sei der König.» Sie beschuldigten ihn nämlich, als wenn er ein weltlicher König sein und dem Kaiser die Herrschaft über das Land entziehen wollte, die Boshaften. Pilatus verhörte ihn: «Bist du der Juden König?» Jesus antwortete ihm: «Ein König bin ich. Aber mein Reich ist nicht von dieser Welt.» Pilatus überzeugte sich bald von der Unschuld des frommen Jesus und gedachte daran, ihn zu retten. Deswegen hörte er es nicht gerne, daß Jesus den Ausdruck gebrauchte: «Ich bin ein König.» Er hätte lieber gehört: «Ich bin kein König.» Aber Jesus sprach: «Ich bin dazu geboren und in die Welt gekommen, daß ich die Wahrheit bezeugen soll.» Pilatus gab den Juden unverhohlen den Bescheid, daß er keine Schuld an ihm finde. Aber sie beharrten darauf, daß er sterben müsse, nach ihrem Gesetz müsse er sterben. Denn sie kannten den Pilatus wohl, daß er kein fester und herzhafter Mann sei. Pilatus schickte Jesum zu Herodes, weil Herodes Fürst von Galiläa war; damals aber befand er sich in Jerusalem. Herodes verspottete ihn und schickte ihn wieder zurück.

Pilatus wendete sich nun an das gemeine Volk, welches sich vor dem Richthaus versammelt hatte.

Das Volk hatte ein altes Recht, auf das Osterfest einen von den Gefangenen freizubitten. Damals saß ein Aufrührer und Mörder gefangen, mit Namen Barrabas. Pilatus redete das Volk an: «Soll ich euch den Barrabas losgeben oder Jesum?» Er hoffte, das Volk würde um Jesum bitten. Aber sie baten um Barrabas. Er fragte sie: «Was soll ich denn mit Jesu anfangen?» Sie antworteten: «Kreuzige ihn!»

Oh, wo sind die guten Menschen, die wenige Tage vorher den Einzug Jesu mit Hosianna feierten? Die seinen Einzug mit Hosianna feierten, sind nicht da. Viele sind daheim und trauern und kommen erst am Pfingstfest wieder. Wann die Rotte der Bösen triumphiert, so trauern die Guten und beten.

Pilatus machte noch einen Versuch, das Mitleiden des Volks durch Grausamkeit zu erregen. Er ließ den frommen Jesus geißeln. Nach der Geißelung legten ihm die römischen Kriegsknechte einen Purpurmantel um. Sie flochten eine Krone mit Dornen und setzten sie auf sein Haupt. Sie gaben ihm einen Stab in die Rechte. Sie knieten spottweise vor ihm nieder und sprachen: «Gegrüßet seist du, der Juden König!» Sie standen wieder auf, nahmen den Stab aus seiner Hand und schlugen ihn damit auf sein Haupt. Als er diese und noch mehr Mißhandlungen ausgeduldet hatte, stellte ihn Pilatus mit seinen Striemen, mit seinen Wunden, in seinem Blut wieder vor das Volk. «Seht doch», sprach er, «welch ein Mensch!» Aber die empörte Rotte beharrte darauf, daß er sollte gekreuzigt werden. Ja, die Priester drohten zuletzt dem Landpfleger mit dem Kaiser. «Lässest du diesen los», sprachen sie, «so bist du des Kaisers Freund nicht.» Da setzte sich endlich Pilatus auf den Richterstuhl und tat den Ausspruch, daß Jesus sollte gekreuziget werden. Doch wusch er seine Hände und sprach: «Ich bin unschuldig an dem Blut dieses Gerechten, sehet ihr zu!» Also bezeugte der Richter mit eigenem Munde, daß er einen Unschuldigen gerichtet habe.

Als Judas, der Verräter, sah, daß Jesus zum Tode verurteilt wurde, da reute ihn seine schreckliche Tat. Er brachte das Blut- und Sündengeld den Priestern wieder. Er sprach: «Ich habe Unrecht getan, daß ich unschuldig Blut verraten habe.» Aber böse Menschen haben miteinander keine Barmherzigkeit. Sie sprachen: «Das geht uns nichts an. Das ist deine Sache. Da siehe du zu.» Solche Absolution gaben ihm die Priester auf seine Beichte. Damit warf er verzweiflungsvoll das Blutgeld, die dreißig Silberlinge, in den Tempel, suchte einen einsamen Ort und erhenkte sich. Ein solches Ende nahm der Jünger, der um dreißig Silberstücke seinen Herrn mit einem Kuß verraten hatte. Solchen Gewinn brachte ihm sein Frevel. Solchen Gewinn bringt der Frevel.

48

DIE KREUZIGUNG

Eine große Menge Volks, Böse und Gute, begleitete Jesum zu seiner Kreuzigung. Unter ihnen waren fromme Weiber, die weinten und wehklagten über sein Schicksal. Aber Jesus wandte sich um zu ihnen und sprach: «Ihr Töchter von Jerusalem, weinet nicht über mich! Weinet über euch selbst und über eure Kinder!» Denn er dachte abermal an das große Unglück, das bald über Jerusalem kommen mußte, und in seinem eigenen Schmerz verlor er das Mitleiden mit dem fremden nicht. Als sie mit ihm nach Golgatha gekommen waren, dort kreuzigten sie ihn. Sie kreuzigten auch noch zwei Mörder mit ihm, einen zu seiner Rechten, den andern zu seiner Linken, und spotteten über ihn. Aber der fromme Dulder betete und sprach: «Vater, vergib ihnen! Sie wissen nicht, was sie tun.» Das war das erste Wort, welches Jesus am Kreuze sprach. Viele, die vorübergingen, lästerten ihn und schüttelten das Haupt. Auch die Hohenpriester spotteten seiner: «Er hat andern geholfen und kann sich selber nicht helfen. Ist er Christus, der Sohn Gottes, so steige er herab. Er hat Gott vertraut, der helfe ihm nun.» Selbst einer von denen, welche mit ihm gekreuziget waren, war noch imstande, im eigenen entsetzlichen Schmerz der Schmerzen des Unschuldigen zu spotten. Aber der andere sprach zu ihm: «Fürchtest du dich auch nicht vor Gott, der du gleiche Strafe leidest? Zwar *wir* empfangen billig, was unsere Taten wert sind. Dieser aber hat nichts Unrechtes begangen.» Hierauf sprach er zu Jesu: «Herr, gedenke an mich, wenn du in dein Reich kommst.» Jesus antwortet gerne auf fromme Rede. Er gab dem Bittenden den Trost: «Heute wirst du mit mir im Paradiese sein.» – Gegenüber dem Kreuze stand die Mutter Jesu mit einigen Freundinnen. Das war die schmerzvolle Stunde, in welcher sie niemand seligpries. Es stand auch neben ihr Johannes, der Jünger, den Jesus so lieb hatte. Als er seine Mutter und seinen geliebten Jünger erblickte, sprach er zu ihr: «Siehe, das ist dein Sohn», und zu dem Jünger sprach er: «Siehe, das ist deine Mutter.» Das Wort der Liebe und des Vertrauens verstand des Jüngers frommes Herz. Er nahm die Mutter Jesu von Stunde an zu sich, daß er ihr kindliche Liebe und Pflege bewiese.

Der Himmel verhüllte sich in schwarze Wolken. Es verbreitete sich eine Finsternis in der ganzen Gegend. Jesus rief: «Mein Gott, mein Gott, warum hast du mich verlassen?» Das war der Augenblick seines höchsten Schmerzes. Aber wenn der Schmerz am höchsten ist, ist seine Auflösung am nächsten. Wenn wir von Gott verlassen scheinen, ist Gott am nächsten bei uns. Jesus sprach: «Mich dürstet!», daß er vor seinem Tode sich noch einmal erquickte und auf sein nahes Ende stärkte. Sie gaben ihm Essig zu trinken. Als er den Essig getrunken hatte und das nahe Ende fühlte, rief er mit

IOHANN. XIX.

Ieſus in cruce com̄endat matrē Mariam Iohañi.

Jeſus sur la Croix recom̄ende sa Mere a Iean son Discip.

Johann. XIX. 25.

Jeſus ſpricht zů ſeiner Můtter Maria:
Weib ſihe, das iſt dein Sohn! darnach zů
Johañe: Sihe, das iſt deine Můtter.

lauter Stimme: «Es ist vollbracht!» – «Vater», rief er, «in deine Hände befehl' ich meinen Geist.» Das war sein letztes Wort. Da waren sie aufgelöst, die Schmerzen des frommen heiligen Dulders. Da neigte er das müde Haupt und starb.

Aber nicht umsonst hatte sich der Himmel in furchtbare Wolken verhüllt. Die Erde erbebte, daß Felsen zersprangen und die Gräber aufgingen. Ja, der Vorhang im Tempel zerriß, der das Allerheiligste des Tempels bedeckte. Als der Hauptmann der römischen Wache das Erdbeben wahrnahm, sprach er: «Wahrlich, er ist ein frommer Mann und Gottes Sohn gewesen.» Das Volk aber schlug an seine Brust und kehrte wieder um. Man weiß nicht, was man dazu sagen soll.

49
DAS BEGRÄBNIS

Die Kreuzigung des Herrn geschah an einem Freitag. Selbigen Abend brach der Sabbat an des Osterfestes, ein sehr heiliger Tag bei den Juden. Deswegen mußten die Gekreuzigten am nämlichen Tag abgenommen werden. Ehe sie den Leichnam Jesu herabnahmen, stach ihn noch einer der Kriegsknechte mit einem Speere in die Seite. Es floß Blut und Wasser aus der Wunde. Während aber als die Freunde Jesu bekümmert waren, was dem Leichname des teuren Erblaßten noch für eine Unehre widerfahren könnte, kam der reiche und vornehme Ratsherr Joseph von Arimathia zu Pilatus und bat ihn, daß er ihm den Leichnam Jesu zur Begräbnis überlassen wolle. Es kam auch Nikodemus. Diese beiden nahmen den entseelten Leichnam und wickelten ihn mit kostbaren Gewürzen in eine feine Leinwand ein. Joseph besaß nicht weit von dem Orte, wo der Herr gekreuziget war, einen Garten. In dem Garten war ein zubereitetes neues Grab, in welchem einst er selbst wollte begraben werden. Es war in einen Felsen eben hineingehauen. In das Grab legten den Leichnam Jesu seine Freunde und wälzten vor die Öffnung einen großen schweren Stein, als wenn jetzt alles am Ende wäre.

50
DIE AUFERSTEHUNG DES HERRN

Es war noch nicht alles am Ende. Der Verheißene kann im Grabe nicht bleiben. Die Verheißung kann nicht sterben. Wie sprach der Herr zu seinen Jüngern? «Des Menschen Sohn wird gekreuziget und getötet werden. Aber am dritten Tag wird er auferstehn.»

Der tränenreiche Sabbat war vorüber. Am Sonntag frühe – freundliche Morgensterne mögen am Himmel gestanden sein – im Schimmer der freundlichen Morgensterne gingen einige fromme Frauen, Freundinnen und Verwandte Jesu, ebenfalls mit Spezereien hinaus zu dem Grabe. Sie wollten dem teuern Erblaßten auch noch die letzte Pflicht der Liebe antun und ihn einbalsamieren nach der Sitte ihrer Zeit. Unterwegs sprach kummervoll eine zu der andern: «Wer wälzet uns den Stein von dem Grabe?» Aber wie oft will der schwache Mensch noch sorgen, wann Gott schon gesorgt hat? Als sie in den Garten kamen, war der Stein schon weggewälzt. Das Grab war offen. Es war kein Leichnam mehr darin. Ein Engel saß zur Rechten, gleich einem Jüngling, in einem langen weißen Gewand. Vor seinem Anblick erschraken die Weiber. Der Engel sprach: «Entsetzet euch nicht! Ihr suchet Jesum von Nazareth, den Gekreuzigten. Er ist nicht mehr hier, er ist auferstanden.» Ja, er zeigte ihnen die leere Stätte, wo Jesus gelegen war. «Gehet hin», sprach er, «und sagt es seinen Jüngern. Was suchet ihr den Lebendigen bei den Toten?»

Der Mensch kann eine große Freude nicht schnell fassen. Ja, die größte Freude selber ist ein Schrecken. Die Frauen flohen mit Schrecken und Freude aus dem Garten in die Stadt und verkündeten den Jüngern, was sie gesehen und gehört hatten. Aber die Jünger glaubten ihnen nicht. Die Rede der Frauen war ihnen wie ein Traum. Wiewohl zwei von ihnen, Petrus und Johannes, gingen selbst hinaus zu dem Grab und fanden es, wie die Frauen gesagt hatten. Die Leinwand, in welche Joseph den Erblaßten gewickelt hatte, lag beisammen an einem Ort. Ein Tuch, welches ihm um das Haupt gelegt war, lag nicht bei der Leinwand. Es war besonders zusammengelegt an einem eigenen Ort.

MARIA MAGDALENA

Aber wird sich der Auferstandene nicht selbst erzeigen und seine zweifelnden und trauernden Freunde trösten?

Eine von den Frauen, Maria Magdalena, glaubte nichts anderes, als daß der Leichnam in der Nacht hinweggetragen und an einen andern Ort gebracht worden sei, und wußte nicht, von wem und wohin. Sie hatte deswegen keine Ruhe in der Stadt. Sie kehrte in den Garten zurück, sie setzte sich zu dem verlassenen Grab, schaute hinein, als ob sie ihn sehen müßte oder als ob sie sich zu neuen Tränen stärken wollte, und wartete, bis jemand käme, der ihr sagen könnte, wo der teure Entschlafene läge. Da stand hinter ihrem Rücken auf einmal eine männliche Gestalt und redete sie an: «Weib, was weinest du? Wen suchest du?» Maria meinte, es sei der Gärtner. Es war nicht der Gärtner. Fromme Kinder wollen schon vermuten, daß es der Auferstandene war, und haben auch noch kaum das Herz, es recht zu glauben. Maria sprach zu dem Mann, den sie nicht kannte: «Herr, hast du ihn weggetragen, so sage mir, wo du ihn hingelegt hast, daß ich ihn hole.» Es redete sie der Unbekannte mit ihrem Namen an: «Maria!» sprach er mit sanfter Stimme und enthüllte ihr sein Angesicht. Es war der Auferstandene und offenbarte sich ihr, daß er lebe, daß ihn Gott wieder auferweckt habe von dem Tode. Maria schrie mit einem freudigen Erschrecken: «Rabbuni!», das heißt: mein Herr. Mehr konnte sie im ersten Augenblick nicht sagen. Als sie aber niederkniete und seine Knie umfassen wollte, wehrte er ihr und sprach: «Rühre mich nicht an! Ich bin noch nicht aufgefahren», sprach er, «zu meinem Vater. Gehe aber zu meinen Brüdern und sage ihnen: Ich fahre auf zu meinem Vater und zu eurem Vater, zu meinem Gott und zu eurem Gott.»

Wie mag die fromme Maria sich des Auferstandenen gefreut haben, des Lebenden, den sie einen Augenblick vorher noch als tot beweinte!

Den Abend lang währet das Weinen, aber am Morgen die Freude.

Du hast mir meine Klage verwandelt in einen Reigen.

Du hast mein Trauergewand mir ausgezogen und mich mit Freuden umgürtet.

Maria, die getröstete und hocherfreute, eilte zu den Jüngern zurück und verkündete ihnen, daß sie den Herrn gesehen und was er mit ihr geredet habe.

52

DER GANG NACH EMMAUS

Am nämlichen Sonntag gingen zwei Jünger miteinander nach Emmaus, einem Flecken nahe bei Jerusalem. Sie waren nicht von den elfen, aber sie redeten miteinander von diesen Begebenheiten und waren traurig. Zwar wußten sie schon, daß die

Frauen das Grab leer gefunden und daß Engel mit ihnen geredet hatten. Aber sie hatten noch keinen großen Glauben an die Auferstehung. Da trat der Auferstandene zu ihnen, nicht in seiner bekannten Gestalt, sein Antlitz war ihnen nicht enthüllt, und gesellte sich zu ihnen, wie Wanderer auf der Straße manchmal zu tun pflegen. «Was sind das für Reden», fragte er sie, «die ihr miteinander wechselt, und warum seid ihr so traurig?» Die Jünger gewannen ein Zutrauen zu dem teilnehmenden fremden Mann. Sie sprachen zu ihm: «Bist du der einzige unter den Fremdlingen in Jerusalem, der nicht wisse, was in diesen Tagen geschehen ist?» Sie meinten, es müssen alle Menschen wissen und alle an das denken, was sie so traurig machte und so schwer in ihrem Herzen lag. Er fragte sie, was sie meinten. Er wollte ihnen Gelegenheit geben, ihr Herz durch Mitteilen zu erleichtern. Sie sprachen: «Das von Jesu, welcher ein Prophet war, mächtig in Tat und Worten vor Gott und allen Menschen. Unsere Priester», sagten sie, «haben ihn zum Tode überliefert, daß er gekreuziget wurde. Wir aber hofften, er sollte Israel erlösen.» Hierauf fing er an, ihnen aus den Schriften des Moses und aus den Propheten zu erklären, daß ja Christus solches leiden mußte, damit er in seine Herrlichkeit eingehen könnte. Den Jüngern wurde bei diesen Reden so wohl in ihrem Herzen. Es bewegte sich in ihrem Herzen eine wunderbare Liebe zu diesem freundlichen Fremdling. Es wäre ihnen nicht lieb gewesen, als sie nach

Emmaus kamen, wenn er weitergegangen wäre. Sie sprachen zu ihm: «Bleibe bei uns! Denn es will Abend werden, und der Tag hat sich geneiget.» Jesus blieb gerne bei ihnen.

Als sie aber miteinander in der Herberge waren und zu Tische saßen, brach er das Brot, dankte und gab es ihnen. Da erkannten sie ihn, daß er es sei, an der Art, wie er pflegte das Brot zu brechen. Als sie sich aber erst recht freuen und noch viel mit ihm reden wollten, verschwand er vor ihnen. Da schauten sie einander an, und einer sprach zu dem andern: «Brannte nicht unser Herz in uns, als er mit uns redete auf dem Wege und uns die Schrift erklärte?» Sie eilten hierauf noch an dem nämlichen Abend nach Jerusalem zurück, daß sie den andern Jüngern erzählten, was ihnen begegnet sei.

53
JESUS BESUCHT SEINE JÜNGER

Die Jünger saßen denselbigen Abend beisammen, und die Türen waren verschlossen aus Furcht vor den Juden. Aber von was redeten sie wohl, als von ihrem Herrn und Meister und von dem leer gefundenen Grab und von dem Zeugnis, und wie gerne sie ihn selbst sehen und mit ihm reden wollten, daß sie auch recht getrost und fröhlich sein könnten. Da stand auf einmal der Auferstandene unter ihnen in seiner bekannten lieben Gestalt und grüßte sie mit den schönen Worten: «Friede sei mit euch!» Doch fuhren sie vor Schrecken zusammen. Denn es war ihnen nicht anders, als erzeigte sich ihnen ein Geist. Jesus trat näher zu ihnen und zeigte ihnen seine Seite und seine Hände und beruhigte sie: «Ich bin es selber», sagte er, «fühlet mich an! Ein Geist hat nicht Fleisch und Bein, wie ihr an mir sehet.» Ja, er aß mit ihnen von einem Fisch und etwas Honigseim. Da wurden die Jünger froh, daß sie den Herrn sahen.

Das war der heilige Ostersonntag, der noch jährlich mit Freude und Hoffnung in allen christlichen Kirchen gefeiert wird im Frühjahr, wann die ersten Samenkerne aus der Erde aufgehen und sozusagen auch ihre Auferstehung halten.

Der Tod ist verwandelt in das Leben, in den Sieg.

Gott sei gedankt, der uns den Sieg gegeben hat durch Jesum Christum, unsern Herrn!

Thomas war nicht zugegen, als der Herr den Jüngern erschien. Als er zu ihnen kam, riefen sie ihm voller Freude entgegen: «Wir haben den Herrn gesehen!» Thomas glaubte ihnen nicht. Er antwortete: «Wenn ich nicht mit meinen Händen die Wundenmale seines Körpers befühle, so will ich's nicht glauben.» Nach acht Tagen waren sie abermal beisammen, und die Türen waren verschlossen, und Thomas war bei ihnen. Es war, wie wenn sie warteten, ob er wiederkommen werde um die nämliche Zeit. Er kam wieder und sprach zu Thomas: «Reiche nun deine Finger her und befühle meine Wundenmale, und sei nicht ungläubig, sondern gläubig.» Als Thomas Jesum erkannte, daß er es sei, sprach er zu ihm mit freudigem Entzükken: «Mein Herr und mein Gott!» Jesus aber sprach zu ihm: «Weil du mich gesehen hast, Thomas, so glaubst du. Selig sind, die nicht sehen und doch glauben!»

Alle, die Jesum Christum nie gesehen und doch liebhaben und an ihn glauben, wiewohl sie ihn nicht sehen, werden sich einst, gleich dem Thomas, freuen mit unaussprechlicher und herrlicher Freude.

54
ERSCHEINUNG JESU AM GALILÄISCHEN MEER

Die Jünger waren auf kurze Zeit wieder in Galiläa. Petrus und einige von ihnen fischten auf dem See. Am Morgen stand Jesus an dem Ufer und fragte: «Kinder, habt ihr nichts zu essen?» Er liebte sie, als wenn sie seine Kinder wären. Wen man herzlich und vertraulich liebt, den nennt man sein Kind. Die armen Jünger hatten nichts, womit sie ihren Herrn bewirten konnten. Sie hatten die ganze Nacht hindurch nichts gefangen. Aber wo Jesus ist, da ist kein Mangel. Es war bald für ein Mahl gesorgt. Als sie das Mahl genossen hatten, schaute er unter andern vertraulichen Gesprächen den Jünger an, der ihn dreimal verleugnet hatte, und sprach zu ihm mit beweglichen Worten: «Simon, hast du mich lieber, als mich diese haben?» Denn vor der Gefangennehmung Jesu hatte Petrus gesagt: «Wenn dich alle verlassen, so will ich dich nicht verlassen», als wenn er eine größere Liebe zu Jesu hätte als Johannes und die andern Jünger. Deswegen fragte er ihn: «Hast du mich lieber?» Er wollte ihn zur Erkenntnis seiner selbst, zur Demut und zur Gerechtigkeit gegen die andern Jünger führen. Selbsterkenntnis führt zur Demut und zur Gerechtigkeit. Petrus begehrte nicht mehr, besser zu sein als die andern Jünger. Er antwortete demütig und wahr: «Herr, du weißt, daß ich dich liebhabe.» Jesus sprach zu ihm: «Weide meine Lämmer!» Zum zweitenmal fragte er ihn: «Hast du mich lieb?» Petrus gab ihm die nämliche Antwort. Jesus sprach zu ihm: «Weide meine Schafe!» Er fragte ihn zum drittenmal: «Hast du mich lieb?» Petrus gab ihm zum drittenmal die Antwort: «Herr, du weißt alle Dinge, du weißt, daß ich dich liebhabe.» Jesus sprach abermal zu ihm: «Weide meine Lämmer!» Solche Gelegenheit gab er seinem Jünger, der ihn dreimal verleugnet hatte, daß er ihm dreimal seine Liebe bekennen konnte, und tröstete ihn. Gott gibt jedem guten Menschen, der aus Schwachheit gefehlt hat, Gelegenheit, seine Sünde zu erkennen, und nimmt das Bekenntnis seiner Treue und seiner Liebe mit Wohlgefallen an und tröstet ihn.

55
LETZTE REDEN JESU AN SEINE JÜNGER. HIMMELFAHRT

Jesus sprach zu seinen Jüngern: «Es muß alles erfüllt werden, was von mir geschrieben ist.»

Also ist's geschrieben, und also mußte Christus leiden und auferstehen am dritten Tag und predigen lassen in seinem Namen Buße und Vergebung der Sünden unter allen Völkern.

Wiederum sprach er zu ihnen: «Mir ist gegeben alle Gewalt im Himmel und auf Erden. Darum gehet hin in alle Welt und lehret alle Völker und taufet sie im Namen des Vaters und des Sohnes und des Heiligen Geistes und lehret sie halten alles, was ich euch befohlen habe. Wer glaubt und getauft wird, der wird selig werden.»

Dieses ist das Gesetz der heiligen Taufe, mit welcher die Kindlein getauft und in das Reich Gottes aufgenommen werden, daß sie Christo angehören und bei ihm bleiben und in dem wahren Glauben an ihn fromm und selig werden mögen.

«Siehe», sprach Jesus, «ich bin bei euch alle Tage bis an der Welt Ende.»

Auch wiederholte er ihnen die Verheißung des Heiligen Geistes und befahl ihnen, in Jerusalem beisammenzubleiben, bis die Verheißung erfüllt werde. Aber alles, was er redete, deutete darauf, daß er bald werde von ihnen scheiden. Vierzig Tage, nachdem er von dem Tode erstanden war, verweilte er noch auf der Erde, erschien seinen Jüngern und lehrte sie. Er hatte ihnen noch gar manches zu sagen, was sie früher nicht verstanden hatten.

Zuletzt nach allen diesen Reden und Erscheinungen führte er sie gen Bethania. Dort fragten sie ihn, wann er wiederkommen werde, wann er das Reich Israel wieder aufrichten werde. Sie erhielten aber die Antwort: «Es gebühret euch nicht, Zeit und Stunde zu wissen, welche der Vater seiner Macht vorbehalten hat, sondern ihr werdet die Kraft des Heiligen Geistes empfangen und werdet meine Zeugen sein in Judäa und Samaria und bis an das Ende der Welt.»

Nach diesem hob Jesus die Hände auf und segnete sie und fuhr auf gen Himmel. Eine Wolke nahm ihn weg vor ihren Augen. Als sie ihm aber nachsahen, wie er gen Himmel fuhr, standen bei ihnen zwei Männer in weißen Kleidern und sagten zu ihnen: «Ihr Männer von Galiläa, was stehet ihr und sehet gen Himmel? Dieser Jesus, welcher vor euch ist aufgenommen gen Himmel, wird wiederkommen.» Hierauf beteten die Jünger ihn an und kehrten zurück nach Jerusalem, nicht mehr mit Traurigkeit und Angst, sondern mit großer Freude.

Das ist der Verheißene, in welchem alle Geschlechter der Erde sollen gesegnet werden, geboren in Bethlehem, schon in seiner Kindheit verloren und wiedergefunden am dritten Tag in Jerusalem, getauft von Johannes im Jordan, versucht in der Wüste, gesendet von Gott, zu stiften das heilige Reich Gottes auf der Erde und die selige Wiedervereinigung der Menschen mit Gott, geliebt von den Guten, verfolgt von den Bösen, verraten von seinem Jünger, gekreuziget, gestorben und begraben, am dritten Tag auferstanden von den Toten, aufgefahren gen Himmel.

Also hat ihn Gott erhöhet und hat ihm einen Namen gegeben, der über alle Namen ist, daß in seinem Namen sich alle Knie beugen und alle Zungen bekennen sollen, daß Jesus Christus der Herr sei.

56

DIE ERSTE CHRISTLICHE GEMEINDE

Während als die Jünger in Jerusalem beisammen waren und auf die Verheißung warteten, in der Zwischenzeit ernannten sie einen von den übrigen Nachfolgern Jesu, namens Matthias, daß er der zwölfte unter ihnen sein sollte anstatt des Judas Ischariot. Es wäre nicht nötig gewesen. Gott wird schon selber noch einen auserwählen, daß er der zwölfte sei, welchen in selbigen Tagen noch niemand dafür ansah. Hundertundzwanzig Seelen waren beisammen. Dieses war der Anfang und erste Keim der christlichen Kirche auf der Erde. Das Reich Gottes ist einem Senfkorn gleich oder einem andern kleinen Samenkorn, das ein Mensch nimmt und in seinen Garten bringt. Er wächst und wird ein großer Baum. Durch Gottes Segen wird das Kleine groß.

57
DIE AUSGIESSUNG DES HEILIGEN GEISTES

Am Pfingstfest der Juden, fünfzig Tage nach der Auferstehung, waren die Jünger alle einmütig beieinander. Auf einmal erging ein gewaltiges Brausen vom Himmel und erfüllte das ganze Haus, worin sie saßen, und Flämmchen wurden sichtbar. Damals empfingen die Jünger den Heiligen Geist, den ihnen Jesus verheißen hatte. Es ging nämlich in ihrem Inwendigen eine sonderbare und schnelle Veränderung vor, welche niemand beschreiben kann, was sie war und wie sie zuging. Denn niemand weiß, was in den Menschen ist, ohne den Geist des Menschen, der in ihm ist. Sie waren jetzt auf einmal ganz andere Menschen, als sie vorher waren gewesen. Alle Kräfte ihres Geistes und Gemütes waren erhöht und geheiliget. Sie redeten mit andern Zungen, nachdem der Geist ihnen gab auszusprechen. Insbesondere aber ward ihr Herz belebt von Freudigkeit und Mut, das Evangelium des Auferstandenen vor allen Menschen kundzutun. Alle Furchtsamkeit war jetzt verschwunden, welche bisher ihre Herzen gefangenhielt.

Als das Brausen gehört wurde, liefen die Leute zusammen in das Haus, wo die Jünger waren, wie die Neugierde zu tun pflegt.

Unter ihnen waren auch viele fremde Juden aus allen Gegenden der Welt, welche zur Feier des

Festes nach Jerusalem gekommen waren. Sie hatten schon vorher von den Jüngern gehört. Sie meinten, sie würden einfältige Menschen antreffen, die in ihrer galiläischen Sprachweise nicht einmal erträglich mit anderen Leuten reden könnten. Ei, wie verwunderten sie sich, als sie diese hocherleuchteten und hochberedten Männer sahen und von den großen Taten Gottes reden hörten. Sie sprachen zueinander: «Sind nicht diese alle, die da reden, aus Galiläa? Wie hören wir denn ein jeglicher die Sprache, in welcher wir geboren sind? Was will das werden?» Einige aber trieben sogar ihren Spott und behaupteten, die Jünger seien betrunken, wiewohl es war erst die dritte Stunde am Tage. Die Leichtfertigkeit sucht überall Gelegenheit zum Spott. Ein besonnenes Gemüt findet überall Gelegenheit zum Nachdenken. Petrus stand auf und hielt an sie eine Rede, wie Gott schon in den Tagen der Propheten den Heiligen Geist verheißen habe, und jetzt werde diese Verheißung erfüllt. «Jesum von Nazareth», sprach er, «den Mann von Gott – den habt ihr gekreuziget und getötet; den hat Gott auferwekket, des sind wir alle Zeugen – und nun, nachdem er durch die Rechte Gottes erhöht ist, hat er uns den Heiligen Geist gegeben, und Gott hat ihn zu einem Herrn und Christ gemacht.»

«Tut Buße», sprach er, «und lasset euch taufen auf den Namen Jesu Christi zur Vergebung der Sünde, denn euer und eurer Kinder ist diese Verheißung, und aller, die ferne sind, welche Gott rufen wird.»

Act. II.

Spiritus S. visibili specie in S. Apostolos effundit.

Le Saint Esprit est repandu en especes Visibles sur les Apôtres.

Apost. Gesch. II. 2. 3.

Der Heilige Geist wird sichtbarlich in die heilige Apostel auf gegossen.

Selbigen Tag ließen sich taufen gegen dreitausend Menschen, und ihre Anzahl wurde täglich größer.

Das war das erste christliche Pfingstfest, welches ebenfalls noch heutzutage in allen Kirchen gefeiert wird, fünfzig Tage nach Ostern, wenn Gottes lebendiger Odem durch den blühenden Frühling weht und das Jahr befruchtet. Jeder Sonntag ist ein Gedächtnisfest, erstens für Gottes leibliche Wohltaten in der Schöpfung, zweitens für die Auferweckung Jesu von den Toten, drittens für die Sendung des Heiligen Geistes, ein heiliger und erfreulicher Tag, ein heiliger Dreieinigkeitstag.

58
DIE ERSTE VERFOLGUNG

Gleichwie um Pfingsten oder bald hernach die ersten Gewitter kommen – aber sie schaden wenig, vielmehr sie befördern die Fruchtbarkeit des Jahres, und der Sturmwind trägt die fruchtbaren Samenkörnlein weiter –, also brachen auch bald nach dem Pfingstfest die ersten Verfolgungen über die Bekenner Jesu aus, wie er ihnen vorausgesagt hatte.

Als Petrus mit Johannes in den Tempel ging zu beten, heilte er im Vorbeigehen einen lahmen Menschen, welcher vor einer Türe des Tempels lag und bettelte. Wer auf guten Wegen geht, dem gibt Gott Gelegenheit zu guten Taten. Petrus sprach zu dem lahmen Menschen: «Gold und Silber habe ich nicht. Was ich aber habe, gebe ich dir. Im Namen Jesu Christi, stehe auf und wandele!» Der Apostel war seiner Rede und ihres Erfolges so gewiß, daß er dem Kranken die Hand reichte, um ihn aufzurichten. Augenblicklich stand der Lahme auf, ging mit ihnen in dem Tempel herum und lobte Gott. Alle Leute, welche im Tempel waren, liefen herzu, daß sie den wundertätigen Apostel sehen. Petrus wollte nicht dafür angesehen sein, daß er so etwas imstande sei. Ein wahrer Bekenner Christi will nicht mehr scheinen, als er ist. Er will nicht für seine Kunst und Weisheit ausgeben, was Gottes Kraft und Weisheit durch ihn tut. Petrus belehrte sie, daß dieser Lahme nicht durch ihn, sondern durch den Glauben an Jesum Christum genesen sei, welchen Gott auferweckt habe von den Toten.

Als nun die Priester hörten, welche im Tempel waren, daß die Apostel von dem verhaßten Namen Jesu lehrten, setzten sie dieselben aus dem Tempel hinweg gefangen wie gemeine Verbrecher oder Unruhstifter bis an den andern Morgen. Nichtsdestoweniger vermehrte sich die Gemeinde des Herrn abermal an selbigem Tage auf fünftausend Männer. Die Saaten waren aufgegangen, die in den Tagen Jesu gesäet wurden. Die Zeit der Ernte ging an. Des andern Tages wurden zwar die Apostel vor Gericht gestellt, vor die nämlichen Richter, welche Jesum zum Tod verurteilt hatten, aber Gott ließ ihnen kein Leid widerfahren. Sie wurden wieder in Freiheit gesetzt, ob sie gleich herzhaft bekannten, als sei dem also, daß Gott den Jesus von Nazareth, welchen sie gekreuzigt haben, von den Toten auferweckt habe, und es sei kein ander Heil, und es sei auch kein anderer Namen den Menschen gegeben, darinnen sie sollen selig werden. Ein rechtschaffener Bekenner Jesu muß herzhaft sein. Er darf nichts bemänteln noch verheimlichen. – Die Priester verboten zwar den Aposteln, daß sie nicht mehr lehren sollten von Jesu. Aber die Apostel sprachen: «Urteilet selbst, ob es vor Gott recht sei, daß wir euch mehr gehorchen als Gott. Wir können es nicht lassen, daß wir nicht reden sollten, was wir gesehen und gehöret haben.»

Also gaben die heiligen Apostel die erste Probe ihres Lehrvortrags in einem Haus, das zweitemal schon in dem Tempel, das drittemal schon vor dem Gericht der Hohenpriester und Ältesten und Schriftgelehrten. Petrus bekennt jetzt schon vor den Hohenpriestern, was er wenige Wochen vorher vor einer Magd verleugnete. Gott hilft den Schwachen weiter.

Als nun die Jünger fortfuhren, von Jesu zu lehren und seine Auferstehung zu verkündigen, wurden sie abermal in das Gefängnis gesetzt. Aber Gott erlöste sie. Auf einmal waren sie wieder in dem Tempel und lehrten. Die Hohenpriester sprachen zu ihnen: «Haben wir euch nicht ernstlich verboten, daß ihr nicht lehren sollt in diesem Namen?» Sie sprachen den Namen Jesu gar nicht aus, so verhaßt war er ihnen. Aber die Apostel antworteten: «Man muß Gott mehr gehorchen als den Menschen.» Es wurde im Rat die Rede davon, sie zu töten. Aber einer von den Herren des Rats, mit Namen Gamaliel, ein Mann wie Nikodemus und Joseph, sprach: «Nehmt euch in acht, was ihr tut mit diesen Leuten! Ist ihr Werk von Menschen», sagte er, «so wird es untergehen. Ist es aber von Gott, so könnt ihr es nicht dämpfen.» Es war von Gott. Sie konnten es nicht dämpfen. Die Apostel wurden abermal in Freiheit gestellt, wiewohl nicht ohne schmerzhafte Mißhandlungen, wie ihnen Jesus vorhergesagt hatte.

59
STEPHANUS

Die Apostel und die, welche durch ihr Wort waren gläubig geworden, führten anfänglich ein schönes gemeinsames Leben. Sie waren alle ein Herz und eine Seele. Ja, sie führten eine gemeinschaftliche Haushaltung unter der Aufsicht der Apostel und reichten besonders den verlassenen und unglücklichen Witwen ihre tägliche Nahrung. Als aber die Menge zu groß wurde und Unordnungen vorgingen, wählten sie auf den Rat der Apostel sieben unbescholtene und fromme Männer, welche dem Geschäft vorstehen sollten. Einer von ihnen hieß Stephanus.

Stephanus war neben seiner Frömmigkeit auch

ein schöner, aber zugleich ein wortseliger und ein reizbarer Mann. Man sah ihm wohl an, daß er noch ein Neuling und kein Apostel war. Seine Reizbarkeit beförderte seinen Tod. Er wurde wegen der Lehre vor den Rat geführt. Es traten falsche Zeugen gegen ihn auf und beschuldigten ihn, wie er sollte gesagt haben, Jesus von Nazareth werde den Tempel zerstören und die Gesetze ändern, die Moses gegeben habe. Diese Elenden wußten nicht einmal etwas Neues zu ersinnen. Sie brachten wieder die nämliche Beschuldigung vor, welche Jesu war zur Last gelegt worden. Alle, die im Rat saßen, sahen Stephanum an, er stand unter ihnen wie ein Engel. Als ihn aber der Hohepriester fragte: «Ist dem also?», begann er zu reden und nannte sie zwar in seiner Anrede zuerst gar fein «liebe Brüder und Väter» und erinnerte sie an die Wohltaten, die Gott seinem Volk erzeigt habe von Abrahams Zeiten an, bis er auf David und Salomon kam, der dem Herrn den schönen Tempel baute. Als er aber des Tempels erwähnte und nun wieder an die Beschuldigung dachte, wegen welcher er verklagt war, und als er schon erhitzt war in seiner Rede, verlor er die Fassung seines frommen Gemüts so sehr, daß er anfing, sie zu schimpfen. Das tat kein Apostel. Er nannte sie Halsstarrige und Unbeschnittene, was damals eine große Beleidigung war, und warf ihnen vor, daß ihre Väter die Propheten getötet haben, und sie selbst seien nicht besser. Niemand läßt gern seine Väter schimpfen, sich auch nicht.

Sie knirschten vor Zorn über diese Worte, und als er zuletzt noch sprach: «Ich sehe den Himmel offen und des Menschen Sohn stehen zur Rechten Gottes», rissen sie ihn ohne Recht und Richterspruch zur Stadt hinaus und steinigten ihn. Als er aber fühlte, daß er jetzt bald sterben werde, rief er: «Herr Jesu, nimm meinen Geist auf!» Ja, er betete für seine Mörder und ihre Genossen, daß ihnen Gott diese Sünde nicht behalten wolle. Eines solchen Todes starb der fromme Stephanus, und es stand ein junger Pharisäer dabei, namens Saulus, als sie ihn steinigten, und hatte ein besonderes Wohlgefallen an seinem Tode. Der junge Pharisäer ist derjenige, den Gott auserwählte, daß er unter den Jüngern der zwölfte sei, und sah ihn damals niemand dafür an. Gott behielt ihm diese Sünde nicht.

60
SAULUS

Die Heftigkeit der Rede des Stephanus machte den Namen Jesu noch viel verhaßter, als er vorher war, und seine Steinigung war der Anfang und die Losung zu einer allgemeinen Verfolgung. Die ganze Gemeinde in Jerusalem floh auseinander und zerstreute sich in das ganze Land und bis in Syrien hinein, also, daß jetzt die Bekenner Jesu und die Boten seines Reiches in ganz Judäa und Samaria und über die Grenzen des Landes hinaus verbreitet waren, in Galiläa ohnehin. Denn was bewirkt das

Ungewitter und der Sturm? Er trägt die fruchtbaren Samenkörnlein weiter.

Aber der schlimmste unter allen, welche die Gemeinde in Jerusalem zerstörten, war der junge Pharisäer, der an dem Tode des Stephanus so großes Wohlgefallen gefunden hatte. Ja, er verfolgte jetzt die Bekenner des verhaßten Namens bis in die fremden Städte, daß er sie gebunden nach Jerusalem führte. Als er zu solchen Zwecken sich nach Damaskus in Syrien begab – sein Gewissen mochte ihn wohl bisweilen beunruhigen, ob er auch auf guten Wegen sei, Gott läßt keinen ungewarnt auf bösen Wegen gehen –, plötzlich umleuchtete ihn eine Helle vom Himmel. Er fiel auf die Erde und hörte eine Stimme: «Saul, warum verfolgst du mich?» Er sprach: «Herr, wer bist du?» Die Stimme antwortete: «Ich bin Jesus, den du verfolgest.» Er fragte: «Herr, was willst du, das ich tun soll?» Die Stimme sprach: «Gehe hin in die Stadt! Da wird man dir sagen, was du tun sollst.» In der Stadt, in Damaskus, besuchte ihn auf Gottes Befehl ein Jünger mit Namen Ananias und unterrichtete ihn und taufte ihn. Von der Zeit an war er ein anderer Mensch; und war er von Jerusalem gekommen, daß er die Bekenner Jesu verfolgte, so ward er jetzt selber einer und lehrte in den Schulen, daß Jesus sei Christus, der Sohn Gottes. Also ward er ein Apostel, und weil er ein anderer Mensch war worden, so änderte er auch seinen Namen und nannte sich Paulus, und die ihn vorher fürchteten, liebten ihn jetzt und freuten sich seiner Bekehrung.

61

DER MOHR

Zur nämlichen Zeit taufte Philippus auch einen Mohren, den Schatzmeister der Königin Kandazes aus Mohrenland. Denn Christus will allen Menschen ein Heiland sein. Der Mohr kam dem Heiland auf halbem Weg entgegen, doch wußte er es nicht. Er war nach Jerusalem gekommen, daß er daselbst betete in dem Tempel. Er war schon wieder auf dem Heimweg, aber Gott ließ ihn sozusagen nimmer aus den Augen. Er schickte ihm den Philippus zu. Der Mohr fuhr langsam auf seinem Wagen und las in dem Buch des Propheten Jesaias einen schweren Spruch von einem, der sich geduldig wie ein Lamm habe martern und töten lassen. Sein Leben sei von der Erde hinweggenommen. Aber niemand vermöge die Dauer desselbigen auszusprechen. Philippus redete den Mohren an, ob er auch verstehe, was er lese. Manche Menschen wollen lieber unwissend sein als unwissend scheinen. Sie schämen sich zu fragen, was sie nicht wissen. Lernen, was man noch nicht weiß, ist keine Schande und führt oft zu großem Heil. Der redliche und bescheidene Mohr schämte sich nicht. Er sprach: «Wie kann ich verstehen, was ich lese, wenn mich niemand anleitet?» Er bat den Philippus, daß er wolle zu ihm sitzen und ihm erklären, was es sei, wovon der Prophet rede. Philippus setzte sich zu ihm und lehrte ihn das Evangelium, die gute Botschaft von Jesus. Ein treues Gemüt versteht bald, was ihm von Jesus gesagt wird. Der Mohr hatte ein treues Gemüt. Als sie des Weges an ein Wasser kamen, sprach er: «Was hindert's, daß ich mich taufen lasse?» Philippus fragte ihn, ob er von ganzem Herzen glaube. Der Mohr erwiderte: «Ich glaube, daß Jesus Christus Gottes Sohn sei.» Auf dieses Bekenntnis empfing er von Philippus die Taufe und ward ein Jünger Jesu. Sonst weiß man zwar nichts von ihm. Es war auch ein Saatkorn, das weiterzog.

62
KORNELIUS

Zur nämlichen Zeit taufte Petrus auch einen welschen Hauptmann in Cäsaria, einen Heiden aus Rom. Der Hauptmann war fromm und gottesfürchtig samt seinem ganzen Hause, wohltätig gegen die Armen und eifrig im Gebet. Es kam zu ihm ein Engel und sprach: «Korneli, dein Gebet und deine Almosen sind vor Gott, und nun sende Männer gen Joppe und laß zu dir rufen Simon mit dem Zunamen Petrus, der wird dir sagen, was du tun sollst.» Petrus war damals in der Stadt Joppe, aber er würde schwerlich mit den Boten des Hauptmanns in das Haus eines Heiden gegangen sein und ihn getauft haben, wenn ihn Gott nicht durch eine wunderbare Erscheinung dazu ermuntert hätte. Denn Petrus und alle seine Anhänger standen damals noch im Wahn, Jesus sei nur den

Act. VIII.

Eunuchus Candacæus à S. Philippo baptizatur.

L'Eunuque de la Reine Candace Baptisé par Philippe.

Apost. Gesch. VIII. 36. 38.

Der Königin Kämmerer auß Morenland wird von Philippo auf geschehene Unter-weisung getäufft.

Juden ein Heiland, obgleich er den Heiligen Geist hatte. Denn auch der Heilige Geist und alle Gnade Gottes tut an den Menschen nicht alles auf einmal, sondern er gibt denen, die ihn annehmen, Trieb und Gelegenheit, täglich verständiger und frömmer zu werden, und leitet in die Wahrheit. Gott gab dem Apostel durch die sonderbare Erscheinung zu erkennen, daß jetzt zwischen Juden und Heiden kein Unterschied mehr gelte. In jedem Volk sei ihm angenehm, wer ihn fürchtet und recht tut.

Als Petrus zu dem Hauptmann kam, war in dem Haus eine große Freude und Hoffnung. Es waren alle Freunde und Verwandte des Hauptmanns versammelt. Der Hauptmann fiel zu den Füßen des Apostels nieder und wollte ihn anbeten. Aber der hochherzige Apostel richtete ihn auf und sprach: «Ich bin auch ein Mensch!» Als sie die ersten Reden miteinander gewechselt hatten, tat ihm Petrus das Evangelium kund, daß Gott verkündigt habe den Frieden durch Jesum Christum, der da sei ein Herr über alles, daß ihn die Juden gekreuziget und getötet haben. Aber Gott habe ihn auferweckt am dritten Tage und habe ihn verordnet zum Richter der Lebendigen und der Toten, und daß, die an ihn glauben, Vergebung der Sünden empfangen. So war immer die Rede der Apostel. Dabei blieben sie für den Anfang stehen. Das ist das Fundament ihrer Lehre.

Als Petrus erkannte, daß das Evangelium von

dem Hauptmann und seinen Freunden freudig angenommen wurde, ließ er sie ebenfalls taufen und blieb bei ihnen noch etliche Tage.

63
DAS EVANGELIUM VERBREITET SICH NACH ROM

Aber der eifrigste unter allen, man darf es wohl sagen, war Paulus, der jüngste unter den Aposteln. Paulus, erfüllt und belebt von dem Heiligen Geist, reiste umher in allen Ländern und in den vornehmsten Städten, wo damals Juden und Schulen waren, lehrte das Evangelium unter den Juden und Heiden mit großer Gefahr und stiftete und erbaute ansehnliche Gemeinden oder Kirchen, zum Beispiel in einer Stadt namens Antiochia. In Antiochia blieb er mit seinen Freunden und Gehilfen ein ganzes Jahr. Daselbst wurden auch die Bekenner des Evangeliums zum erstenmal und seitdem *Christen* genannt, das heißt: Angehörige Christi, Königlichgesinnte, nämlich solche, welche sich zum Reich Gottes zählen und Christum als ihren Herrn und König erkennen und verehren. Denn Christus heißt soviel als ein Gesalbter, das ist ein König.

Als der Apostel die ganze Gegend, welche er zu durchreisen vermochte, in einen schönen Pflanzgarten des Christentums verwandelt hatte, kam er endlich wieder nach Jerusalem. Die Juden in Jerusalem warteten schon lange auf ihn, daß sie ihn töteten. Es entstand wegen seiner ein Aufruhr selbst in dem Rat. Der römische Kriegsobriste, der in der Burg lag, rückte mit der ganzen Besatzung aus und führte den Apostel als Gefangenen in die Burg. Damals sprach zu ihm der Herr: «Fürchte dich nicht, Paulus! Denn wie du von mir in Jerusalem gezeuget hast, also mußt du auch in Rom zeugen.» Es war aber Rom damals die berühmteste und mächtigste Stadt in der Welt und die Residenz des Kaisers.

Die Juden faßten einen neuen Mordanschlag gegen ihn. Vierzig Juden verschworen sich, sie wollten nichts essen und nichts trinken, bis sie ihn getötet hätten. Es hätte können ein langer Fasttag werden! Denn der Obriste ließ ihn in der Nacht mit hundert Mann zu Fuß, siebenzig Reitern und zweihundert Schützen nach Cäsaria abführen vor den Landpfleger Felix, daß man sagen kann, das Evangelium sei mit einem römischen Kriegskommando geflüchtet und gerettet worden, daß es nach Rom, in die Hauptstadt der Welt, gebracht würde. Zwei Jahre lang saß Paulus gefangen und ward nicht losgesprochen und nicht verurteilt. Doch durften die Seinigen zu ihm kommen und ihm dienen. Es widerfuhr ihm nichts Böses. Nach zwei Jahren kam ein anderer Landpfleger, namens Festus, in das Land. Die Juden verlangten von ihm, daß er den Apostel nach Jerusalem bescheiden sollte zum Verhör. Denn sie hatten den Anschlag gegen ihn noch nicht aufgegeben, ihn zu töten.

Der neue Landpfleger schien zuletzt nicht abgeneigt dazu. Aber der Apostel faßte einen herzhaften Entschluß zu seiner Rettung. Er sprach: «Ich stehe vor des Kaisers Gericht. Ich begehre mein Recht von dem Kaiser.» Denn er wußte wohl, in welcher Gefahr er wäre, wenn er nach Jerusalem wäre gebracht worden. War der Apostel kurz entschlossen, so war es der Landpfleger auch: «Auf den Kaiser hast du dich berufen, zum Kaiser sollst du ziehen.»

Um dieselbe Zeit besuchte den neuen Landpfleger der König Agrippa, welcher jüdisch war und von dem Geschlechte des Herodes. Der Landpfleger bat den König, er wolle den Gefangenen ein wenig verhören; er verstehe die jüdischen Religionssachen besser als er. Paulus hielt eine Rede an den König und bewies ihm alles so schön aus den Propheten, daß der König zu ihm sagte: «Es fehlt nicht viel, du überredetest mich, daß ich ein Christ würde.» Er ist keiner geworden. *Wenig* ist gar oft soviel als *alles*. Doch überzeugte er sich von der Unschuld des Apostels und daß man ihn könnte freistellen, wenn er sich nicht auf den Kaiser berufen hätte. Paulus wurde in ein Schiff gebracht, daß er nach Rom geführt würde vor den Kaiser. Einige Getreue begleiteten ihn. Sie wollten ihren teuern Freund und Lehrer nicht verlassen. Auch war der Hauptmann, der die Gefangenen in Aufsicht hatte, gütig gegen ihn, aber die Fahrt auf dem Meer war sehr gefährlich. Viele Tage und Nächte lang erschien weder Sonne noch Gestirn. Sie hatten schon alle Hoffnung des Lebens verloren. Nicht weit von der Insel Melita zertrümmerte das Schiff. Aber alle kamen noch glücklich an das Land. Endlich kamen sie wohlbehalten nach Rom. Auf solche Weise entging der standhafte Apostel durch Gottes gnädige Fürsorge den Nachstellungen seiner Feinde in Jerusalem und der Todesgefahr auf dem Meer. *«Der Herr hat seinen Engeln befohlen über dir. – Aus sechs Trübsalen wird dich der Herr erlösen, und in der siebenten wird dich kein Unfall rühren.»*

In Rom geschah ihm diesmal nichts. Er blieb zwei Jahre lang daselbst für sich und lehrte dort von Jesu mit großer Freudigkeit und unverboten.

64
DIE VERMÄCHTNISSE DER APOSTEL

Weil die Apostel nicht bei allen ihren Gemeinden oder Freunden zu gleicher Zeit sein konnten, so schrieben sie ihnen in der Abwesenheit auch von Zeit zu Zeit Briefe. In den Briefen stärkten sie ihre Freunde in schönen Sprüchen zum standhaften Glauben an Christum und an seine Wiederkunft und ermahnten sie zum Vertrauen auf Gott in mancherlei Trübsalen und zu einem gottseligen Sinn und Leben.

Folgende schöne Sprüchlein schenkten die heiligen Apostel der Jugend zum Andenken.

Der Apostel Paulus sagt:

«Ihr Kinder, seid gehorsam euern Eltern, denn das ist dem Herrn gefällig.

Die Liebe sei nicht falsch! Hasset das Arge! Hanget dem Guten an!

Die Liebe tut dem Nächsten nichts Böses.

Des ungeistlichen losen Geschwätzes enthalte dich! Denn es hilft viel zum ungöttlichen Wesen. Böse Geschwätze verderben gute Sitten.

Eure Rede sei allezeit lieblich.

Vermahnet die Ungezogenen.

Leget die Lügen ab und redet die Wahrheit.

Seid nicht träge, was ihr tun sollt.

Da ich ein Kind war, da redete ich wie ein Kind und war klug wie ein Kind und hatte kindische Anschläge. Da ich aber ein Mann ward, legte ich ab, was kindisch war.»

Der Apostel Petrus sagt:

«Ihr Jungen, seid untertan den Ältesten und haltet fest an der Demut.

Vergeltet nicht Böses mit Bösem, noch Scheltworte mit Scheltworten.

Nach dem, der euch berufen hat und heilig ist, seid auch ihr heilig in allem euerem Wandel.»

Johannes, der Apostel, sagt:

«Meine Kindlein, sündiget nicht!»

Die Apostel vollendeten ihre irdische Laufbahn einer nach dem andern. Johannes überlebte sie alle. Er war der letzte, den der Herr zu sich nahm, wiewohl er sah seine Herrlichkeit noch einmal auf der Erde, wie ein irdisches Auge sie zu schauen vermag. Johannes saß einmal auf einer Insel, genannt Patmos, im wogenden Meer und dachte im Geist an des Herrn Tag, das heißt an des Herrn Zukunft, und hörte hinter sich eine Stimme. Er schaute nach der Stimme. Da sah er sieben goldene Leuchter, und zwischen den Leuchtern wandelte eine Gestalt, gleich eines Menschen Sohn, angetan mit einem langen Gewand und um die Brust begürtet mit einem goldenen Gürtel, und glänzte wie die Sonne. Er wandelte zwischen den Leuchtern und sprach zu dem Jünger: «Fürchte dich nicht! Ich bin der Erste und der Letzte und der Lebendige. Ich war tot, und siehe, ich bin lebendig von Ewigkeit zu Ewigkeit und habe die Schlüssel des Todes und der Hölle. Schreibe, was du siehst und was da ist und was geschehen soll hernach.»

Johannes schrieb an sieben Gemeinden. An die Gemeinde zu Smyrna schrieb er:

«Sei getreu bis in den Tod, so will ich dir die Krone des Lebens geben.»

Johannes hörte die Lobgesänge, die alle Himmel dem Toten und dem Lebendigen singen.

Er sah in geheimnisvollen Reden und Bildern, in schreckhaften, in lieblichen Bildern, was zukünftig sei.

Viele fromme Menschen und viele vorwitzige Menschen wollen die Bilder deuten. Aber sie vermögen es nicht.

Keine Weissagung, die in Bildern geschieht, wird verstanden, ehe sie erfüllt wird, am wenigsten ihre Zeit. Von dem Tag und der Stunde weiß niemand, auch die Engel nicht im Himmel, sondern allein der Vater.

Es soll nicht unter euch sein ein Zeichendeuter! Die Bilder sind Zeichen.

Wiewohl Johannes sieht nach dem Ablauf aller Trübsale eine Zukunft, welche so schön ist, daß sich ein frommes Gemüt billig darauf freuen mag.

Johannes sah einen neuen Himmel und eine neue Erde. Denn der erste Himmel und die erste Erde verging. Gottes Hütte wird bei den Menschen sein, und er wird bei ihnen wohnen, und sie werden sein Volk sein, und er wird ihr Gott sein. Gott wird abwischen alle Tränen von ihren Augen, und der Tod wird nicht mehr sein, wann das erste vergangen ist. Es wird keine Nacht dort sein, und sie werden nicht bedürfen des Lichts der Sonne. Denn Gott der Herr wird sie erleuchten. –

Es spricht, der tot war und der lebt:

«Siehe, ich komme bald, und mein Lohn mit mir, zu geben einem jeglichen nach seinen Werken.»

BESCHLUSS

Alle diese Geschichten und Lehren sind getreulich ausgezogen aus dem Buch der Heiligen Schrift, Alten und Neuen Testaments, verdeutscht durch D. Martin Luther, welches Buch von Gott den Menschen gegeben ist, daß wir daraus von Kindheit an sollen unterwiesen werden zur Seligkeit durch den Glauben an Christum Jesum.

Einen andern Grund kann niemand legen, denn der gelegt ist, welcher ist Christus.

Suchet in der Schrift, denn ihr habt das ewige Leben darinnen, und sie ist's, die von ihm zeuget.

Als Paulus, der Apostel, in der Stadt Beroe das Evangelium predigte, forschten sie täglich in der Schrift, ob es sich also verhielte.

Forschet, ob es sich also verhalte!

BIBLISCHE ZEITTAFELN
NACH RUNDEN ZAHLEN

Von der Erschaffung der Erde sind verflossen

bis zur Sintflut ungefähr	1650 Jahre
bis auf Abraham	2000 Jahre
bis auf Moses	2450 Jahre
bis zum Einzug der Israeliten in das Land Kanaan nach dem Tode des Moses	2490 Jahre
bis zum König Saul	2920 Jahre
bis zur Regierung Davids	2930 Jahre
bis zur Teilung des Königreichs nach dem Tode Salomons	3010 Jahre
bis zum Untergang des Reiches Israel	3270 Jahre
bis zum Anfang der babylonischen Gefangenschaft	3380 Jahre
bis zur Rückkehr der Juden aus der babylonischen Gefangenschaft unter dem König Kores oder Cyrus	3450 Jahre
bis zur Geburt Christi	4000 Jahre

Von hier an beginnt die christliche Jahrzahl, und es sind nach gemeiner Rechnung verflossen von der Geburt Christi bis zu seiner Kreuzigung, Auferstehung und Himmelfahrt 33 Jahre

bis zur Reise des Apostels Paulus nach Rom	60 Jahre

Siebenzig Jahre nach Christi Geburt ist Jerusalem von einem römischen Kriegsheer belagert und samt dem Tempel zerstört worden. Von dieser Zeit an hat sich das Christentum und sein Schatten, das Judentum, in die ganze Welt ausgebreitet. In allen Teilen der Welt stehen christliche Kirchen und erheben sich fromme Herzen und Hände zu Gott, dem Vater unsers Herrn Jesu Christi. Das Werk war von Gott. Sie konnten es nicht dämpfen.

Nachwort

Hebel als Theologe – das ist, so werden Kenner sagen, nicht seine beste Rolle. Groß und berühmt ist er als Verfasser der «Alemannischen Gedichte», und mehr noch als Kalenderschreiber. Das Schatzkästlein des rheinischen Hausfreundes: eines der «lautersten Werke deutscher Prosa-Gold-Schmiederei», wie Walter Benjamin formulierte. Gepriesen wird – über seinen Stil hinaus, der ihn offenbar zum Liebling einfacher Kalenderleser wie philosophischer Spekulation zuneigender Intellektueller machte, Hebels aufgeklärter Humanismus, seine Toleranz, sein augenzwinkerndes Einverständnis mit Schelmen und Filous, die es damals, zumindest im weltoffenen Baden, den braven Bürgern besorgten. Die Zeitgenossen rühmten zudem seine pädagogischen Fähigkeiten, und gewiß auch seine Begabung für außergewöhnliche Aufgaben eines Prälaten: schließlich war er Direktor des altbadischen Pfarrerwitwenfiskus und mußte als solcher – subtrahierend, dividierend und nach der verkehrten Regeldetri verfahrend – sich ins Rechnungs- und Revisionswesen mühsam «einpraktizieren». Unbestritten sind seine Verdienste um die Union der Lutheraner und Reformierten zur evangelisch-protestantischen Landeskirche Badens im Jahr

1821. Dafür erhielt er schließlich den theologischen Ehrendoktor der Ruperto-Carola in Heidelberg. Des weiteren mischte er in der Generalsynode mit und war Mitglied der ersten Kammer des badischen Landtags. Und über den «Hausfreund» seiner Kalenderleser hinaus war er wirklich ein rührend anhänglicher persönlicher Freund – davon zeugt in reichem Maß sein Briefwechsel. Ein vielseitiger und vielseitig beliebter Mann also, ganz gewiß. Aber ein bedeutender theologischer Schriftsteller, gar ein großer Theologe?

Hauptangriffspunkt gegen Hebel als Theologen sind seine biblischen Geschichten. So einfach ist es. In seiner Hebelbiographie schreibt Wilhelm Altwegg: «Von Theologen vielfach bemängelt, von Künstlern stets wieder bestaunt und gepriesen, reicht das Werklein sicherlich nicht in Entfernung heran an Luthers machtvolle Bibel. Es ist blasser, ist ein Werk der weisen Mitte und späthebelschen ‹Lindigkeit›.» Die Vorwürfe wiederholen sich durch die Zeiten: den biblischen Geschichten mangle die Kraft des Originals, aber auch die Treue zum Original; die Wunder im Heilsgeschehen seien zu stark zurückgedrängt; der Stoff sei zu subjektiv behandelt; der biblisch-historische Hintergrund sei zu wenig berücksichtigt und zu direkt in Hebels heimatliche Sphäre transponiert; und – um noch einmal Altwegg zu zitieren: «Die Ausführung wird zu breit, wortreich und mit Reflexionen beschwert. Eine Zwitterhaftigkeit kommt hinein, daß man oft nicht weiß, soll das Buch der Lektüre des Kindes gelten oder der Vorbereitung des Katecheten und Predigers.» Selbst Robert Minder stimmt in seinem großen Essay «Hebel, der erasmische Geist» in den Chor der Kritiker ein, wenn auch mit einem nur mehr stilistischen Argument: «Zu viel dürres Laub raschelt darin.»

Ich rolle hier den Fall noch einmal auf. Natürlich nicht als erster. Schon einige wollten Hebels biblische Geschichten anders lesen und anders werten. Der Ehrlichkeit halber sei es gesagt: auch Theologen. (Siehe Literaturangaben) Während Hebel aber für sein «Schatzkästlein des Rheinischen Hausfreundes» nach Benjamin, Bloch, Reinhold Schneider, Heinrich Böll und wie die Großnamenliste noch weiter lauten mag, gewiß keine Verteidiger mehr braucht, vertragen die biblischen Geschichten leicht noch Stimmen zu Hebels Gunsten. Auch leisere. Denn wenn der Schlüssel zur Schatulle des Schatzkästleins unter Bauern und Kinder verworfen war, wie Walter Benjamin zum 100. Todestag Hebels schrieb, so ist jener zu den biblischen Geschichten heute noch bei Pfarrern und Lehrern in Verwahrung. Da diese besserwisserisch aus Profession sind, rücken sie ihn frei nicht heraus. Man wird beim Zundelfrieder und seinen Diebsgesellen in die Lehre gehen müssen, um einen brauchbaren Dietrich zu fabrizieren.

Es fing wieder einmal mit einem Gutachten an. Hebel hat mit seinen Gutachten ein sonderbares

Glück gehabt. Man nahm sie zur Kenntnis und war davon so angetan, daß man nun glaubte, das in Frage stehende Problem könne nur vom Gutachter selbst zufriedenstellend gelöst werden. Und man übertrug ihm, der sich natürlich zuerst zierte und sträubte, schließlich aber doch nicht nein sagen konnte, jeweils die schwierige Aufgabe. So geschehen zum ersten Mal mit dem badischen Landkalender. 1806, datiert am 18. Februar, schrieb Hebel ein «Unabgefordertes Gutachten über eine vorteilhafte Einrichtung des Kalenders». Im Juni desselben Jahres lieferte er sogar ein zweites Kalender-Gutachten nach. Die unvermeidliche Folge: im Januar 1807 übernahm Hebel die alleinige Redaktion dieses Kalenders, nunmehr der «Rheinländische Hausfreund» genannt. Er blieb erfolgreicher Kalendermacher bis 1814, bis ihn die Katholischen wegen der Geschichte des Jünglings, der nicht weiß, ob er vor dem «hochwürdigen Gut» des einen oder des andern Paters auf der Brücke niederknien muß («Der fromme Rat»), aus der Redaktionsstube zu vertreiben vermochten. Einmal kam er noch zurück, 1818, für die Redaktion des Kalenders des darauffolgenden Jahres. Vielleicht, weil er dabei die herrlichen Materialien verwenden konnte, die eigentlich für einen «württembergischen Volkskalender» gedacht waren, zu deren Redaktion ihn der Verleger Cotta und der schwäbische Dichter Justinus Kerner lange und schließlich doch erfolglos überreden wollten.

Berühmt ist auch Hebels anderes Gutachten über die Frage, «wie dem Gebrauch anstößiger Volkslieder am sichersten vorzubeugen sein möchte». Wäre ein Amt in Staat oder Kirche als Oberaufseher, Prüfer und Genehmiger aller Gassenhauer, Sauf- und Zotenlieder zu vergeben gewesen, Hebel hätte dieses Zensuramt gewiß bekommen, und wer das Gutachten gelesen hat, der weiß, daß wohl nur er dafür der richtige Mann gewesen wäre.

Das Gutachten aber, das Hebel 1815 verfaßte und das uns hier interessiert, hat ihm die wohl schwierigste Aufgabe verschafft («. . . wozu kein Commissionsmitglied Lust hat», schreibt Hebel in einem Brief): die Bearbeitung eines neuen Buches mit biblischen Geschichten für die evangelischen Schulen Badens. Im Herbst 1818 macht er sich an die Arbeit, zunächst zügig und mit großem Elan, doch dann verzögert sich das Projekt – er ist in diesen Jahren ein vielbeschäftigter Prälat und beliebter Gesprächspartner erlauchter adeliger Hoheiten. Erst im Februar 1823 beendet Hebel unter Zeitdruck das Manuskript mit den Erzählungen des Alten Testaments; im April geht der zweite Teil an den Verleger Cotta. Das Buch läßt nicht lange auf sich warten, im Januar 1824 ist es da. Kaum ein Jahr vergeht, und schon liegt eine «katholische Bearbeitung» von Hebels Werk vor. Für die evangelischen Schulen folgen mehrere Nachauflagen. Doch 1834, 8 Jahre nach Hebels Tod, beginnt das

Malheur. Es greift die Generalsynode bei Wiederauflagen streichend und korrigierend ein. Und gut 20 Jahre später, 1855, haben die Orthodoxen definitiv Oberwasser: Hebels biblische Geschichten werden durch die kirchliche Obrigkeit der Schule wieder entzogen und durch eine Bearbeitung ersetzt, die man für die bibelkonformere hält. Ein Kuriosum ist hier noch zu vermelden: 1828 erscheint in Chur ein Buch mit dem Titel «Storie bibliche di J. P. Hebel, volgarizzate dal Tedesco ad uso della gioventù nelle communità evangeliche delle vallate di Poschiavo e Pregaglia». Ottone Carisch heißt der Bewunderer und freie Übersetzer Hebels in Italienisch-Bünden, der sich später auch Perlen aus Hebels Schatzkästlein für ein weltliches Schulbuch der bündnerischen Südtäler borgen wird. Das Exempel macht Schule: 1831 kommt die erste rätoromanische Übersetzung von Hebels biblischen Geschichten heraus. Und noch 1857, als Hebels Buch im Badischen schon definitiv aus den Schulen abserviert ist, erscheint eine weitere rätoromanische Variante für die Schulen des Oberengadins. Zu diesen Übersetzungen meint zwar Robert Minder: «Sie sind noch kein Beweis für die Güte des Werks.» Der Graubündner repliziert hier aber dem Elsässer und sagt: wir sind stolz darauf, daß die biblischen Geschichten Hebels um Jahrzehnte länger in den Schulen unserer Bergtäler in Gebrauch waren als in Hebels eigener Heimat.

Das Gutachten, das Hebels Bemühen um eine

Neuerzählung der Bibel für die Schulen einleitet, verdient einen genaueren Blick. Peter Katz hat es zum ersten Mal publiziert und ausführlich kommentiert. Wir brauchen hier nicht in die Geschichte der Schulbücher der Markgrafschaft Baden-Durlach zurückzugehen, bis zu J. Hübners «Biblische Historien», deren Tonlage nach der Aussage Hebels noch aus dem Ohr seiner eigenen Mutter nicht zu entfernen war. Anlaß für Hebels Gutachten war der Versuch des Heidelberger Moralprofessors Johann Ludwig Ewald, die «Biblische Geschichte für Kinder» des berühmt-berüchtigten katholischen Volksschriftstellers Christoph von Schmid («Die Ostereier») für die evangelischen Schulen zu bearbeiten. Als die Umarbeitung des Alten Testaments durch Ewald bekannt wurde, griff Hebel, nicht gerade zur Freude Ewalds, als Kommissionsmitglied ein. Es ist nicht irgendeiner, der sich da meldet, um über Fragen der Erzählkunst und moralisch-religiöser «Geistes- und Gemüthsbildung» seine Meinung zu sagen. Hebel ist 1815 als Erzähler seiner Kalendergeschichten ein hochberühmter Mann. So greift er die Auffassungs- und Erzählart seines populären katholischen Kollegen frontal an: «Schmidt (sic!) scheint nicht bekannt zu seyn mit jener *ächten* und *edlen* Popularität, die zwischen gebildeten und ungebildeten Lesern keinen Unterschied erkennend aus den Menschen hervorgeht und den Menschen erfaßt, weil sie alles, was sie zu geben hat, zur klaren Anschauung bringt, nur durch Einfachheit und Natur, nicht durch conventionelle Schönheiten im Ausdruck gefallen will, und nur auf jene, nie auf diese ihre Effecte berechnet. Ihre Schreibart verschmäht jeden unnötigen Wortaufwand, sie ist gediegen, kräftig und würdig.» Sprachliche Verfahren werden kritisiert und verworfen («Formen, zu denen der schlichte kühle Mensch lacht»!), Schmids Behandlungsart der Geschichte wird getadelt: «Wir erhalten statt des wirklichen Jesus von Nazareth einen Schmidtischen Jesus zum Vorbild.» Schließlich geht er mit dem salbungsvollen Ton des moralischen Predigers ins Gericht: «Gar oft, wenn er in die gute Laune des Predigers kommt, findet er kein Ende mehr und preßt den Apfel bis zur trocknen Trester aus. Man glaubt bisweilen nicht mehr Geschichte, sondern Betstundenvorträge über geschichtliche Texte zu lesen.» Kurzum: Schmids Modell scheint Hebel die falsche Vorlage für gute biblische Geschichten zu sein, an einem solchen Vorbild muß für Hebel auch der tüchtige Heidelberger Professor Ewald scheitern. Mit letzterem geht Hebel sanfter um als mit Schmid selbst, schließlich habe auch der Bearbeiter erkannt, «daß gerade die verwahrlosesten von allen Büchern, das Volksbuch und das Schulbuch, mehr als jedes andere in seiner Art vollendet und klassisch sein sollte». Und so bittet Hebel den «Herrn Revidenten», die Ausgabe und Einführung seines Werkes nicht zu übereilen, sondern nach besseren Modellen und Versuchen Ausschau zu halten. «Keinem Unternehmen hat die Opposition noch etwas geschadet, wenn sie nicht zu spät kam.»

Hebels Opposition kam nicht zu spät. Doch die Aufgabe, die er sich für seinen lieben Kollegen ausmalte, blieb an ihm hängen. Und sie belastete ihn schließlich über Jahre. Denn leichter war es auch ihm zu sagen, wie etwas nicht sein soll, als es selber ohne Fehl und Tadel zu vollbringen. Zwei Äußerungen zu seiner eigenen Arbeitsweise an den biblischen Geschichten sind bekannt geworden, beide, nachdem die Arbeit getan und das Buch auf dem Tisch lag. Im Januar 1824 schreibt Hebel an Gottlieb Bernhard Fecht, einen befreundeten Pfarrer: «Aufrichtig gesprochen, ich habe das Büchlein mit Liebe für mein Vaterland geschrieben, ob ich gleich das ausländische Geld nicht habe seitwärts liegen lassen. Ich habe fast bei jeder Zeile im Geist oberländische Kinder belauscht, zu welchen die Hanauischen auch gehören. Wenn es mir aber gelungen ist, so ist mir die auswärtige Zelebrität in geehrten Blättern sehr sekundär, nachdem ich das Geld habe. Sie sehen also, daß ich von der Vaterlandsliebe, einiger Verdienstlichkeit um dasselbe und um die gute Sache und der Geldsucht harmonisch belebt bin . . .» Das war ehrlich gesprochen und listig zugleich. Denn daß ihm daran lag, mit diesem Buch den Kindern und Erwachsenen seiner Heimat etwas Besseres zu besorgen als bereits vorhanden war, das ist sehr glaubwürdig. Ebensosehr, daß er bei der Ausführung jene Adressaten im Ohr behielt, denen er sich in Erinnerung an die eigene Jugendzeit, jetzt durch Alter und Würde von ihnen entfernt, sonderbar sentimental verbunden fühlte. Die Geldsucht aber war wohl doch eine mit Hebelscher List ausgelegte Fehlspur. Er kannte die Menschheit, und wollte ihr auch in allem gleichen, offenbar selbst in der Geldsucht. Wie es sich damit wirklich verhielt, erfahren wir aus einem Brief, den er vier Monate später an seine Freundin Gustave Fecht schreibt: «Ich verliere an meinem Freund Meerwein (sc. Bankier in Karlsruhe) 5200 Gulden. Es beträgt mehr als die Hälfte von allem, was ich mir bis in mein Alter durch Sparsamkeit und Büchleinschreiben erworben habe. Die Leute bewundern mich. Man glaubt auf einmal, ich müsse sehr reich sein, weil man den Gleichmut nicht begreifen kann, mit dem ich diesen Verlust ansehe. Es können an Meerwein 3–400 000 verlorengehen, der arme Mann dauert mich tief in die Seele hinein. Aber wie oft habe ich ihm seit dreißig Jahren gepredigt! Ganz gewiß hatte er schon einmal über eine Million reines Vermögen . . .» – Ich kenne keinen zweiten, der von einem befreundeten Bankier um sein Vermögen gebracht wird und sich hinterher derart teilnahmsvoll über seinen Schädiger äußert!

Auch Hebels zweite Brief-Äußerung zu seinen biblischen Geschichten ist zitierenswert. Anfang Februar 1824 schreibt er an Sophie Haufe nach

Straßburg: «Nach keiner Richtung hin hat mein Ohr nach einem Zeugnis über die biblischen Geschichten mehr und sorglicher gelauscht als über die Rheinbrücke, und fast möchte ich sagen, wenn Sie etwas Verdienstliches darin finden, daß ich das Verdienst Ihnen verdanke. Denn immer wenn ich schrieb, habe ich mir meinen alten Schulmeister Andreas Grether in Hausen und mich und meine Mitschüler unter dem Schatten seines Stabes, oder ich habe mir eine Repräsentantin aller Mütter unter ihren Kindern und immer die nämliche gedacht und uns um unser Urteil, mich als Schulbüblein mit gerechnet, um unser Urteil gefragt. An die eigene Mutter durfte ich nie denken. Hübner war zu sehr ihr unerreichbares Höchstes.» Bei dieser Äußerung – das durchschauen wir leicht – führte Freundschaft und womöglich noch weitergehende Neigung die Feder. Doch auch hier ist unüberhörbar, daß Hebel beim Schreiben der biblischen Geschichten eine Intimität der Mitteilung suchte, für die er gerade in seiner eigenen Kindheit und in seinen vertrautesten Freundeskreisen nach dem richtigen Ton hinhorchte.

Damit sind wir dem Rätsel von Hebels biblischen Geschichten schon nahe. Doch ist noch eine weitere Schlaufe einzulegen, bevor wir zum Buch selbst kommen. Denn als Hebel sich als Erzähler von Gottes Wunderwerken durch die Behörden seiner Kirche in die Pflicht nehmen ließ, war er 58 Jahre alt und in biblischen Angelegenheiten wahrhaftig kein Grünschnabel. Man müßte hier seinen Werdegang als Theologe nachzeichnen: den Schulmann auf dem Vikariat in Lörrach, den Diakon und Prediger – 37 Predigten sind erhalten – der Hofgemeinde in Karlsruhe, den Kirchenpolitiker und schließlich – in den allerletzten Jahren – den Bearbeiter des «Christlichen Katechismus», eines Werks, das erst zwei Jahre nach seinem Tod erschien. Dies hat Gustav Adolf Benrath getan (siehe Literaturangaben), und wer es mag, kann sich bei ihm umsehen. Ich schlage einen anderen Weg ein. Ich will noch etwas bei Hebel selbst, in seinen eigenen Schriften, nach Auseinandersetzungen mit biblischen Themen und Figuren suchen. Wer dabei mit dem Stift sein Merkzeichen am Rand einträgt, wo Biblisches auftaucht, hat sich bald in einem Wald von bibelrelevanten Bäumen zurechtzufinden. Hier können nur einige besonders eindrückliche Stellen Erwähnung finden.

Daß ihn die Bibel Tag und Nacht begleitete, beweisen einige seiner spärlichen, aber faszinierenden Traumaufzeichnungen. In einer Nacht bereitet er sich im Traum auf eine Vorlesung über das 11. Kapitel Jesaia vor – «(sollte sein das 13.) und dachte mir recht treffend die Gründe, warum dieses Kapitel nicht von Jesaias sein könne». Am 9. Januar 1812 notiert er über die vergangene Nacht: «Ein schöner Strom floß sanft dahin mit mehreren Fahrzeugen. Ich ging auf den Weg nebenher. Mehrere fahren auf dem Strom vorbei mit dem Malzeichen

Jesu am Körper und mit einer Sonnenuhr auf der Brust gemalt. Ersteres frappierte mich, letzteres machte mir alles begreiflich. Ich kam darauf an ein Palais der Frau Marggräfin (sic), ich ging in den Hof, wo unter anderem Geflügel zwei Engel gehalten wurden, ein Männlein und ein Weiblein. Das Weiblein war schwanger.» Am 3. Juni des gleichen Jahres heißt es: «In der nämlichen Nacht speiste ich mit Christus und den Aposteln, letztere waren Herrnhuter. Ich besorgte immer, Christus möchte mir ansehen, daß ich nicht kauscher im Glauben sei.» – Ist einer, der so träumt, wirklich koscher im Glauben? Was Walter Benjamin zu Hebels «echter, unreflektierter Volkskunst bemerkte»: sie spreche «Exotisches, Monströses mit der gleichen Liebe, in gleicher Zunge aus wie die Angelegenheit des eigenen Hauswesens», es gilt erst recht für Hebels biblische Nachtvisionen, wo Menschen mit Jesu-Wundmalen auf Flüssen daherfahren und weibliche Engel unter anderem Hofgeflügel schwanger gehen. Man soll diese Traumaufzeichnungen deutungsmäßig nicht pressen wollen, Hebel selbst wäre der letzte, der dies gerne sähe. Und doch stehen sie für verborgenen und umstürzlerischen Umgang mit der Bibel und qualifizieren den Hebel der Nachtarbeit nicht schlecht als bewußten Gestalter jener «anderen» biblischen Sprache, die es neben dem eigentlichen Text der Bibel zu finden galt.

Wir brauchen nur auf Hebels Umgang mit biblischer Sprache und biblischen Bildern aufmerksam zu sein, um zu entdecken, wie innig diese Welt zu seinem Denken und Fühlen gehört. Er gerät beim Briefeschreiben unversehens in den Tonfall des Evangeliums, so wenn er bei seinen Freunden in Straßburg sich dafür entschuldigt, daß er bei einer Taufe nicht anwesend sein kann: «Aber gestatten Sie mir – es ist freilich eine recht unartige Bitte – daß ich auch diesmal, dem Leibe nach nicht gegenwärtig – ich spreche wie ein Apostel – im Geiste unter Ihnen sei und mit Ihnen für den lieben Täufling bete.» Oder er verfaßt einen Gruß an seine Kalenderleser, und es ist ganz unwahrscheinlich, daß sich dabei nicht auch ein paar Bibelworte hineindrängen. In «Des Hausfreunds Vorrede und Neujahrswunsch (1811)» entschuldigt sich Hebel dafür, daß die roten Buchstaben des Sonntags und die schwarzen der Werktage – ein Versehen des Druckers – im Kalender übereinander geraten seien: «Und ist manchmal recht betrübt anzusehen, wie so ein vornehmer Feiertag sich mit einem schlechten Werktage gemein machen mag, nicht anderst, als zur Zeit der Sündflut die Söhne Gottes mit den Töchtern der Menschen.» Diese Stelle aus der Genesis, wo sich die Söhne Gottes mit den Töchtern der Menschen gemein machen – und die den Bibeldeutern viel Kopfzerbrechen bereiten sollte, ob es sich wohl um Riesen, um Engel oder doch bloß um unterschiedliche Stämme Israels handle – er wird sie später den jungen Lesern der biblischen Geschichten nicht mehr vorsetzen. Doch hier, wo es darum geht, die ungute Vermischung der Buchstaben zu erklären, ist sie ihm die allertreffendste Illustration.

Sehr bewußt ist Hebel mit der Bibel in seinen Erzählungen umgegangen, die ja Kabinettstücke erzählerischer Komposition sind. Vieles wäre hier anzuführen, drei Beispiele müssen genügen. Das schönste vielleicht findet sich in «Einer Edelfrau schlaflose Nacht», wo eine vornehme Dame zunächst glaubt, ihr Gesinde stehe mitten in der Nacht auf, um hinter ihrem Rücken zu schmausen und zu karessieren, dann aber entdeckt, wie zwei junge Menschen im Schutz der Nacht ihr heimlich geborenes und verstecktes Kind versorgen.

«Da erbarmte sich das Herz der Edelfrau noch mehr, und als die treue Magd und Mutter reuevoll und mit Tränen bat, sie und ihr unschuldiges Kind nicht unglücklich zu machen, konnte die Edelfrau ihre Rührung nicht mehr verbergen: ‹Nein, ich will euch nicht unglücklich machen›, sagte sie. ‹Ich will euch die Härte vergeben, die ich an euch begangen habe. Ich will euch den Kummer versüßen, den ihr getragen habt. Ich will eure Sünde wiedergutmachen. Ich will euch die Barmherzigkeit vergelten, die ihr an eurem Kinde getan habt.›» Und darauf folgt Hebels unnachahmlicher Kommentar, die Stimme des Erzählers, wie nur er eine hatte: «Meint man nicht, man höre den lieben Herrgott reden in den Propheten oder in den Psalmen? Ein

Gemüt, das zum Guten bewegt ist und sich der Elenden annimmt und die Gefallenen aufrichtet, ein solches Gemüt zieht nämlich das Ebenbild Gottes an und fällt deswegen auch in seine Sprache.»

In die Sprache der Bibel fallen – das ist für Hebel nicht nur Stil, das ist auch Haltung und Gesinnung. So läßt er den Franzosen, der im «Husar an der Neiße» gegenüber seinem Feind keine Rache nimmt, wie ein Richter und Prophet aus dem Alten Bund reden: «‹Daß du mich mißhandelt hast, das verzeihe ich dir. Daß du meine Eltern mißhandelt und zu armen Leuten gemacht hast, das werden dir meine Eltern verzeihen. Daß du meine Schwester in den Brunnen geworfen hast und ist nimmer davongekommen, das verzeihe dir Gott!› – Mit diesen Worten ging er fort, ohne dem Husaren das geringste zuleide zu tun, und es ward ihm in seinem Herzen wieder wohl. Dem Husaren war es nachher zumut, als wenn er vor dem Jüngsten Gericht gestanden wäre und hätte keinen guten Bescheid bekommen.» – Schließlich ein Beispiel, «Kaiser Napoleon und die Obstfrau in Brienne», an welchem man sehen kann, wie unmittelbar die Bibel in den Strom von Hebels Geschichten hineingerät. Der Erzähler zeichnet die Stationen im Lebensweg Napoleons nach, vom Schüler in Brienne bis zur Zeit seiner glanzvollen Tage als General, und da sagt er auf einmal, so ganz nebenbei: «Napoleon geht nach Ägypten, wo einst die Kinder Israel das Zieglerhandwerk trieben, und liefert ein Treffen bei Nazareth, wo vor eintausendachthundert Jahren die hochgelobte Jungfrau wohnte.» – Man will ja gut erklären, wo der große Mann sich herumgetrieben hat, bevor er nach Brienne zurückkehrt, um bei der Obstfrau seine Schulden zu begleichen. Dabei greift man am besten gleich auf das zurück, was auf irgendeine Weise schon in den Köpfen der Leser steckt. Wenn Hebel Geschichten erzählt, tröpfelt die Bibel zielgenau in den Text.

Zwei besonders bibelnahe Bereiche will ich herausheben. Ihnen gilt Hebels große Zuneigung: das Morgenland und die Juden. Beide spielen in allem, was er seinen Lesern mitteilt, eine zentrale Rolle: «Das Morgenland, wo unser Glaube, unsere Fruchtbäume und unser Blut daheim ist», heißt es in «Der listige Kaufherr». Ernst Bloch hat dazu geschrieben, die Nazis hätten an Hebel keine Freude gehabt! Da ihnen aber nichts heilig war, haben sie sich freilich auch bei Hebel bedient, wo er ihnen zupaß kam. Das Morgenland war für Hebel nicht nur eine poetische Formel, sondern die Vorstellung einer früheren, schöneren und freieren Lebensform. Als sei er selbst einmal dort zuhause gewesen. In einem Brief an Hitzig sagt er es direkt: «Denn alles Hochorientalische heimelt uns an, als wenn wir schon dort gewesen wären, weil wir alle dort daheim sind. Ist es nicht so mit dem hohen Lied?» Es ist bei ihm die Rede vom «heiligen freien Geist, der heimisch unter den orientalischen Palmen hauset», oder er regt sich über Orient- und Heiligland-Reisende auf, die nur Ruinen sehen und nicht das lebendige Leben: «Sie versäumen nicht, mit eigenen Augen zu sehen, ob das Geradlinigte und Zackigte, was man bisweilen unter dem Wasser des Toten Meeres erblickt, Ruinen von Sodom oder Basalte sind, und wenn je ihr Blick auf das Lebendige fällt, so wollen sie lieber die Natur und Lebensart des Schakals als des Menschen studieren, obgleich der Fuchs dort von dem Fuchs hier in keinem größern Abstande stehen mag als der Mensch dort von dem Menschen hier und die Bibel nicht für Füchse geschrieben ist, kaum für akademische, zum Studium der Exegese.»

So liegt es nahe, daß er sich auch den Juden, dem Volk der Bibel, mit großer Sympathie zuwendet. Sein Aufsatz «Die Juden» ist ein memorables Dokument für Hebels Zeit und für die Zeiten, die danach kamen. Dort steht jener berühmte Satz, von dem wiederum Ernst Bloch gemeint hat, er sei «der wohl betroffenste, verehrungsvollste Judensatz, der über die Lippen eines Prälaten gekommen ist». Dieser Satz lautet: «Was aber den Jesaias betrifft, so behaupte ich nur so viel, daß, wer ihn vom vierzigsten Kapitel an lesen kann und nie die Anwandlung des Wunsches fühlte, ein Jude zu sein, sei es auch mit der Einquartierung alles europäischen Ungeziefers ein Betteljude, der versteht ihn nicht, und solange der Mond noch an einen Israeliten scheint, der dieses Kapitel liest, so lange stirbt auch der Glaube an den Messias nicht.» In Hebels Geschichten wimmelt es von Betteljuden, Krämern, listigen Schelmen, die sich mit mehr oder weniger Anstand durchs Leben zu schlagen suchen. Sie gehören zum Lokalkolorit von Hebels Geschichten, aber auch zu jenen Randgestalten, an denen die mangelhafte Einrichtung der Welt sich besonders schön aufzeigen läßt. In «Einträglicher Rätselhandel» – um nur einen der sympathischen Gauner anzuführen – fährt ein Betteljude auf dem Schiff rheinabwärts, ohne das Fahrgeld zu haben. Die Mitfahrenden machen sich über den armen Teufel lustig: «. . . der Jude in seinem Winkel und mit seinem Zwerchsack an der Achsel, den er ja nicht ablegte, mußte viel leiden, wie mans manchmal diesen Leuten macht und versündiget sich daran.» Man langweilt sich auf der Fahrt, und so versucht man, sich an der Gegenwart des Juden zu belustigen: «‹Mausche›, fing einer an, ‹weißt du nichts, daß uns die Zeit vergeht? Deine Väter müssen doch auch auf allerlei gedacht haben in der langen Wüste.›» – Mausche weiß, wie man den andern die Zeit vertreibt und sie gleichzeitig doch auch für sich nutzen kann. Er schlägt ein Frage-und-Antwort-Spiel vor, und mit allerlei Trickfragen – wieviel weichgesottene Eier konnte der Riese Goliath nüchtern essen? – die er besser als alle andern einzufädeln und aufzuknüpfen weiß, verdient er sich sein Fahrgeld und verläßt als regulär zahlender Passagier das Schiff. – Hebel hat die Nöte des jüdischen

Exils gesehen, aber auch die Glaubenskraft, die es möglich machte, dieses Exil zu ertragen. Im erwähnten Aufsatz über die Juden heißt es unvergeßbar dazu: «Sie konnten aus ihrer Heimat vertrieben werden, das war Gottes Gewalt. Aber ihre Heimat und die Würde und Freiheit des Volkes Gottes an einem Sägbock oder hinter einem Schubkarren verleugnen, das können sie nicht. Sie können hungern, sie können verschmachten, wenns sein soll, aber ihr edles Blut, einst in den Adern der Väter an einer besseren Sonne gebraut, in knechtischer Arbeit verdampfen, das können Abrahams Kinder nicht, und sind und bleiben zu dem Ausspruch: ‹Sorget nicht für den anderen Morgen›, die lebendige Exegese. Nicht weil der es sagte, der es sagte, sondern weil sie dort daheim sind, wo ers sagte. Sie säen nicht und ernten nicht, sammeln nicht in die Scheuren, und ihr himmlischer Vater nährt sie doch, selbst in Deutschland, was viel heißt. Sie nähen nicht und spinnen nicht, und er kleidet sie doch und sorgt noch für das Schutzgeld.»

Die lebendige Exegese: das waren für Hebel die Juden seiner eigenen Heimat, und Hebel bewies es im Umgang selbst mit neutestamentlichen Texten. Diese Juden waren für ihn in mancher Beziehung die besseren Christen. Den eigenen theologischen Kollegen, die sich mit Bibeldeutung befaßten, warf er Anschauungsferne vor, wenn sie die Realitäten der biblischen Welt aus dem 32. Grad nördlicher Breite in den 50. übersetzen; sie hatten

Angst, die Botschaft der Bibel an der Realität zu messen, und so wurde bei ihnen – um die Bibel mit ihrer Umgebung «kompatibel» zu machen – aus dem radikalen «Sorget nicht für den anderen Morgen!» ein bürgerliches «Sorget nicht *ängstlich* . . .»

Hebel und die Juden: ein faszinierendes Kapitel, wie manche schon erkannt und beschrieben haben, gerade im Licht von Hebels Umgang mit der Bibel. Daß man das Morgenland nicht einfach ins Abendland hineinpflanzen konnte und so tun, als sei nun dies die rechte Art des Glaubens, das wußte Hebel freilich auch, schon bevor er sich an die Arbeit mit den biblischen Geschichten machte. Das wichtigste Zeugnis vielleicht, um zu begreifen, wie Hebel seine eigene Bearbeitung der Bibel sehen wollte, steht in einem Brief, den er am 24. Januar 1821, also mitten in seiner schwierigen Aufgabe, an Hitzig schreibt, um ihn für dessen neuen Katechismus zu komplimentieren: «Dein Katechism, o Zenoides, ist mir wie der Tau, der vom Hermon herab auf die Berge von Zion träufelt. Ich ergötze mich an Dir und an ihm, an seine schönen praktischen Tendenzen, worin er alle, die ich kenne, hinter sich läßt, selbst an dem leichten Anflug der sogenannten Orthodoxie, der wie ein durchsichtiges Hemdlein das schöne nackte Evangelium deckt. – Unsere theologischen Radikalreformers u. Carbonari sind ungerecht gegen die Dogmen der Kirchenlehre. Sie ist der ehrwürdige Rost und Grünspan, der sich in der Reihe der Jahrhunderte zuerst an dem Evangelium angesetzt und hernach eingefressen hat. Man kann ihn nicht mehr rein wegschaben, ohne etwas von dem edeln Metall abzukratzen. Man kann dieses nur noch in seiner Kruste konservieren . . .»

Das durchsichtige Hemdlein, das das schöne nackte Evangelium deckt: Hebel wußte, daß auch er bei der Nacherzählung der Bibel dies Hemdlein nicht werde abstreifen können. Und der ehrwürdige Rost und Grünspan, der nach seinem anderen Bild ins Evangelium sich eingefressen hat: Hebel konnte auch diesen nicht entfernen, ohne die ursprüngliche Botschaft zu beschädigen. Er war sich des Dilemmas bewußt, als er an die Arbeit ging. Zwar mußte er «das charakteristische Gepräge studieren, welches das Klima des Landes, wo die Bibel geschrieben wurde, seinen Kindern aufdrückt» – aber er wollte ebensosehr die biblischen Geschichten ins eigene Leben hineinholen, ihnen die exotische Fremdheit nehmen, so als würden sich die Leser bei der Begegnung mit den Figuren des alten und neuen Bundes unter Gestalten bewegen, die ihnen in ihren Leidenschaften und ihren Erwartungen, in ihrer Größe und in ihrer Verzagtheit ganz und gar vertraut sind.

Der erzählerische Vagant, der bei den Geschichten seines Kalenders weit ausschwärmte und aus allen Ländern und Kontinenten sich das herholte, womit er seinen Lesern recht heimzuleuchten gedachte, er wurde hier gezähmt, und zwar in doppelter Weise: durch die Worte seiner Quelle – die Bibel – und durch die Köpfe seiner Adressaten – die Kinder, auch wenn er dabei schon an halbwüchsige Zwölf- bis Vierzehnjährige dachte. Er konnte hier nicht so vorgehen wie bei seinen großen Erzählungen – «Unverhofftes Wiedersehen», «Kannitverstan» oder «Drei Wünsche» – wo es einen groben Erzählkern gab, den er nach eigenem Gusto schleifen und polieren durfte, daß die Sache endlich einmal recht zum Leuchten kam. Hier hatte er sich streng an die Worte zu halten, Luthers Bibelworte zumal, und wehe, er ließ sich verführen und verfiel in eigenes Fabulieren. – Dann die Kinder: er mußte unbedingt auf ihre Vorstellungswelt Rücksicht nehmen, er wollte sie mit seinen Geschichten anregen und anleiten, so mußte er Brücken bauen zu ihrem Alltag – allzuoft eben pädagogische Brücken, jenes häufige «Merke!», über das Hebel sie gelegentlich wohl etwas zu penetrant zur richtigen Anwendung des Gehörten bringen wollte. Mußte die Sache für ihn unter solchen Vorbedingungen nicht eigentlich scheitern? Ein solches «Vagantentemperament», welches Hebel als Erzähler in hohem Maße eben war, ist für eine Auslegung der Heiligen Schrift nicht gerade die qualifizierende Vorausetzung! Und auch das Hebelsche Schwank- und Schelmenwesen, nie fehlendes Ingrediens seiner schönsten Erzählungen, konnte sich in der Bibel gewiß weniger gut als im Kalender entfalten.

Viele glauben, auch Hebel sei an der Unauflöslichkeit dieses Dilemmas bei der Bearbeitung der Bibel letztlich gescheitert. Zugegeben: Hebels Stil und Weltanschauung, gerade wo er sich als theologischer Lehrer versteht, schlagen einen Rahmen um die biblischen Ereignisse, den die Bibel natürlich nicht hat und nicht braucht. Man wird auch nicht leugnen wollen, daß sogar pfäffische Betulichkeit und altmodischer pädagogischer Plunder sich in diesen Geschichten da und dort breitmachen. Daß Orientalisten und Althistoriker aufschreien, «wenn Hebel Davids ältere Brüder ‹bei der Landwehr dienen›, David selbst ein ‹Freikorps› sammeln läßt und wenn dem Volk Israel ein ‹Landtag› geschenkt wird» (Zentner), dies kann man verstehen; ich aber möchte keine einzige dieser herrlichen zeitlichen Verfremdungen missen. Und schließlich müssen Adepten der Vollständigkeit natürlich bemängeln, daß dieses fehlt und jenes nur halbwegs ausgeführt oder gar nur angetupft ist: kein Turm von Babel ist da, die Hagar-Ismael-Geschichte fehlt, Isaaks Opferung umgeht Hebel elegant, Daniel darf bei ihm nicht in der Löwengrube sitzen. Man kann diesen Leuten natürlich nicht helfen: es stimmt wirklich, Hebel ist weder die Bibel ganz noch die ganze Bibel. Es läßt sich also einiges bemängeln an Hebels biblischen Geschichten, wenn man es darauf absieht.

Und doch! Hat je einer besser und schöner die Bibel nacherzählt? Walter Benjamin, der an Hebel mehr entdeckt hat als alle vereinigten Theologen zusammen, hat behauptet, das Deutsch der Lutherbibel und die Mundart – das seien die beiden Pole der Sprache bei Hebel, und wie diese einander durchdringen würden, darin sei «der Schlüssel seiner artistischen Meisterschaft» zu suchen. Wie dieser «Niveau-Ausgleich» zwischen Bibel und Mundart – man könnte auch sagen: zwischen Lutherton und einheimischem Plauderton – vonstatten geht, das läßt sich an den biblischen Geschichten nun wahrhaftig nicht schlecht verfolgen. Und wer an den Erzählungen seines Schatzkästleins die «hochgekonnten Finessen» naiver Dichtung rühmt, der kann dies, sofern er nicht stur auf die Bibel starrt zum Vergleich, bei den biblischen Erzählungen – wie sie ganz zu Beginn auch hießen – ebenso tun.

Es ließen sich viele köstliche Sonderlichkeiten Hebelscher Erzählkunst aus den biblischen Geschichten anführen – wer ihn liest und sich von seiner Sprache mitführen läßt, wird es schon selber merken, wo es schön und einem wohl wird. Es sind eben nicht nur «ein paar schöne, reine Bilder», wie Robert Minder meinte, der das Werk nicht sonderlich schätzte. Es ist auch die Art, wie Hebel den jungen Leser – und auch der ältere läßt sich da gern mitführen – unter dem Arm nimmt und über die Ungeheuerlichkeiten im Schicksal des Volkes Gottes hinüber geleitet.

Gewiß, schöne Bilder sind auch da. Solche, die

man nicht vergißt. Wie etwa Eva vor dem Baum der Erkenntnis steht: «Da schaute Eva den Baum darum an, und als sie ihn anschaute, da war die Sünde schon halb begangen. Denn wer stehen bleibt, wo die Versuchung lockt, und Wohlgefallen findet an ihren glatten Lügen und schaut das Verbotene an, daß es lieblich und lustig sei, der hat die Sünde schon halb begangen.» Oder wie David die Gebeine Sauls und seiner Söhne unter einem Baum in Jabes begräbt: «Es ist eine schöne Grabstätte unter einem Baum, wie wenn ein müder Wandersmann unter einem schattenreichen Baume Kühlung und Erquickung sucht. Er schläft ein Stündlein oder etwas und steht alsdann wieder auf.» Kann man schöner die Auferstehung der Toten anpeilen, ohne sie laut zu bekennen? Oder wie Hebel erklärt, warum Jesus im Garten Gethsemane immer wieder zu den schlafenden Jüngern zurückkehrt: «Das nämliche tat er zum zweiten und zum dritten Male, wie in der Betrübnis und Angst zu geschehen pflegt. Bald ist das geängstigte Herz lieber allein und betet. Bald sucht es wieder Trost und Stärkung bei freundlichen Menschen.» – Dutzende solcher Kostbarkeiten ließen sich finden, und jeder wird leicht seine Lieblingsstellen ausfindig machen.

Doch geht Hebels Kunst weit über die Schaffung derartiger Miniaturen hinaus. Die Geschichte des Moses zum Beispiel hat einen Einstieg, der keinen unberührt lassen wird, der ihn aufmerksam liest: «Also war jetzt von Abrahams Namen und Nachkommenschaft niemand mehr in dem schönen Lande Kanaan übrig als die Toten. In Ägypten aber vermehrten sie sich zwar in der Länge der Zeit zu einem zahlreichen Volk. Als aber ein neuer König aufkam, der nichts mehr von Joseph wußte, fürchtete er sich vor ihrer Menge und ließ sie anfänglich drücken mit harten Diensten und unbarmherzig mißhandeln. Ja, er befahl zuletzt, daß alle neugeborenen hebräischen Kinder männlichen Geschlechts mußten in das Wasser geworfen werden, wie man arme Tierlein in das Wasser wirft und ersäuft sie, wenn man sie nicht aufziehen will. So schlimm sah es damals aus um die Verheißung: ‹Deinen Nachkommen will ich das Land geben und sollen in deinen Nachkommen alle Geschlechter der Erde gesegnet werden.› Aber wie hat der Unbekannte zu Abraham gesagt, *‹sollte Gott etwas unmöglich sein?›* und geht nicht schon die Tochter des Königs am Wasser spazieren? -- Eines Tages, als die Tochter des Königs an dem Wasser spazierte, erblickte sie am Ufer zwischen dem Schilf ein Kästlein. Man wußte nicht, war es ein Schifflein oder ein Särglein, ist etwas Lebendiges darin oder etwas Totes. Als sie aber das Kästlein holen ließ und es öffnete, es lag ein hebräisches Knäblein darin, das weinte.» – Wie hier Tote und Lebendige, Tierlein und Kindlein, Schifflein und Särglein ineinander hineinschaukeln in der Notzeit des Judenvolks auf dem Fluß der Erzählung, während die ägyptische

Königstochter doch schon spazierend und heilbringend unterwegs ist: da müßte einer erst kommen, der – biblische Ereignisse berichtend – dem großen Hebel das Wasser reichen könnte.

Theologen haben es dem Aufklärer, der Hebel eben auch war, immer wieder übel genommen, daß er es nicht besonders mit den Wundergeschichten hielt und für das Unerhörte gerne plausible natürliche Erklärungen suchte. Wenn Gott auf Sodom und Gomorrha Feuer und Schwefel regnen läßt, fügt Hebel, als sei er ein Geologe, hinzu: «In dem Tal Sittim waren viele Adern von Erdharz. Das Erdharz fing Feuer. Das ganze schöne Tal Sittim fing Feuer.» Lots Weib läßt er sich nicht in eine Salzsäule verwandeln, sondern sagt trocken: «Seine Frau verunglückte unterwegs.» Wenn die Witwe aus Sarepta mit dem Propheten Elias ihre Nahrung teilt und danach das Mehl im Kad und das Öl im Krug nicht mehr ausgehen wollen, erklärt Hebel: «Es ist wohl zu glauben, daß es gute Menschen aus der Nachbarschaft waren, welche der armen Frau täglich so viel zum Unterhalt des Propheten zutrugen, daß sie und ihr Kind auch davon zu leben hatten. Wiewohl Gott kann auch wunderbar die Seinigen retten und segnen und die Gutmütigkeit einer vertrauenden Seele belohnen. ‹Weg' hat er allewege. An Mitteln fehlt's ihm nicht.›» – Berühmt ist die Passage, wo Hebel die Speisung der Viertausend berichtet. Da läßt er das Unglaubliche, wie einer aus einem Brot und einem Fisch viele

Tausend satt machen kann, zwar wohl stehen. Er fügt aber dem biblischen Wunder gleich ein anderes hinzu, damit die Kinder ja nicht mißverstehen, wo Gott täglich die noch größeren Wunder als damals zu biblischen Zeiten wirkt: «Kein sterblicher Mensch ist imstande, das göttliche Geheimnis und das Wunder zu ergründen, daß aus einem Weizenkorn in der fruchtbaren Erde ein schöner hoher Halm und eine Ähre voll neuer Körner herauswachsen und sich noch einmal und immer fort ins Unendliche vervielfältigen könne, daß der Segen, der in einem einzigen Saatkorn verborgen liegt, zur Ernährung vieler tausend Menschen genügen kann.» Gibt es da einen Zweifel, daß diese Verlagerung der Bedeutung der Taten Gottes von den Wundergeschichten der Bibel in das Wunderbare der Natur, die Hebel so konsequent versucht, nicht nur die bessere Pädagogik, sondern auch die bessere Theologie ist? Als Nicht-Theologe habe ich da freilich leicht reden, doch bin ich dessen gewiß.

Zwei Stellen müssen noch angeführt sein, um die kinderfreundliche Rationalität Hebels einerseits und seine Courage landläufigen Lehrmeinungen gegenüber andererseits zu belegen. Es geht einmal um die Heilung des Gichtbrüchigen, der ja bekanntlich vom Dach, in welchem Jesus sich aufhält, vor dessen Füße hinuntergelassen wird. Hebel fragt: «Wie kann man einen kranken Menschen auf einem Tragbett auf sein Dach bringen, wenn so viele Leute vor dem Hause stehen, daß man nicht zur Türe hineinkommen kann? Antwort: Die Dächer lagen damals, wie noch heutzutage in heißen Gegenden, flach und eben über den Häusern und waren nicht mit der jetzt gewöhnlichen Art von Ziegeln gedeckt. Der Raum war mit einer Brustwehr eingefaßt. Man kam daselbst zusammen, man verrichtete Geschäfte, man verrichtete sein Gebet daselbst. Es führten wohl auch an einer Nebenseite des Gebäudes Treppen von außen hinauf. Dazu waren die Häuser meistens sehr niedrig gebaut. Aber auf einer solchen Treppe konnte der Kranke ohne ungewöhnliche Mühe auf das Dach oder den sogenannten Söller und von da in das Haus gebracht werden, und verständige Kinder wollen etwas nicht sogleich für unmöglich halten, weil sie es aus Mangel an gehörigen Kenntnissen dazu nicht geschwind begreifen können. Sonst wäre noch vieles unmöglich, was täglich geschieht.» Dies ist vielleicht nicht sonderlich gute Bibelexegese, doch dafür sicher exzellente Pädagogik. Hebel nimmt seine jungen Leser ernst. Dort, wo es natürliche Erklärungen für Geschehnisse der Bibel gibt, will er sie nicht unausgesprochen lassen. Hebel geht weit – zu weit für viele –, indem er den mutigen Satz schreibt: «Nicht alles, was Jesus seinen Zeitgenossen sagt, gilt auch für alle Menschen und für alle Zeiten.» Dies gefällt seinen christlichen Amtsbrüdern ganz und gar nicht. Sie werden es später – gerade aufgrund solcher Äußerungen – auch schaffen, den gefährlichen Rationalisten

Hebel endgültig aus dem Religionsunterricht der Schulen zu entfernen.

Hebel ist eben kein biblischer Fundamentalist, und gerade dies macht vielen Biblikern den Umgang mit ihm so schwer. Er ist sogar jemand, der die historisch gewachsenen Formen des Glaubens nicht gegeneinander ausspielten möchte, sondern sie in ihrer Eigenart belassen will. Man braucht nur seine Erzählung «Die Bekehrung» zu lesen, um zu wissen, was er vom «Schanschieren» des Glaubens hält. Da ist von zwei Brüdern die Rede, der eine katholisch, der andere lutherisch, und sie leiden aneinander, daß sie nicht einmütig und eines Glaubens sind. So versuchen sie einander zu bekehren. Mit Erfolg! Doch die Geschichte endet bei Hebel so: «Also hat der katholische Bruder den lutherischen bekehrt, und der lutherische hat den katholischen bekehrt; und war nachher wieder wie vorher, höchstens ein wenig schlimmer. – Merke: Du sollst nicht über die Religion grübeln und tüfteln, damit du nicht deines Glaubens Kraft verlierst. Auch sollst du nicht mit Andersdenkenden darüber disputieren, am wenigsten mit solchen, die es ebensowenig verstehen als du, noch weniger mit Gelehrten, denn die besiegen dich durch ihre Gelehrsamkeit und Kunst, nicht durch deine Überzeugung. Sondern du sollst deines Glaubens leben und, was gerade ist, nicht krumm machen. Es sei dann, daß dich dein Gewissen selber treibt zu schanschieren.»

Doch damit hat es sich noch nicht. Neben der alten hebräischen und den christlichen Religionen, die die Bibel ihr Buch nennen, kennt Hebel noch eine andere – eine gleichgewichtige wohl. Auch sie verfügt über ein Buch, und Hebel nennt es, kulturgeschichtlich gewiß korrekt, das arabische. In Hebels «Allgemeiner Betrachtung über das Weltgebäude» lesen wir: «Der Himmel ist ein großes Buch über die göttliche Allmacht und Güte, und stehen viel bewährte Mittel darin gegen den Aberglauben und gegen die Sünde, und die Sterne sind die goldenen Buchstaben in dem Buch. Aber es ist arabisch, man kann es nicht verstehen, wenn man keinen Dolmetscher hat. Wer aber einmal in diesem Buch lesen kann, in diesem Psalter, und liest darin, dem wird hernach die Zeit nimmer lang, wenn er schon bei Nacht allein auf der Straße ist; und wenn ihn die Finsternis verführen will, etwas Böses zu tun, er kann nimmer.»

Es war schon ein Risiko, einen derart weltoffenen Mann die biblische Welt den frisch räsonierenden Schulkindern Badens nahebringen zu lassen. Darin wenigstens wollen wir allen auf den rechten Glauben bedachten Prälaten der Welt recht geben.

Damit endet meine Stimmabgabe für Hebels biblische Geschichten. Nur noch soviel: In der Vorrede zu seinem Kalender des Jahres 1811 kommt Hebel auf die Druckfehler im vorausgehenden Jahrgang zu sprechen. Noch heute haben wir

Grund, dem Druckteufel des Jahres 1810 dankbar zu sein, der Hebel zu einigen unnachahmlichen Sätzen über Himmelserscheinungen veranlaßte: «Die Kometen werden nicht unbescheiden am Himmel sichtbar, wie manchmal ein ungezogener Mensch in einer wohlerzogenen Gesellschaft, sondern sie kommen unbeschieden, das ist ungerufen, weil sie selber wissen, wann ihre Zeit da ist und wie lang sie zu bleiben haben, besser als ein unbescheidener Mensch.» Am Himmel der Bibeldeuter ist Hebel jener Komet, der zwar gerufen kam und doch nur seine bemessene Zeit hatte. Das ist freilich nicht alles, was sich zu Kometen sagen läßt. In Hebels eigener Himmelskunde steht dazu: «Kometensterne sind einander nicht alle gleich, auch der nämliche, solang man ihn beobachten kann, verändert oft sein Aussehen; sie sind bald heller, bald trüber, bald größer, bald kleiner, rund und eckig, näher oder weiter von uns entfernt.» – So ist es mit Hebels biblischen Geschichten ergangen. Sie sind ihren Lesern nicht immer in gleich hellem Licht erschienen. Doch wer durch das Fernrohr der Poesie hinzusehen verstand und die gelegentlich trüben Nebel der pädagogischen Manier seiner Zeit zu durchstoßen vermochte, der mußte ein besonderes warmes Leuchten entdecken, ja wie es in diesen Geschichten vielerorts funkelt und blitzt. Die Kometsterne sind nämlich – so noch einmal Hebel – «mit einem schönen, leuchtenden Schweif geziert, aber nicht alle. Einige zum Beispiel haben rings um sich bloß einen hellen Strahlenschein, als wenn sie mit leuchtenden Haaren eingefaßt wären, oder wie in den großen Bibeln die Köpfe der Heiligen Evangelisten und Apostel aussehen und Johannes des Täufers.» Der Strahlenschein um die illuminierten Gestalten der Hebelschen Bibel – er leuchtet dem lichtfindigen Leser noch heute voraus und entgegen.

Iso Camartin

LITERATURHINWEISE ZUM NACHWORT

Johann Peter Hebel, Biblische Geschichten, Stuttgart und Tübingen 1824

Johann Peter Hebel, Werke, hrsg. von Eberhard Mekkel, 2 Bände, Frankfurt 1968

Gustav Adolf Benrath, Johann Peter Hebel als Theologe, in: J.P. Hebel, Eine Wiederbegegnung zu seinem 225. Geburtstag, Karlsruhe 1985

Peter Katz, Ein Gutachten Hebels, in: Theologische Zeitschrift, 15/1, 1959

Wilhelm Altwegg, Johann Peter Hebel, Frauenfeld 1935

Wilhelm Zentner, Johann Peter Hebel, Karlsruhe 1965

Uli Däster, Johann Peter Hebel in Selbstzeugnissen und Bilddokumenten, Hamburg 1973

INHALT

ERSTER TEIL

ZWEITER TEIL